水利新闻宣传
操作实务

李先明 等 著
浙江省水情宣传中心 组织编写

中国水利水电出版社
www.waterpub.com.cn
·北京·

内 容 提 要

本书主要研究新时代水利新闻宣传操作的规律及特点，以各种场景分类介绍了水利新闻采访、写作、摄影的方法和技巧。这些场景包括会议、文件、事件、人物、人物专访、防汛抗洪、水利工程建设、水利经验（成就）、领导考察、批评报道与舆论监督等。本书注重理论与实践相结合，在研究分析新闻宣传的基本属性和传播规律的基础上，运用大量的案例详细讲解采访、写作和新闻图片的拍摄技巧，具有很强的针对性和可操作性。

本书适合全国水利系统的广大干部职工，特别是广大记者、通讯员、宣传员、信息员，可有效提高水利宣传队伍的采访写作和基本摄影能力，提升水利新闻宣传的工作水平。

图书在版编目（CIP）数据

水利新闻宣传操作实务 / 李先明等著 ; 浙江省水情宣传中心组织编写. -- 北京 : 中国水利水电出版社, 2019.8

ISBN 978-7-5170-7862-3

Ⅰ. ①水… Ⅱ. ①李… ②浙… Ⅲ. ①水利建设—新闻工作—宣传工作—中国 Ⅳ. ①F426.9

中国版本图书馆CIP数据核字(2019)第165399号

书　　名	**水利新闻宣传操作实务** SHUILI XINWEN XUANCHUAN CAOZUO SHIWU
作　　者	李先明　等 著　浙江省水情宣传中心　组织编写
出版发行	中国水利水电出版社 （北京市海淀区玉渊潭南路 1 号 D 座　100038） 网址：www. waterpub. com. cn E-mail：sales@waterpub. com. cn 电话：（010）68367658（营销中心）
经　　售	北京科水图书销售中心（零售） 电话：（010）88383994、63202643、68545874 全国各地新华书店和相关出版物销售网点
排　　版	中国水利水电出版社微机排版中心
印　　刷	天津嘉恒印务有限公司
规　　格	184mm×260mm　16 开本　15 印张　365 千字
版　　次	2019 年 8 月第 1 版　2019 年 8 月第 1 次印刷
印　　数	0001—2000 册
定　　价	**68.00** 元

前言

作为一个正在崛起的民族，应该有一张文化的地图，可以在最新的坐标系里从深度和广度上实时地认识自己。民族对自身的认识来自对实践记录的解读。在众多的记录中，大众传媒所作的记录正在越来越多地影响着人们，其传递的信息及意见影响着受众对外在环境的认识，对个体的认识，对社会和民族的认识。大众传媒在为受众传递信息的同时，也在提供着对外在环境的解读方式，这种解读会对受众在个体的大脑中绘制各自的“文化地图”起着直接的作用。媒体解读什么、如何解读，尤其重要。

为水利媒体平台提供水利行业解读方式、绘制水利地图的作者，大多数来自水利工作一线。他们对水利有透彻的了解，有深厚的感情，有解读的愿望。同时，他们也迫切需要掌握解读的技能和方法，需要一些贴近实际工作、针对性强、深入浅出、便于操作的指导。把自己正在参与的轰轰烈烈的新时代水利改革发展，用新闻的语言，用文化描绘的方式，记录下来，传播给大众，意义非凡。

行业新闻让行业外的人看懂，让行业外的人爱看，这样的解读更加有效、有价值。习近平总书记指出，随着形势发展，党的新闻舆论工作必须创新理念、内容、体裁、形式、方法、手段、业态、体制、机制，增强针对性和实效性。要适应分众化、差异化传播趋势。水利新闻宣传是水利工作的重要组成部分，做好水利新闻宣传工作，是推动水利改革发展不可或缺的工作方法，需要根据水利新闻宣传的特殊需求，根据新时代对新闻宣传工作的新要求，有针对性地对水利新闻采写工作进行研究、分析、指导。因此，根据不同人群的实际需求，对当前水利新闻宣传工作进行板块化的梳理和研究，从而提供分众化、差异化的指导，是十分必要的。

同时，水利新闻宣传是政策性、专业性、技术性都很强的工作，既需要深入了解水利行业，又必须遵循新闻宣传的内在规律，迫切需要让水利工作者在水利新闻专业从业者的引导下研究、学习新闻宣传专业知识，实现对两个专业的驾驭。

本书根据水利新闻宣传的实际需求，将水利新闻分为比较常见的十种场景，分别研究其宣传报道规律，提供宣传报道解决方案，方便水利专业人士掌握新闻宣传技能。这十种场景分别为：会议新闻、文件新闻、事件新闻、人物新闻、人物专访、防汛抗洪新闻、水利工程建设新闻、水利经验（成就）新闻、领导考察新闻、批评报道与舆论监督新闻等。在框架上，分别从新闻原理、采访写作理论与实际操作、案例分析等几个层面，逐步深入展开分析；在内容上，注重突出不同场景的特点和需求，注重研究采访写作的方式方法，注重理论方法阐述与案例剖析相结合，特别是注重提供可操作的方法，既给读者理论上的指导，又能带来直观的感受，具有较强的案例教学和现实操作功能。

信息时代多种媒体的出现，使我们进入“读图时代”。本书在会议新闻、事件新闻、人物新闻、防汛抗洪新闻、水利工程建设新闻、领导考察新闻等章节均单独设立摄影要点解读小节，从拍摄准备、拍摄器材、拍摄内容及要点等方面，进行明确细致的介绍和分析，特别是根据实际拍摄中的需求和拍摄者的经验，提出了诸多细节事项，具有较强的指导性。

本书由李先明整体统筹并撰写大纲；前言、第十章由李平撰写，第一章、第二章、第三章由李先明撰写，第四章由郑盈盈撰写，第五章、第六章由赵建平撰写，第七章、第十章由陈萌撰写，第八章、第九章由滕红真撰写；各场景摄影部分除第八章由李先明撰写外其他均由席晶撰写。全书校正工作由张卫东负责。

感谢为本书提供案例的同志们，感谢多年来在水利新闻战线默默奉献的同仁，是你们的倾情投入和无私奉献，给了本书写作的土壤和源泉。本书皆由新闻一线记者在工作之余完成，很多来自作者多年从事水利新闻宣传工作的积累，如有不当之处还望多多批评指正。因时间比较仓促，本书还存在部分分析不够充分、不够深入，部分案例不够全面，部分表述不够严谨之处，这里一并致以诚挚的歉意，如有机会愿意进一步深入交流探讨。

作者

2019 年 7 月

目录

第一章

水利新闻宣传总述

第一节　水利新闻宣传与实践

历史证明，新闻宣传工作是党领导全国各族人民进行革命和建设的制胜法宝，肩负着统一思想、凝聚人心、推动改革、促进发展、维护稳定的重大责任。有一句话“笔杆子枪杆子，革命就靠这两杆子”，形象地说明了新闻舆论宣传工作在革命史上的重要作用。

新时代是一个思想大活跃、观念大碰撞、文化大交融、信息大爆炸、媒体大融合的时代，人们可以接触的新闻信息传播渠道更加多样，信息传递和获取更加快捷，需要关注的事件、现象与信息更加复杂，做好新闻宣传工作，特别是做好政策阐释、观念引领、舆论引导工作的重要性也更加突显。

新闻宣传像一面镜子，反映着一个行业、一个部门的工作重点和亮点，是衡量一个行业、一个部门、一个地方工作水平和工作成效的重要标志，也是提供精神动力、凝聚智慧力量、推动行业发展的重要措施。

水利新闻宣传是水利工作的重要组成部分，做好水利新闻宣传工作，是推动水利改革发展不可或缺的工作方法，需要全体水利单位将其视为水利业务工作的一部分，与业务工作一同部署、一同落实。2018年中央机构改革后，新一届水利部党组研究分析水利工作面临的新形势，提出了“水利工程补短板、水利行业强监管”的工作总基调，急需加强水利宣传工作，在行业内部统一思想，在全社会形成共识。在水利改革发展的新形势下，推动全行业干部群众进一步解放思想、振奋精神的要求更加迫切，水利新闻宣传工作肩负的统一思想、鼓舞士气、交流经验、凝聚力量、推动发展的任务更为繁重。

宣传思想工作是专业性很强的工作，没有高素质、好把式、真功夫，是干不好的。

水利新闻宣传是政策性、专业性、技术性都很强的工作。做好水利新闻宣传需要深入理解水利行业，这包括深入理解行业政策、水利技术、水利人的工作规律和特点。同时，水利新闻宣传还必须遵循新闻宣传的内在规律，这包括新闻采访、新闻写作、大众传播的基本规律和方法。

换句话说，考虑水利行业的专业特性，水利新闻宣传从业者需要具有水利和新闻两个专业素质的结合，才能真正深入地做好水利新闻宣传工作。

但水利新闻宣传工作的实践表明，水利专业的工作人员，懂新闻专业的人士极少，而学新闻专业的人士又很少进入水利行业工作，进入水利行业工作的人员，对水利专业知识知道得少、学起来困难，往往难以深入理解水利行业的深层次问题。

水利新闻宣传，一方面需要水利和新闻宣传两个专业结合的人才，另一方面这样两个专业结合的人才又奇缺，这就是水利新闻宣传工作现实实践当中的一大矛盾。那么，有没有一个办法来化解这种矛盾呢？

考虑编制制约和政策限制，比较现实的选择是让水利新闻专业从业者引导水利工作者研究、学习新闻宣传专业知识，实现对两个专业的驾驭。当然，新闻宣传本身就是一个要求很高的专业，水利专业人士学习起来也是有一定难度的。好在，在实践中摸索出了一些可以分门别类地掌握水利新闻宣传规律的办法，各个击破，就可以比较容易地打开水利新闻宣传的技术大门。

这个分门别类的办法，就是把水利新闻划分为不同场景，用新闻宣传的专业视角来分析研究不同场景的新闻宣传报道规律，提供新闻宣传报道解决方案，方便水利专业人士掌握其新闻宣传技能，以便更好地完成水利新闻宣传报道工作。

探寻水利新闻宣传的操作规律是送给水利从业者做好水利新闻宣传工作的有效办法。

第二节　水利新闻十种场景

从水利和新闻两个专业的维度来研究水利新闻宣传的规律，最好的办法就是研究水利新闻宣传报道的成果，从中可以分析研究符合两个专业要求的规律。

从水利宣传报道的情况来看，社会媒体报道水利新闻总量相对来说还不多，水利行业媒体报道水利新闻宣传的内容更丰富、更全面、更专业。从这个意义上，水利行业媒体还是宣传报道水利新闻的主阵地、主渠道、主平台、主载体、主窗口。也正因为如此，我们分析研究水利行业媒体的报道情况，可以有效地涵盖水利新闻报道的类型、形式、场景等，可以有效地指导水利新闻宣传报道工作。

我们对 2018 年 6 月 1 日到 2019 年 5 月 31 日的《中国水利报》1 版的所有报道进行了统计分析。统计结果表明，这期间报道总量为 1741 篇（幅），进一步统计分析，发现绝大多数的新闻报道集中在以下十种场景：会议新闻场景，文件新闻场景，事件新闻场景，人物新闻场景，人物专访场景，防汛抗洪新闻场景，水利工程建设新闻场景，水利经验（成就）新闻场景，领导考察新闻场景，批评报道与舆论监督新闻场景。这十种场景的新闻报道有 1666 篇（幅），占了总数的 95.7%。

这个统计结果表明，我们只要分析好上述十个场景的新闻报道，就可以很好地做好水利新闻宣传的绝大部分工作了。

这里需要说明的是，我们的统计是从多个维度进行的，划分的标准既有工作属性角度的，比如会议、文件、事件等；也有从工作分类角度划分的，比如工程、抗洪等；还有从新闻属性角度划分的，比如人物专访、监督报道等。这些场景的划分标准在统计分析时是一致的、严密的，但是，如果按照严密的、统一的统计标准来分析，只研究一个系列，有些方面会很不集中，不利于水利新闻的现实操作，这与我们的初衷很难吻合。所以，我们打破划分标准，无论哪种标准，将数量最高的几个领域拎出来进行研究，这样可以涵盖更大多数的水利新闻操作，也能够更好地体现水利与新闻两个专业的结合，更符合水利新闻宣传操作实务这一定性的初衷。

还有必要说明的是，节水、河长制湖长制、水生态文明、水资源、党风廉政等领域的报道数量也很多，但是考虑到以工作内容划分的方式，其分析问题、研究问题和解决问题的方法基本是相同的，因为篇幅有限，我们在此就不予以详细分章节讲解了，请读者参考相关篇章，举一反三思考。

有鉴于此，我们关于水利新闻宣传操作实务的探讨就以上述十种场景为对象，加以深入分析研究。

第二章

会 议 新 闻

第一节　会 议 新 闻 总 述

通过分析正规新闻媒体的正式新闻报道可以发现，许多新闻是从会议上来的。水利系统也一样，大大小小的会议非常多，中国水利报刊网等媒体报道的会议新闻也是比较多的。2018 年 6 月 1 日到 2019 年 5 月 31 日的《中国水利报》1 版的会议报道多达 453 篇，占了全部报道的 26%。事实上，统计分析《人民日报》等媒体会议新闻的情况，也会得出大致相似的比例。因此，会议新闻不能不引起记者、通讯员的高度重视。

一、会议新闻的概念

会议新闻是对重要会议的新闻报道。

会议新闻是报道会议上发生或与会议有关的新闻。通常可以把会议新闻理解成是报道会议的新闻。

会议有许多种，有各种层级、各种内容、各种功能、各种规模的会议。水利行业的会议也有各种层级，既有中央的水利会议、水利部的会议，也有省、市、县级的水利会议；内容也不尽相同，既有综合性的会议也有专门性的会议，既有研究部署工作的会议也有发布信息的新闻发布会、情况说明会、新闻通气会等。从规模上来说也各不相同，既有正规会议室里召开的几个人的小会、上百人的大会，也有在事发现场的几个人的碰头会、几百人甚至千人的动员会等。

会议之所以出新闻，是因为会议往往汇聚了大量有用的信息，做出了各种各样的判断，做出了各种各样的决策，对公众了解各方面工作、各界别人物、各行业事件很有价值。这些信息既有工作总结的信息，也有分析存在问题的信息，还有当前形势判断的信息、领导部署工作提出要求的信息、未来发展方向的信息等，有些信息和当前的社会局势，包括水利职工在内的人民群众生产生活、水利行业发展走势等密切相关。

综合分析我国各大媒体的会议新闻，可以发现会议新闻信息为新闻媒体提供了丰富的新闻线索或信息来源，在某种意义上说，会议信息是各类新闻报道最大的“内容提供商”，也最能体现新闻报道的集中效应。特别是在全国各级“两会”等重要会议的报道中，会议新闻已经成为新闻媒体显示综合实力和媒体记者体现新闻采访写作能力的重要舞台，直接影响和推动着新闻媒体和记者采访报道业务水平的提高。

因此，会议新闻的重要性需要引起记者、通讯员的足够重视。

二、水利会议新闻的重要性

分析各类媒体对水利会议的报道情况来看，可以说，水利会议新闻是贯彻执行中央治水方针政策和水利部门工作思路部署的重要形式和重要渠道，是包括水利职工在内的广大人民群众了解中央治水方针政策和水利工作思路部署、进展成效的信息通道，也是有效引导水利新闻舆论的重要手段。

同时也要看到，水利会议新闻既是水利新闻宣传的重点领域，也是新闻报道质量和水平的试金石，会议新闻报道的好坏直接影响各级政府和水利工作者的形象，也直接体现着一个新闻媒体、一名新闻记者或通讯员采访报道的业务能力和水平。

会议的内容一般是会议新闻采访报道的重点，但根据具体情况，有时会议的议题、议程，出席会议的人员，召开会议的时间、地点、规模等也可能会成为采访报道的重点，甚至是热点。

需要指出的是，水利会议新闻是宣传报道中央治水方针、政策和水利部门工作思路部署和进展成效的重要形式，甚至在水利系统内可以成为水利部指导工作的重要方式，应予以足够的重视，应当认真研究采访报道的特点和规律。但同时也应该注意到，会议新闻报道，特别是会议的直接报道不宜过多过滥。

会议新闻的写作应力求简明扼要，特别是中央做出“八项规定”之后，许多地方和单位对会议的报道都提出了明确要求。会议新闻写作的关键是抓住会议信息的重点，对重要人物的重要讲话和会议决议进行必要的提炼，对有用信息进行恰当的取舍，以突出最主要的、最有传播价值的内容。

三、水利会议新闻的分类

水利会议主要是工作会议，也有一些集会性质的会议和新闻发布会等特殊会议。

（一）工作会议新闻

水利工作会议新闻包括各级党委、政府和水利部门等组织机构研究重大水利问题和主要水利工作而召开的全体会议、常委会议、代表大会、工作会议、厅局长会议、现场会议、专项会议、办公会议、动员会议、总结会议和工作例会等。这类会议新闻采访报道时一般应重点突出会议的主要精神，包括重大举措、重要思路、重要认识、主要要求，还有新进展、新成果和新经验等。工作会议面广量大，可以采用多种报道方式，是我们展开研究的重点。

（二）集会新闻

集会新闻包括报告会、团拜会、联欢会、文艺晚会、追悼会等。这类会议随着中央“八项规定”的切实执行已经越来越少，但也正因为少，这些会议往往是不能不开的重要会议，更加突显其新闻价值。集会新闻采访报道的重点是会议的主要内容、主要人物和重点背景等。

（三）发布会新闻

水利部和各地水利部门的主要领导、分管领导、新闻发言人等对本地区、本单位的新动态、新进展、新成果、新经验等进行通报、介绍，对重大活动、重大事件、突发情况等进行说明、解释，往往召开新闻发布会、情况通报会、新闻吹风会或记者招待会等。发布会新闻比较特殊，报道要求也不一样。发布会的报道一般有会议的直接报道和间接报道等报道方式。

四、会议新闻的报道形式

无论哪种会议，就会议报道的形式来看，会议新闻报道主要有以下五种方式：直接报道方式、间接报道方式、内外结合报道方式、零会议报道方式和复合报道方式。

下面我们分别加以阐述说明。

第二节 会议报道——直接报道方式

会议的直接报道，顾名思义，就是直接报道会议的信息：会议何时何地召开，何人参加，什么议程，什么内容，什么结果等。

直接报道是会议报道的常见形式，其特点是平铺直叙、常规、稳妥，但单调、呆板，可读性不强。

直接报道方式适合重大会议的报道，即会议本身就构成新闻，本着“大事求稳”的报道策略可采用这种报道方式。

直接报道方式多采用消息体裁，且叙述式导语居多。注意这种报道方式抓住会议重点是关键，对水利工作会议来说，采访写作需要一定的政策理论水平。此外可以考虑采取比较活跃的写作手法，以弥补可读性差的问题，比如导语可加入会议场景的描述等。

全国“两会”开幕式的报道往往采用直接报道方式。下面来看一看2019年十三届全国人大二次会议开幕式的报道。

十三届全国人大二次会议在京开幕

习近平汪洋王沪宁赵乐际韩正王岐山等在主席台就座

李克强作政府工作报告 栗战书主持大会

新华社北京3月5日电 第十三届全国人民代表大会第二次会议5日上午在人民大会堂开幕。近3000名全国人大代表肩负人民重托出席盛会，认真履行宪法和法律赋予的神圣职责。

春暖大地，万物勃发。人民大会堂万人大礼堂气氛庄重热烈，主席台帷幕正中的国徽在鲜艳的红旗映衬下熠熠生辉。

大会主席团常务主席、执行主席栗战书主持大会。大会主席团常务主席、执行主席王晨……杨振武在主席台执行主席席就座。

习近平、李克强、汪洋、王沪宁、赵乐际、韩正、王岐山和大会主席团成员在主席台就座。

十三届全国人大二次会议应出席代表2975人。5日上午的会议，出席2948人，缺席

27 人，出席人数符合法定人数。

上午 9 时，栗战书宣布：中华人民共和国第十三届全国人民代表大会第二次会议开幕。会场全体起立，高唱国歌。

根据会议议程，李克强代表国务院向大会作政府工作报告。报告共分三部分：一、2018 年工作回顾；二、2019 年经济社会发展总体要求和政策取向；三、2019 年政府工作任务。

李克强说，过去一年我国发展面临多年少有的国内外复杂严峻形势，经济出现新的下行压力。在以习近平同志为核心的党中央坚强领导下，全国各族人民以习近平新时代中国特色社会主义思想为指导，砥砺奋进，攻坚克难，完成全年经济社会发展主要目标任务，决胜全面建成小康社会又取得新的重大进展。

李克强从八个方面对过去一年的工作进行了回顾：创新和完善宏观调控，经济保持平稳运行；扎实打好三大攻坚战，重点任务取得积极进展；深化供给侧结构性改革，实体经济活力不断释放；深入实施创新驱动发展战略，创新能力和效率进一步提升；加大改革开放力度，发展动力继续增强；统筹城乡区域发展，良性互动格局加快形成；坚持在发展中保障和改善民生，改革发展成果更多更公平惠及人民群众；推进法治政府建设和治理创新，保持社会和谐稳定。

李克强指出，思危方能居安。在充分肯定成绩的同时，要清醒看到我国发展面临的问题和挑战。我们一定要直面问题和挑战，勇于担当，恪尽职守，竭尽全力做好工作，决不辜负人民期待。

李克强说，2019 年经济社会发展的主要预期目标是：国内生产总值增长 6%～6.5%；城镇新增就业 1100 万人以上，城镇调查失业率 5.5%左右，城镇登记失业率 4.5%以内；居民消费价格涨幅 3%左右；国际收支基本平衡，进出口稳中提质；宏观杠杆率基本稳定，金融财政风险有效防控；农村贫困人口减少 1000 万以上，居民收入增长与经济增长基本同步；生态环境进一步改善，单位国内生产总值能耗下降 3%左右，主要污染物排放量继续下降。

李克强在报告中提出，做好 2019 年政府工作，要注重把握好以下关系：一要统筹好国内与国际的关系，凝心聚力办好自己的事；二要平衡好稳增长与防风险的关系，确保经济持续健康发展；三要处理好政府与市场的关系，依靠改革开放激发市场主体活力。

李克强说，2019 年要突出重点、把握关键，扎实做好十项工作：一是继续创新和完善宏观调控，确保经济运行在合理区间；二是激发市场主体活力，着力优化营商环境；三是坚持创新引领发展，培育壮大新动能；四是促进形成强大国内市场，持续释放内需潜力；五是对标全面建成小康社会任务，扎实推进脱贫攻坚和乡村振兴；六是促进区域协调发展，提高新型城镇化质量；七是加强污染防治和生态建设，大力推动绿色发展；八是深化重点领域改革，加快完善市场机制；九是推动全方位对外开放，培育国际经济合作和竞争新优势；十是加快发展社会事业，更好保障和改善民生。

李克强还就加强政府自身建设，民族、宗教和侨务工作，国防和军队建设，香港、澳门发展和两岸关系，以及我国外交政策作了阐述。

根据会议议程，大会审查国务院关于 2018 年国民经济和社会发展计划执行情况与

2019 年国民经济和社会发展计划草案的报告及 2019 年计划草案、2018 年中央和地方预算执行情况与 2019 年中央和地方预算草案的报告及 2019 年全国预算草案。

在主席台就座的还有：丁薛祥、刘鹤……张升民等。

香港特别行政区行政长官林郑月娥、澳门特别行政区行政长官崔世安列席会议并在主席台就座。

出席全国政协十三届二次会议的政协委员列席大会。

中央和国家机关有关部门、解放军有关单位、各人民团体有关负责人列席或旁听了大会。

各国驻华使节旁听了大会。

（摘自《人民日报》2019 年 3 月 6 日 1 版）

全国人大二次会议开幕式的报道采用的就是典型的直接报道方式，使用了叙述式的导语，直接把会议时间、地点、名称、主要人物、主要程序、主要人物的报告内容一一列出。这种报道体现出重大会议的庄重、严肃，体现了重大会议中会议本身的各要素就具有传播价值的新闻意义，体现了大事求稳的新闻报道风格。

当然，这篇报道中我们也看到，记者在导语的第二段加入了一段会议场景的描写："春暖大地，万物勃发。人民大会堂万人大礼堂气氛庄重热烈，主席台帷幕正中的国徽在鲜艳的红旗映衬下熠熠生辉。"这种简笔的描写是必要的，是生动的，是与会议的重大意义相呼应的，打破了会议报道因庄重、严肃而带来的沉闷，为整篇报道增添了一抹亮色。注意，加入会议场景的描述，要简洁、能够呼应会议的价值意义，切记不可生拉硬拽、为了描写而描写，也不可以为了体现文采而笔墨过重。

重大会议一般都可以采用直接报道方式。2019 年 1 月召开的全国水利工作会议主消息采用的就是直接报道方式。

新时代　新气象　新基调　新作为

2019 年全国水利工作会议在京召开

本报讯　1 月 15—16 日，2019 年全国水利工作会议在京召开。李克强总理作出重要批示。水利部党组书记、部长鄂竟平出席会议并讲话。他强调，要更加紧密地团结在以习近平同志为核心的党中央周围，积极践行"节水优先、空间均衡、系统治理、两手发力"的治水方针，紧紧围绕水利工程补短板、水利行业强监管，凝心聚力，锐意进取，努力开创水利改革发展新局面。

水利部副部长田学斌作总结讲话。部领导蒋旭光、田野、陆桂华、叶建春、魏山忠出席会议。

会议的主要任务是：深入贯彻习近平新时代中国特色社会主义思想和党的十九大精神，积极践行"节水优先、空间均衡、系统治理、两手发力"的治水方针，按照中央经济工作会议和中央农村工作会议部署，总结 2018 年水利工作，分析当前水利改革发展形势，厘清今后一个时期管水治水思路，部署 2019 年重点任务，进一步统一思想、明确目标、落实责任、转变作风，推动水利工程补短板、水利行业强监管，为全面建成小康社会提供坚实水利保障。

鄂竟平指出，2018年是全面贯彻党的十九大精神的开局之年，也是水利事业承前启后的重要一年，原国务院三峡办、国务院南水北调办并入水利部，水利部机构职能得到优化调整，水利事业开启了新的征程。2018年，各级水利部门真抓实干、迎难而上，推动各项水利工作取得新进展。……

鄂竟平指出，中国特色社会主义进入新时代，水利事业发展也进入了新时代。我国治水的主要矛盾已经发生深刻变化，从人民群众对除水害兴水利的需求与水利工程能力不足的矛盾，转变为人民群众对水资源水生态水环境的需求与水利行业监管能力不足的矛盾。各级水利部门要准确把握当前水利改革发展所处的历史方位，清醒认识治水主要矛盾的深刻变化，加快转变治水思路和方式，将工作重心转到水利工程补短板、水利行业强监管上来。这是当前和今后一个时期水利改革发展的总基调。

鄂竟平强调，要深刻认识补短板、强监管的必要性和紧迫性，……

鄂竟平强调，要准确把握水利改革发展总基调，确保补短板到位，强监管有力。……

鄂竟平强调，2019年是中华人民共和国成立70周年，是全面建成小康社会关键之年，也是习近平总书记发表治水重要讲话5周年。做好2019年水利工作，……

鄂竟平强调，要坚决打好水利工作攻坚战。……

鄂竟平说，要狠抓重点领域提档升级。……

鄂竟平强调，要守住水利发展底线任务。……

鄂竟平指出，要深化水利重点领域改革创新。……

鄂竟平强调，全国各级水利部门要进一步强化管党治党政治责任，坚持和加强党的全面领导。……

田学斌在总结讲话时指出，水利改革发展的总基调已经明确，水利工程补短板、水利行业强监管，需要全国水利系统从思想观念到行为方式进行一次深刻转变。……

各省、自治区、直辖市水利（水务）厅（局），各计划单列市水利（水务）局，新疆生产建设兵团水利局，部机关各司局和直属各单位党政主要负责人参加会议。大会进行了分组讨论。18个单位作了大会交流发言。

（摘自《中国水利报》2019年1月17日1版）

这篇会议报道，用消息的体裁直接报道全国水利工作会议的事实，采用了叙述式导语，规规矩矩地交代了会议的时间、地点、人物（谁讲话、谁总结、谁作大会发言、谁出席会议、谁参加会议等）、主要任务、主要议程、主要结果（主要讲话，包括主报告、总结）等。

这里需要注意的是，会议信息一定要准确，领导讲话一定要摘要，还要注意公开报道时不能使用保密信息。写作过程中，领导讲话摘要的过程是关键点，就是要选取具有传播价值的重点内容。这要求记者、通讯员能够清楚哪些是新的内容，哪些对工作具有指导价值，哪些对公众有用。要做到这一点，记者、通讯员需要了解水利方针政策、当前形势任务、过去的基本情况、目前的工作进展等。

对一些特殊的会议，因其严肃性、特殊的程序性和规范性也需要直接报道。我们再看一个直接报道会议的例子。

中央第九巡视组对水利部党组
开展脱贫攻坚专项巡视工作动员会召开

本报讯 根据中央关于巡视工作的统一部署，2018 年 10 月 19 日上午，中央第九巡视组对水利部党组开展脱贫攻坚专项巡视工作动员会召开。会前，中央巡视工作领导小组办公室有关负责同志向水利部党组书记、部长鄂竟平传达了习近平总书记关于巡视工作的重要指示精神，中央第九巡视组组长吴瀚飞通报了有关工作安排。会上，吴瀚飞就即将开展的脱贫攻坚专项巡视工作作了讲话，并就配合做好巡视工作提出要求。鄂竟平主持会议并作表态讲话。

中央第九巡视组副组长及有关同志，中央巡视工作领导小组办公室有关同志，中央纪委国家监委驻水利部纪检监察组负责同志，水利部领导班子成员出席会议；各司局主要负责人，办公厅、直属机关党委、驻部纪检监察组、巡视办司局级干部，脱贫攻坚工作相关职能部门副处级以上干部、在京直属单位党政主要负责人列席会议。

吴瀚飞指出，开展脱贫攻坚专项巡视，是贯彻落实党的十九大重大决策部署、践行“两个维护”的具体体现，是督促落实脱贫攻坚政治责任、确保如期完成脱贫攻坚目标任务的重大举措，是坚持以人民为中心的发展思想、推动解决侵害群众利益问题的具体实践。水利部党组和各级领导干部要深入学习贯彻习近平新时代中国特色社会主义思想和党的十九大精神，充分认识开展脱贫攻坚专项巡视的重大意义，牢固树立政治意识、大局意识、核心意识、看齐意识，切实把思想和行动统一到党中央决策部署上来，增强责任感、使命感、紧迫感，强化政治责任和政治担当，增强自觉接受监督的意识，积极支持配合巡视组的工作，做到同向发力，共同完成好党中央交给的专项巡视任务。要自觉对标中央要求，主动查摆、系统梳理本单位脱贫攻坚领域存在的问题和不足，切实担负起整改主体责任，立行立改，举一反三，堵塞漏洞，建立长效机制，以专项巡视为契机，层层传导压力、层层落实责任，推动党中央脱贫攻坚决策部署落到实处。

吴瀚飞强调，脱贫攻坚专项巡视是对被巡视党组织落实脱贫攻坚政治责任进行监督和督促，将扭住“责任”二字，盯住“关键少数”，紧紧围绕落实党中央脱贫攻坚方针政策、落实党委（党组）脱贫攻坚主体责任、落实纪委监委（纪检监察组）监督责任和有关职能部门监管责任，以及落实脱贫攻坚过程中各类监督检查发现问题整改任务等“四个落实”开展监督检查。专项巡视要提高政治站位，牢固树立“四个意识”，结合中央单位实际，重点从“两个维护”的政治高度，看党委（党组）贯彻落实习近平总书记重要讲话指示批示精神和党中央脱贫攻坚方针政策情况，督促被巡视党组织把党中央脱贫攻坚决策部署落到实处；从“三个表率”的政治高度，看中央单位履行脱贫攻坚责任情况，推动中央脱贫攻坚决策部署精准实施；从推动全面从严治党向纵深发展的政治高度，看纪检监察机关履行脱贫攻坚监督责任情况，把全面从严治党要求贯彻到脱贫攻坚过程中，为如期实现脱贫攻坚目标提供坚强纪律和作风保障；从增强群众获得感的政治高度，看各类监督检查发现脱贫攻坚过程中问题整改落实情况，进一步巩固深化已有监督检查成果；从逐步实现共同富裕的政治高度，看东西部扶贫协作和中央单位定点扶贫工作开展情况，推动形成全党全社会集中攻坚的强大合力。

鄂竟平表示，习近平总书记高度重视脱贫攻坚工作，提出一系列明确要求，为打赢脱贫攻坚战指明了方向。水利扶贫是打赢脱贫攻坚战的重要组成部分，这次中央对水利部党组开展脱贫攻坚专项巡视，是对水利部党组践行"四个意识""两个维护"的政治体检，是对部党组贯彻落实中央决策部署情况的检阅会诊，是对部党组履行脱贫攻坚主体责任和驻部纪检监察组履行脱贫攻坚监督责任的有力督促。我们要在思想上、政治上、行动上同以习近平同志为核心的党中央保持高度一致，把配合做好专项巡视工作作为当前重要政治任务，坚决做到思想认识到位，坚决做到主动配合到位，坚决做到问题整改到位，为确保如期实现党中央确立的脱贫攻坚目标提供坚实的支撑和保障。

鄂竟平强调，要深入学习贯彻习近平新时代中国特色社会主义思想和党的十九大精神，学习贯彻习近平总书记关于巡视工作重要讲话精神和扶贫工作重要论述，牢固树立"四个意识"，坚定"四个自信"，践行"两个维护"，进一步提高政治站位，认真履行脱贫攻坚政治责任，推动解决水利扶贫过程中存在的突出问题，切实把党中央脱贫攻坚的决策部署落实到水利扶贫工作中；要把接受专项巡视监督作为经受组织考验、加强党性锻炼、自我完善提高的过程，作为发现差距不足、加快改革发展的过程，作为促进作风转变、加强改进工作的过程，党组和党组班子各位成员及各司局、各单位要以强烈的责任担当，对标中央要求，自觉接受监督，全力以赴配合，确保巡视工作顺利开展；要以中央脱贫攻坚专项巡视为契机，注重从政治上找差距、从主观上找原因、从工作上补短板、从制度上堵漏洞，对中央巡视组提出的问题，要主动认领、虚心接受，建立问题整改落实台账，明确责任单位、整改目标、整改措施和完成时限，以"钉钉子"的精神，一件一件抓整改，一项一项抓落实，不折不扣贯彻落实好水利部肩负的脱贫攻坚各项任务。

据悉，中央巡视组将在水利部工作1个月左右。巡视期间（10月19日—11月25日）分别设专门值班电话：010-××××××；专门邮政信箱：××××××。巡视组每天受理电话的时间为：8：00—18：00。根据脱贫攻坚专项巡视工作要求，中央巡视组主要受理反映水利部党组脱贫攻坚领域的问题和线索。其他不属于这次专项巡视受理范围的信访问题反映，将按规定转交水利部和有关部门认真处理。

（摘自《中国水利报》2018年10月23日1版）

这类巡视动员会，本身就是庄重的、严肃的，具有严格的程序性和规范性。其庄重严肃就是这种会议的主要特点，报道就需要按部就班地平铺直叙。

对新闻发布会的报道也可以采用直接报道方式。

水利部举行全面建立河长制新闻发布会

本报讯（记者　李先明　滕红真　席晶）　7月17日上午，水利部举行全面建立河长制新闻发布会。水利部党组书记、部长鄂竟平宣布，截至今年6月底，全国31个省

（自治区、直辖市）已全面建立河长制，提前半年完成中央确定的目标任务。他指出，河长制提前半年建立，充分说明党中央、国务院全面建立河长制的决策完全符合我国河湖实际情况，得到了广大人民群众的拥护；地方各级党委政府牢固树立“四个意识”，贯彻落实中央决策态度坚决、行动务实高效；中央有关部门通力合作，既各负其责，又合力推进。同时，要充分认识到，我国新时期治水主要矛盾发生了深刻变化，治水思路要随之转变，必须以河长制湖长制为有效抓手强化对经济、社会行为的监管，水利部将进一步大力推进河湖长制工作。鄂竟平部长还与周学文副部长一起回答了媒体记者的提问。

鄂竟平指出，中共中央办公厅、国务院办公厅印发《关于全面推行河长制的意见》一年多以来，河长制组织体系、制度体系、责任体系初步形成，已经实现河长“有名”。一是组织体系全面建立，百万河长上榜。全国 31 个省（自治区、直辖市）共明确省、市、县、乡四级河长 30 多万名，其中省级河长 402 人，59 位省级党委或政府主要负责同志担任总河长。29 个省（自治区、直辖市）还将河长体系延伸至村，设立村级河长 76 万多名。全国 31 个省（自治区、直辖市）的省、市、县三级均成立河长制办公室。二是配套制度全部出台，规矩机制上线。各地建立了河长会议制度、信息共享制度、信息报送制度、工作督察制度、考核问责与激励制度、验收制度等 6 项制度，还出台河长巡河、工作督办等配套制度，形成党政负责、水利牵头、部门联动、社会参与的工作格局。三是各级河长开始履职，党政领导上岗。截至目前，各省级河长已巡河巡湖 926 人次，市、县、乡级河长巡河巡湖 210 多万人次。有的河长针对河湖存在的突出问题，组织开展了河湖整治。水利部及时部署了入河排污口、岸线保护、非法采砂、固体废物排查、垃圾清除等一系列专项整治行动。四是社会共治正在形成，群众好评上升。各地涌现出一大批“乡贤河长”“党员河长”“记者河长”等民间河长、“河小青”“河小禹”等巡河护河志愿服务队。很多河湖实现了从“没人管”到“有人管”、从“管不住”到“管得好”的转变，推动解决了一批河湖管理保护难题，河湖治理成效明显，人民群众的幸福感不断提升。

鄂竟平强调，目前，全面推行河长制工作进入了新阶段，新阶段的重要内涵是推动河长制从“有名”到“有实”转变，名实相副。水利部将认真贯彻落实党的十九大精神，以习近平新时代中国特色社会主义思想为指导，践行“节水优先、空间均衡、系统治理、两手发力”的治水方针，按照山水林田湖草系统治理的总体思路，会同有关部门与地方各级党委政府，细化实化并落实好河长制湖长制六大任务，聚焦管好“盆”和“水”，即管好河湖空间及其水域岸线、管好河湖中的水体，向河湖管理顽疾宣战。重点抓好以下工作：一是建立完善河湖档案。各地要摸清河湖现状，找准主要问题，建立“一河一档”“一湖一档”，提出解决问题的“一河一策”“一湖一策”，包括提出问题清单、目标清单、任务清单、措施清单、责任清单等 5 个清单，明确河湖治理保护的目标方向和具体措施。二是开展专项整治行动。水利部已于近日集中部署开展全国河湖“清四乱”（乱占、乱采、乱堆、乱建）专项行动、全国河湖采砂专项整治行动、水库垃圾围坝专项整治行动、长江干流岸线利用专项整治行动、长江经济带固体废物专项整治行动等一系列专项行动。下一步将督促各地深入开展专项行动，严厉打击涉河湖违法违规行为。三是开展河湖系统治理。水利部将督促各地以管好盛水的“盆”、保护“盆”里的水为核心，严格实行河湖水域空间管控，划定红线，禁止违法乱占岸线、水域空间；严格控制河湖水资源开发利用，落实最严格水资源管理制度，实行总量和强度双控，重点解决河湖管理保护界限不清和河湖水少、水脏的问题。四是夯实河长责任。水利部将通过加强河长制明察暗访，建立通报、约谈、举报、曝光等制度，督促各级河长履职尽责，真正做到守河有责、守河担责、守河尽责。五是建立长效机制。推动各地建立健全党政负责制为核心的河湖管理保护责任体系，建立完善流域统筹协调机制，探索建立上下游、干支流生态补偿机制，建立完善河湖管理保护法规制度和技术标准体系，推动实现河长治、湖长治。

鄂竟平指出，当今我国河湖面临四大突出问题——水旱灾害、水资源短缺、水环境污染、水生态损害，这些问题比过去任何一个时期都复杂。当前，随着经济社会的快速发展，我国治水的主要矛盾发生了深刻变化，治水思路要作出调整，要从改造自然、征服自然为主转变到以调整人的行为、纠正人的错误行为为主，强化对经济、社会行为的监管。水利部将积极适应这一重大转变，通过行政手段、法规手段和经济手段全面加强监管，确保经济社会发展不影响防洪安全、不影响水资源可持续利用、不损害水环境和水生态。全面推行河长制湖长制是加强监管的重要抓手，水利部将进一步下大力气推进各项工作，让河长制湖长制从“有名”更快更好地转变到“有实”。

发布会上，鄂竟平部长、周学文副部长就落实长江大保护，建立河长制长效机制、调动社会公众积极参与、全面推行河长制下步重点任务等方面问题，回答了记者提问。

水利部建设与管理司司长、河长办主任祖雷鸣主持发布会。

来自人民日报、新华社、光明日报、经济日报、中央人民广播电台、中央电视台、科技日报、中国日报、中国新闻社、人民网、新华网、新京报、澎湃新闻等13家媒体的记者参加了发布会。

（摘自《中国水利报》2018年7月18日1版）

《中国水利报》作为水利部党组的喉舌，对水利部举办新闻发布会当然要采取这种直接的报道方式进行报道。我们看到的这篇消息稿在全面报道发布内容的同时，把发布会的时间、地点、发布人、主持人、记者参加情况和提问情况等，都一并全面报道出来了。当然，同时还会把发布会上的答问实录整理及时刊发，让读者了解整个新闻发布会的全面情况。

地方水利部门举办发布会，如果是对发布机构所属的网站、微信等媒体发稿时一般要采用直接报道的方式，把时间、地点、主要人物（发布人、主持人等）、主要发布内容、媒体记者参加情况和提问情况等有关信息详细报道出来。

第三节　会议报道——间接报道方式

间接报道是指从会议上挖掘相关的新闻信息，以有价值的新闻带出会议（何时、何地、何会、何人，可能1项，也可能几项）信息。

间接报道方式主题突出、引人注意，更加符合新闻价值的选择要求，因此这种报道方式越来越被广泛采用。

间接报道方式适合比较大的会议采用：会上有重要新闻信息，会议本身的信息也有报道价值。

会议新闻的间接报道方式，需要记者、通讯员有较强的新闻敏感，能够准确地抓取会议相关新闻事实中哪些是有新闻价值的信息。

事实上，新闻报道从来都不是全部事实信息的报道，取舍之间就是一个判断，判断新闻事实的重要性，这正是新闻的敏感。记者、通讯员就是要充分运用自己掌握的政策理论知识、当前形势情况和媒体报道重点，对会议相关信息进行判断，一旦发现有价值的重要信息，抓住不放，做好报道。

间接报道方式多采用消息体裁，常用叙述式导语。

新华社 2019 年 1 月根据全国水利工作会议的信息充分运用间接报道会议的形式，发出了三篇消息：《百万河长湖长上岗：我国全面建立河长湖长制》《盘点 2018 年中国水利的十个关键词》《我国水利工作重心转为“工程补短板 行业强监管”》。

百万河长湖长上岗：我国全面建立河长湖长制

新华社北京 1 月 15 日电（记者　于文静）　2018 年，我国在河湖管理方面实现新突破。全国共明确省、市、县、乡四级河长 30 多万名、四级湖长 2.4 万名，设立村级河长 93 万多名、村级湖长 3.3 万名，河长制湖长制的组织体系、制度体系和责任体系初步形成，河湖健康有了守护人。

记者 15 日从水利部了解到，2018 年 6 月底我国完成全面建立河长制目标任务，年底完成全面建立湖长制任务。各地积极深化河长制湖长制工作，江苏、浙江等地探索开展了“生态河湖”“美丽河湖”等行动，打造了河湖管理保护的新样板。广东、安徽等省份以总河长令形式，高位推动“清四乱”工作，即清理乱占、乱采、乱堆、乱建，取得明显成效。

水利部部长鄂竟平 15 日在全国水利工作会议上表示，当前我国治水的主要矛盾已经从人民群众对除水害兴水利的需求与水利工程能力不足的矛盾，转变为人民群众对水资源水生态水环境的需求与水利行业监管能力不足的矛盾。今后要全面落实水利工程补短板、水利行业强监管。

水利部要求，在江河湖泊监管方面，要以河长制湖长制为抓手，全面监管“盛水的盆”和“盆里的水”，既管好河道湖泊空间及其水域岸线，又管好河道湖泊中的水体。在对“盆”的监管上，集中力量解决乱占、乱采、乱堆、乱建等问题；在对“水”的监管上，压实河长湖长主体责任，建章立制、科学施策，统筹解决水多、水少、水脏、水浑等问题，维护河湖健康生命。

记者敏感地抓住全国水利工作会议透露出来的湖长制全面建立的最新信息，用“结论＋叙述式”的导语，直接用新闻事实报道了“2018 年我国在河湖管理方面实现新突破”的消息。记者在消息主体部分才交代信息的来源，在第三段才带出了会议的时间、名称和人物，印证了信息的可靠性和权威性，写出了一篇几乎不露会议“痕迹”的新闻报道。

我国水利工作重心转为“工程补短板　行业强监管”

新华社北京1月16日电（记者　姚润萍）　水利部部长鄂竟平在1月15日召开的全国水利工作会议上表示，当前我国治水的主要矛盾已经发生深刻变化：从人民群众对除水害兴水利的需求与水利工程能力不足的矛盾，转变为人民群众对水资源水生态水环境的需求与水利行业监管能力不足的矛盾。其中，前一矛盾尚未根本解决并将长期存在，而后一矛盾已上升为主要矛盾和矛盾的主要方面。下一步水利工作的重心将转到“水利工程补短板、水利行业强监管”上来，这是当前和今后一个时期水利改革发展的总基调。

四个方面“补短板”

鄂竟平指出，“补短板”要坚持问题导向，因地制宜，重点是补好防洪工程、供水工程、生态修复工程、水利信息化工程等几个方面的短板。

防洪工程。加强病险水库除险加固、中小河流治理和山洪灾害防治，推进大江大河河势控制，开展堤防加固、河道治理、控制性工程、蓄滞洪区等建设，提升水文监测预警能力，完善城市防洪排涝基础设施，全面提升水旱灾害综合防治能力。

供水工程。大力推进城乡供水一体化、农村供水规模化标准化建设，尤其要把保障农村饮水安全作为脱贫攻坚的底线任务，全面解决建档立卡贫困人口饮水安全问题，加快解决饮水型氟超标问题，进一步提高农村地区集中供水率、自来水普及率、供水保证率和水质达标率。确保按期完成大型和重点中型灌区配套改造任务。深入开展南水北调东中线二期和西线一期等重大项目前期论证，加快推进水系连通工程建设，提高水资源供给和配置能力。

生态修复工程。以长江、黄河上中游和东北黑土区为重点，加快推进坡耕地整治、侵蚀沟治理、生态清洁小流域建设和贫困地区小流域综合治理。加强重要生态保护区、水源涵养区、江河源头区生态保护，推进生态脆弱河流和洞庭湖、鄱阳湖等重点湖泊生态修复，实施好长江等流域重大生态修复工程。推进水生态文明城市建设，打好城市黑臭水体攻坚战。大力实施华北地区地下水超采区综合治理，示范推动全国地下水超采区治理工作。

水利信息化工程。聚焦洪水、干旱、水工程安全运行、水工程建设、水资源开发利用、城乡供水、节水、江河湖泊、水土流失、水利监督等水利信息化业务需求，加强水文监测站网、水资源监控管理系统、水库大坝安全监测监督平台、山洪灾害监测预警系统、水利信息网络安全建设。

六个方面“强监管”

鄂竟平同时表示，将坚持以问题为导向，以整改为目标，以问责为抓手，从法制、体制、机制入手，建立一整套务实高效管用的监管体系，从根本上让水利行业监管“强起来”，形成水利行业齐心协力、同频共振的监管格局。要重点下功夫抓好对江河湖泊、水资源、水利工程、水土保持、水利资金及行政事务工作的监管。

对江河湖泊的监管。要以河长制湖长制为抓手，全面监管“盛水的盆”和“盆里的水”。在对“盆”的监管上，以“清四乱”为重点，集中力量解决乱占、乱采、乱堆、乱建等问题。在对“水”的监管上，压实河长湖长主体责任，统筹解决水多、水少、水脏、水浑等问题，维护河湖健康生命。

对水资源的监管。要落实节水优先方针，按照以水定需原则，体现水资源管理“最严格”的要求，全面监管水资源的节约、开发、利用、保护、配置、调度等各环节工作。要抓紧制定完善水资源监管标准，建立节水标准定额管理体系，加强水文水资源监测，强化水资源开发利用监控，整治水资源过度开发、无序开发、低水平开发等各种现象。

对水利工程的监管。以点多面广的中小水库、农村饮水等工程为重点，加大对工程安全规范运行的监管。抓好水利工程建设监管，全面提升工程建设质量，同时要健全水利市场监管机制，推行“双随机、一公开”动态化监管模式，引导水利建设市场良性发展。

对水土保持的监管。充分运用高新技术手段开展监测，实现年度水土流失动态监测全覆盖和人为水土流失监管全覆盖，及时掌握并发布全国及重点区域水土流失状况和治理成效，及时发现并查处违反水土保持法律法规行为，有效遏制人为水土流失。

对水利资金的监管。以资金流向为主线，实行对水利资金分配、拨付、使用的全过程监管。严厉打击截留、挤占、挪用水利资金等行为，确保资金得到安全高效利用。

对行政事务工作的监管。要将党中央、国务院作出的重大决策部署，水利部党组作出的重要决定安排，水利政策法规制度作出的规范性要求，水利改革发展中的重点任务及其他需要贯彻落实的重要工作，全面纳入监管范围，对责任不落实、履职不到位，不作为、慢作为、乱作为的严肃追责问责。

新华社记者抓住了会议最核心的“水利工作重心转变”的信息，就此话题展开，用两个部分讲清楚了如何“补短板”“强监管”，消息以此带出了会议的名称、会议的主要人物，而对会议的其他内容不再提及。

再比如《经济日报》对全国水利工作会议也是这样报道的。

今年底全国农村集中供水率将大幅提高

本报北京1月15日讯　记者吉蕾蕾报道：在15日召开的全国水利工作会议上，水利部部长鄂竟平表示，2019年水利部门将聚焦“建得好”“改得好”“管得好”，梯次推进农村饮水安全巩固提升，全面提升农村饮水安全保障水平，到2019年年底全国农村集中供水率达到86%，自来水普及率达到82%。

鄂竟平介绍说，2019年水利系统将践行“节水优先、空间均衡、系统治理、两手发力”的治水方针，坚持问题导向，因地制宜，补好防洪工程、供水工程、生态修复工程、水利信息化工程等几个方面的短板。

“2019年，我们将推进贫困地区水利支撑保障项目建设，包括农村饮水、防洪抗旱减灾、灌溉排水、农村水电扶贫等，从而改善生产生活条件，促进贫困群众增产增收，确保2019年基本解决贫困人口饮水安全问题。”鄂竟平表示，同时，水利部还将抓实定点扶贫和滇桂黔石漠化片区联系工作，做好水库移民安置和后期扶持，确保后期扶持政策落地落实。

（摘自《经济日报》2019年1月16日）

记者选取了《经济日报》读者最关心的农村饮水安全巩固提升的问题，特别是农村集中供水的问题，以此为重点作为由头采访写作，把鄂竟平部长的讲话作为其采访的素材，形成一篇间接报道稿件。消息中带出了会议的名称、召开的时间，是为了交代信息的来源，这是必需的。消息的主体部分又带出了全国水利工作会议上与此相关的内容和工作部署，让信息表达比较丰满。

间接报道方式抽取会议信息中最为突出的最有价值的某一方面，可以短小精悍地报道会议新闻，是央媒报道中央部委会议的一个重要的常用方式。

对 2019 年的全国水利工作会议，光明日报、中央电视台等媒体也采用间接报道的方式进行了报道。

光明日报：
立案查处河湖违法案件近 4000 起 水利行业监管实现新突破
中央电视台：
新闻观察：中国河湖管护进入新阶段
水利部：我国河长湖长制体系初步形成
水利部：2018 年共对 4702 座小型水库开展督查暗访
水利部：2018 年因洪涝灾害死亡 187 人为中华人民共和国成立以来最少一年

间接报道是小会议出大新闻、小地方出会议新闻发大媒体的一个常用的好方法，对地方记者、通讯员来说，应当认真加以研究，用好这个方式。

媒体对新闻发布会的报道一般都会采用间接报道的方式，一般只报道发布会所发布的重要信息，有时会带出发布会的名称、主要发布人，而对其他信息就不再涉及。

《人民日报》对 2018 年 7 月 17 日水利部举办的全面建立河长制的新闻发布会就运用了间接报道的方式。

每条河流都有河长了

提前半年完成中央确定的目标任务

本报北京 7 月 17 日电（记者　赵永平）　我国的每条河流都有河长了！水利部 17 日宣布，全面推进河长制取得重大进展。截至 6 月底，31 个省（自治区、直辖市）全部建立河长制，提前半年完成中央确定的目标任务。机构到位，河长就位，全国明确省、市、县、乡四级 30 多万名河长，设立 76 万多名村级河长。百万河长上岗，每条河流都有了“健康守护人”。

一年多来，各地区、各部门高位推动，快速行动，河长制的组织体系、制度体系、责任体系全面建立。许多地方党政一把手管河，一竿子插到底，层层压实河长责任。据统计，全国有省级河长 402 人，其中 59 位省级党政主要负责同志担任总河长。29 个省（自治区、直辖市）将河长体系延伸至村，打通河长制“最后一公里”。

河长制促进“河长治”，河湖管护进入了新阶段。下一步将推动河长制从“有名”向

"有实"转变，聚焦管好"盆"和"水"，建立完善河湖档案，集中开展专项整治行动，开展河湖系统治理，夯实河长责任，建立河湖管护长效机制。给每条河流一份健康承诺，到2020年，力争全国地表水质量达到或好于Ⅲ类水体的比例超过70%，重要江河湖泊水功能区水质达标率达80%以上，河畅、水清、岸绿、景美的美丽河湖景象逐步显现。

这篇报道只报道了水利部发布会发布的新闻事实，提到了发布机构、发布时间，而没报道发布会的其他信息。

下面这篇关于2018年9月25日福建省水利厅组织的木兰溪治理经验交流探讨会的报道也采用了间接报道方式。

让更多"木兰溪"涌现八闽

福建交流研讨木兰溪治理经验

本报讯（记者　陈萌　张智杰　见习记者　李海川）"从水患频仍到'最美家乡河'，木兰溪治理实现了变害为利、造福人民，这是习近平生态文明思想的生动实践，充分体现了以人民为中心的为民情怀，体现了生态优先的绿色发展理念，体现了严谨勤勉的工作作风、系统治理的科学方法和久久为功的责任担当。"在9月25日福建省水利厅组织的木兰溪治理经验交流研讨会上，大家一致认为，要让更多的"木兰溪"涌现八闽，为建设美丽中国提供生动范本。

木兰溪水患曾严重困扰民生，莆田秉承以人民为中心的思想，坚持科学治水的理念，破解裁弯取直难题，攻克软基筑堤难关，历经近20年的不懈努力，彻底结束了福建全省设区市中唯一的"洪水不设防城市"的历史，交出了一份人民满意的民生答卷。福州市、莆田市、宁德市、南平市、长泰县、永春县等地交流了经验启示，介绍了治水举措，明确了下一阶段努力方向。

福建提出，木兰溪治理经验是做好福建水利工作的宝贵财富，要深刻领会，深化认识，进一步做好水资源科学配置、水生态保护、水环境治理、民生水利发展等各项工作，切实保障水安全，全力推动福建水利跨越式发展。要提高对近年来正在实施的万里安全生态水系建设的认识，将其打造成综合性的工程建设平台；要全面落实河长制湖长制，将其作为综合性的管理平台。要坚持全域治水、综合治水，科学谋划下一阶段任务，重点要策划生成重大水利项目，为经济社会发展提供防洪安全保障和水资源支撑；要突破投融资瓶颈，创新投融资方式，保障水利投资稳定增长；要加大水生态文明建设力度，为国家生态文明试验区建设出经验作贡献；要弘扬长汀经验，树立水土保持标杆旗帜；要推动农村饮水安全巩固提升，促进城乡供水一体化，推动城乡水利基础设施均衡化发展。

（摘自《中国水利报》2018年9月27日1版）

这篇报道重点抓住木兰溪治理中"秉承以人民为中心的思想，坚持科学治水的理念，破解裁弯取直难题，攻克软基筑堤难关"等经验，以及会议提出的"让更多的'木兰溪'涌现八闽，为建设美丽中国提供生动范本"的主旨，而对会议上谁主持、谁讲话、谁总结等内容不再提及。因为木兰溪治理经验具有借鉴价值，研讨会的主旨具有新闻意义，突出这些已经足够了。

对地方来讲，出席会议的领导干部规格不高，对其他地方不具有指导价值，这样的会议往往不需要直接报道会议有哪些领导讲话、讲了什么内容，而完全可以突出会议有价值的信息加以报道。这是地方会议报道的重要方式，值得驻地记者和通讯员借鉴。

第四节　会议报道——内外结合报道方式

内外结合报道方式是指把会议相关信息与会外丰富的水利工作实践结合起来，写出有深度的新闻稿件。

内外结合报道方式多被以专精深见长的纸媒采用，政策理论与丰富多彩的实践相结合，具有很强的针对性、指导性，也有较好的可读性。

只要有新闻价值，各种会议都可以采取内外结合报道方式。

内外结合报道方式要求记者平时有较扎实的政策理论功底，业务能力培养和现场采访的实践积累，同时还要有良好的新闻采访写作的驾驭能力。内外结合报道方式是会议采访报道的更高一级形式。

内外结合报道方式多采用通讯、综述、述评等体裁。

我们看 2018 年全国水利厅局长会议侧记《昂首阔步拥抱新时代》。

昂首阔步拥抱新时代

——写在 2018 年全国水利厅局长会议结束之际

一元复始，万象更新。

2018 年，元旦。一个风和日丽的假日。忙碌了一年的全国各省（自治区、直辖市）、各流域的水利当家人，来不及休整，马不停蹄地赶赴北京，参加一年一度的治水盛会。

1 月 2 日，新年的第一个工作日，水利部多功能厅，全国水利厅局长会议召开。

“我们要更加紧密地团结在以习近平同志为核心的党中央周围，凝心聚力，攻坚克难，开拓进取，扎实工作，把治水兴水这一关系中华民族生存发展的大事办好。”站在习近平总书记确定的时代坐标起点，全国水利系统击鼓催征，吹响了新时代的集结号。

水利部领导，部总工程师、总规划师，以及七大流域机构、各地水行政主管部门、新疆生产建设兵团水利局和水利部机关各司局、直属各单位的党政负责人……群贤毕至，共话水利新篇章。

说成就，议形势，论改革，谋良策。在贯彻党的十九大精神的开局之年，思想的伟力在汇聚、激荡，生根、开花……

新成就新面貌　治水兴水高潮迭起

“党的十八大以来的五年，是水资源节约保护措施最严、水利基础设施建设成效最好、水利改革攻坚力度最大、广大人民群众受益最多的五年。”大会上，陈雷部长用四个“最”精准概括了党的十八大以来水利改革发展成就。铿锵有力的话语落下，迎来掌声雷动，全体代表汇聚共识，围绕五年工作畅所欲言。

“水利地位空前提升，水利基础设施建设投入力度空前，水生态文明建设力度空前，防灾减灾成就空前，水利改革攻坚力度空前。”河北省水利厅厅长苏银增连用五个“空前”为五年水利工作成效点赞。

“总结海南五年工作，水利给人的印象除了工程建设，还体现在社会管理、公共服务、民生水利等方面，相关能力和水平都大幅度提升。”海南省水务厅厅长王强感触颇深。

“陈部长在讲话中提出了很多新任务，其中‘智慧水利’正是浙江这两年下大力气开展的工作，从防汛信息化系统到水利工程标准化建设管理系统，再到重大水利工程建设系统、河长制 App 管理系统，确保了各项工作智能、高效、阳光运行。”浙江省水利厅厅长陈龙谈起来兴致勃勃。

“山东近年来把发展节水灌溉作为转变农业发展方式、落实强农惠农政策的根本举措来抓，走出了一条可持续的节水农业发展之路。”山东省水利厅厅长刘中会表示。

……

党的十八大以来，以习近平同志为核心的党中央把治水兴水作为实现“两个一百年”奋斗目标和中华民族伟大复兴中国梦的长远大计来抓。习近平总书记多次就治水兴水发表重要讲话，作出重要指示，形成了习近平治水兴水重要论述，为新时代水利改革发展提供了科学指南和根本遵循。

五年间，以人为本，护佑安澜，防汛抗旱防台风取得全面胜利；五年间，开拓进取，亮点纷呈，节水供水重大水利工程建设加快推进，民生水利建设大规模开展，水生态文明建设迈出重大步伐；五年间，改革攻坚，创新引领，水治理体制机制逐步健全，水利公共服务能力大幅度提升；五年间，砥砺奋进，勇于担当，水利系统党风政风行风呈现崭新面貌。

“陈雷部长在讲话中，对过去五年水利建设成就进行了描述，作为水利人，我们就身在其中，内心很有感触，也非常受鼓舞。”

“过去五年是不平凡的五年，防汛抗旱减灾、农村饮水安全、水资源保护等方面都取得了显著成效，而这五年的成绩更是为水利进入新时代奠定了坚实的基础。”

站在历史交汇期的关键点回望，代表们普遍认为，这是意义深远、决定未来的五年。五年间治水兴水高潮迭起，变化之巨、成就之大，足以在新中国水利史册中留下深刻印记。

新思想新理念　共绘水利改革蓝图

陈雷部长的讲话，紧扣习近平新时代中国特色社会主义思想这条主线，紧密结合党的十九大作出的重大部署，从战略定位、治水方针、治水思路、发展理念、价值取向、发展布局等六个方面，深入阐述了习近平治水兴水重要思想的丰富内涵和精神实质，并以此为指导对水利改革发展作出全面部署。这是一篇充满了理性思考和战略思维的讲话，赢得了经久不息的掌声，也引发了代表们由衷的赞叹和深度共鸣。

“陈雷部长系统阐述了习近平治水兴水重要思想的丰富内涵和精神实质，让我们的理解和认识更加全面、系统、深刻，很解渴。”

“讲话政治站位高，总结经验客观，发展蓝图清晰，目标任务明确，工作部署到位，具有很强的指导性、针对性、可操作性。我们倍感振奋。”

这是贯彻落实十九大精神的顶层设计，更是做好新时代水利工作的指导性文件，站在新的历史方位，展现了一幅水利改革发展的新蓝图。

如果说陈雷部长的报告是一堂水利大课，那么27家单位的交流发言则是一场共享改革经验的饕餮盛宴。代表们畅述“治水经”，交流做法，分享体会，阐释思路，互为师生，教学相长，把治水兴水的重要思想跟水利改革发展实践紧密相连。

2017年，在太湖局的协调指导下，浙江省绍兴市发布了全国首张“湖长地图”，展示了当地市县两级湖长管理湖（库）的具体地点，标明了市县镇村各级湖长职责，并明确了2017—2020年绍兴湖（库）管护的主要目标。

2017年，江苏省政府出台《江苏省生态河湖行动计划（2017—2020年）》，以全面推行河长制为契机，坚持生态优先、河长主导、因河施策，全力打造水韵江苏新名片。

2017年，广东省水利厅印发了《广东省“互联网＋现代水利”行动计划》，全面推进广东水利信息化，打造智慧水利。

2017年，宁夏成为首个通过验收的全国水权试点，因地制宜搭建水权交易平台，开创水资源节约利用新局面；浙江全面推进水利工程标准化管理，初步实现水利工程管理的制度化、专业化、信息化和景观化……

全国水利厅局长会成为凝聚共识的平台，更是汇聚智慧力量的舞台。一串又一串铿锵有力的足迹在广袤的祖国大地上留下，一个又一个佳讯在会上频频传递，一项又一项改革经验在代表之间交流相传。

“宁夏的水权制度改革模式对于我们非常有借鉴意义，我们可以结合实际进一步研究如何以有限的水资源来保障首都水安全、建设国际一流的和谐宜居之都。”对于北京市水务局局长金树东来说，要保障首都水安全，“节水优先”至关重要。

重庆市水利局局长吴盛海谈到当地水利工作时，也说道：“我们当前的重要使命就是要纵深推进重庆水利脱贫攻坚，在这个过程中，兄弟省市的改革经验是值得我们认真学习体会的。比如江苏省推出的现代水利、广东省打造的智慧水利等。”

航向明确，路在脚下。水利改革蓝图在陈雷部长的报告中已清晰呈现，全国水利系统也将勇担使命，创新引领，改革攻坚，奏响水利改革发展新时代的恢弘乐章。

新使命新征程　锐意进取开创未来

会议伊始，《国家节水行动计划（征求意见稿）》等多个文件就摆放在每位代表的桌前，等待着审阅、点评与反馈。这是新使命在召唤，也是新征程将开启。

迈向新时代，经济由高速增长阶段转向高质量发展阶段，顺应人民对美好生活的期待，在更高层次上构建水利发展的格局，与会代表深感责任重大。

“我们要抓重点，补短板，强弱项，夯基础，通过国家节水行动，通过最严格水资源管理制度，在各个行业强抓水资源的社会管理。未来，我们要做的事情很多。”在节水成为国家意志和全民行动的时代，水资源司司长陈明忠倍感任务艰巨。

安徽省水利厅厅长方志宏也有同感：“从工程建设到建设、管理、生态‘多头并进’，从行业管理到社会管理，从讲业务到业务与党建同部署同落实，水利触角不断延伸。”

贯彻党的十九大精神，水利该如何作为？面对这个宏大命题，代表们从陈雷部长的讲话中找到了答案，也有了自己的见解。

“要积极推动水价改革，关键是建立水价形成机制，更好地发挥市场作用，激发社会力量投入水利建设。”甘肃省水利厅厅长魏宝君建议。

2018年将全面建立河长制湖长制，这将是从见河长、见行动，到见成效的一年。代表们建言献策：“充分发挥河长办作用，把它打造成水利社会管理大平台”；“建议国家层面建立河长制工作长效机制，避免河长制责任逐级衰减”；“要以河长制为统领，牵头做好水生态空间划定的相关工作”。

不少代表还注意到报告将智慧水利摆在更加重要的位置，对此深感振奋，建议加快大数据、人工智能等高新技术与水利建设管理改革的深度融合。

“下一步，驻水利部纪检组将认真夯实全面从严治党的政治责任，以坚如磐石的决心推进正风肃纪，以零容忍的态度惩治腐败，推动水利系统政治生态持续向好。”

“上海市将不断深化河长制，推行湖长制，全面消除城乡中小河道黑臭，为2020年基本消除劣Ⅴ类水体、持续改善城乡水环境而不懈努力。”

“湖南省将重点围绕‘保生命、保发展、保生态’，主动作为，奋力拼搏，全力夺取防汛抗旱减灾新胜利。”

……

新的一年，是充满期待的一年，水利工作的方向和目标任务也更加清晰。

新思想开创新时代，新气象开启新征程。40年前的改革开放，是中国道路的新起点。40年后的今天，在习近平新时代中国特色社会主义思想指引下，水利人将深刻领会并贯彻落实习近平治水兴水重要思想，水利改革发展事业扬帆再起航，以永不懈怠的精神状态和一往无前的奋斗姿态，朝着实现中华民族伟大复兴的宏伟目标奋勇前进！

（摘自《中国水利报》2018年1月5日1版　本报报道组）

这篇会议侧记，把会议的主要内容、主要精神通过会议代表的话语、会议发言材料的延伸、通过新闻事实的调用结合起来，形成具有一定深度的会议报道，让读者对会议的精神、会议的成果、会议的导向有了更多的更深入的更具体的认识和理解，这就深化了会议的报道。

内外结合的方法可以多种多样。可以通过会议代表的口，把稿件引向更多的新闻事实，引向新闻现场，引向治水实践。比如稿件中的第一部分，就运用了浙江省水利厅厅长陈龙的话讲出了浙江近两年开展的“智慧水利”实践，讲出了浙江“从防汛信息化系统到水利工程标准化建设管理系统，再到重大水利工程建设系统、河长制App管理系统，‘智慧水利’都发挥了重大作用，确保了各项工作智能、高效、阳光运行。”运用山东省水利厅厅长刘中会的口说出了山东近年“发展节水灌溉”走出了一条可持续的节水农业发展之路的实践。

内外结合也可以通过会议材料的延伸，把读者引向更多的新闻事实和新闻现场。稿件的第二部分就充分运用会议交流材料延展了浙江、江苏、广东、宁夏等省份治水实践，起到了宣传治水成果、交流治水经验的作用。

内外结合还可以通过记者的联想、电话采访、正规新闻媒体的报道、相关人员提供的

信息直接引向新闻事实和治水实践现场，甚至可以在会场和新闻事实现场进行切换，起到印证、诠释、说明等作用，从而把会议精神、主旨进一步延伸、说透，起到宣传会议、推动工作的目的。

内外结合的报道，注意一定要选择跟会议主旨相结合的话题，一定要选择贴切的新闻事实，不能牵强附会、强行拉郎配。

《人民日报》对2018年7月17日水利部举办的全面建立河长制新闻发布会的报道就采用了内外结合的报道方式。记者以发布会上关于河长制的有关信息为骨干和母体，把平时关于河长制的政策、领导讲话、基层河长的做法感悟、人民群众的感受、地方开展的工作、水利干部的体会等各方面的积累归拢起来，以个人的综合分析和思考整合成了一篇全面反映河长制的深度报道。

截至6月底，31个省（自治区、直辖市）全部建立河长制

百万河长上岗　守护河流健康

本报记者　赵永平

“每条河流要有‘河长’了”——习近平总书记2017年新年贺词中的铿锵话语言犹在耳。

这是情系民心的庄严承诺，也是全面推进河长制的动员号令。一年多来，从中央到地方，行动紧锣密鼓，一张张河长时间表、治水路线图密集出炉，河长制工作取得重大进展。7月17日，水利部部长鄂竟平宣布，截至6月底，31个省（自治区、直辖市）全部建立河长制，比中央要求的时间提前了半年。机构到位，责任到位，见河长，见行动，见成效。从大江大河到家乡的小河，百万河长上岗，每条河流都有了“健康守护人”。

身边的河在变。“河长上岗，水质变样，臭了十几年的丁万河去了‘病根’，入选全国最美家乡河。”江苏省徐州市鼓楼区居民刘芳感叹。

“母亲河”在变。“经过综合治理，过去清水荡漾的渭河又回来了，泽润八百里秦川。”陕西渭河生态区管理局局长党德才感慨。

河长制促进“河长治”，河湖管护进入了新阶段。一条条黑臭河清澈起来，一条条断头河欢快奔流，“河畅、水清、岸绿、景美”的美丽河湖正变成现实。

一把手管河，河长不是“挂名”是责任

江苏省无锡市华庄街道办主任俞启宏生在太湖边，从小喝着太湖水。回忆起10年前的蓝藻事件，俞启宏连连叹息：“自来水变臭，矿泉水一夜间抢购一空。”

水危机不断敲响警钟。伴随经济社会发展，水短缺、水污染、水灾害等新老水问题相互交织，在河湖水域集中显现。保障水安全、保护水生态，是民心所向，也是绕不过的发展难题。

治水千头万绪，从哪儿下手？

党中央立足国情，顶层设计。2016年年底，中办、国办出台《关于全面推行河长制的意见》，河长制上升为国家行动。这是解决我国复杂水问题的重大制度创新，也是保障国家水安全的重要举措。

一分部署，九分落实。各部门快速行动。水利部与原环境保护部出台河长制实施方案，十部委建立部际联席会议制度，明确职责，分工协调，形成全面治水合力。

谁当河长？河长制的核心是责任制。许多地方党政一把手管河，一竿子插到底，层层压实河长责任。全国省、市、县、乡四级30多万名河长中，省级河长有402人，其中59位省级党政主要负责人担任总河长。29个省（自治区、直辖市）将河长体系延伸至村，设立76万多名村级河长，打通河长制“最后一公里”，实现“每条河流都有河长”的目标。

“一把手督战，既管水又管岸，破解了‘九龙治水’困局。”无锡市水利局局长张海泉坦言，无锡党政领导出任64条河流河长，统筹发力，标本兼治，太湖氨氮浓度下降38.9%，15条主要入湖河流连续4年消除劣Ⅴ类水。

谁管河长？“有问题，找河长。”各地河长制责任体系全面建立。安徽河长有了硬指标，考核内容细化到水资源保护、水污染防治等7个方面28项；上海分级考核河长，市考区、区考街镇，全程追责；福建将河长考核纳入领导干部自然资源资产离任审计；江西启动省级河长约谈机制，督促地方消灭劣Ⅴ类水。

守水有责，守水尽责。“河长不是挂名，而是责任。”江西省靖安县双溪镇镇级河长钟有国坦言压力很大，签承诺书，立军令状，亮黄色的监督电话尤为显眼。

一些地方先行先试，打造河长制“升级版”。江苏河长职能延伸，由骨干河道扩展到10万多条村级河道；浙江5.7万多名河长横向到边，纵向到底，从河湖管到沟、渠、塘等小微水体；福建厦门河长制全域管护，不仅囊括9条入海溪流，还把筼筜湖和五缘湾内湾纳入河长制“大名单”。

全面建立河长制，一张张河湖责任网层层密织，许多河湖实现了从“没人管”到“有人管”，从“管不住”到“管得好”的重大转变。

一河一策，精准治水，系统共治开良方

山水林田湖草是一个生命共同体，治水是一项系统工程，不能做头疼医头、脚疼医脚的局部治理。坚持问题导向，一河一策，成为许多地方河长制的行动指南。

——治水思路在变。

系统共治，措施更有力。“治水靠一个部门、一项措施，单打独斗不行。”江西省水利厅厅长、省河长办主任罗小云说，江西坚持治污水、护好水，保水质、降水耗，控源头、管全程。整治南昌市乌沙河，市里成立河长办，清淤、截污、植绿，污水不再入河，岸边的鹭鸟又出现了。

水岸同治，成效更明显。“河流污染表象在水里，根子在岸上。”无锡市副市长刘霞说，治理梁溪河，岸上关停化工企业76家，建立核心保护区；水里疏通河道，保洁员上岗，“整条河道像是清了肠，水不臭了，河里有鱼了。”河边居民说。

——治水策略在变。

把脉问诊，治水更精准。浙江省大到干流，小到百米河段，编制11720个“一河一策”方案，打响剿灭劣Ⅴ类水攻坚战；厦门编制“一河一档”，一个筼筜湖，调查报告达200多页，大到汇水区地图，小到每一个排污口，都精确记录在册，为开出治水良方打下基础。

问题导向，行动更坚决。针对河湖存在的突出问题，水利部重拳出击，在全国开展一系列专项整治行动，清理乱占、乱采、乱堆、乱建，治采砂，严厉打击涉河违法违规行为。贵州开展“百千万”清河行动，对120条重要河流开展联合执法检查。上海市闵行区浦锦街道丰收村，10条河都是“问题河”，街道党委书记孙培龙说：“大量违建挤占河道，河水变成死水。”街道对症下药，49座土坝变身桥梁，水乡再现“小桥流水人家”风貌。

——治水方式在变。

科学施策，手段更多元。在陕西灞河蓝田县河段，一揽子治河方案出台，水务、环保、市政等部门联合行动，建村级污水处理厂，种植草藤植物绿化河堤，让灞河重现生机。

“一张图”管水，管河更智能。在山东，河长制信息管理平台接入1049条河湖基础数据，谁在巡河、巡河轨迹、水质状况等情况一目了然，各级河长只需打开App，就能实时上报水情。“巡河记录可在手机上完成，更重要的是，各平台数据打通，使治水更科学。”桓台县起凤镇河管员巩志峰说。

各级河长掀起护河、治水热潮，河长制初见成效。福建一年治理河流总长度达1126公里，12条主要河流水质全优，Ⅰ～Ⅲ类水占95%以上；浙江省治理垃圾河6500公里、黑臭河5100公里，基本清除黑臭脏现象；陕西省干支河流和湖泊状况明显改善，水功能区达标率提升10个百分点。

建长效机制，管好“盆”和“水”

河流治理非一日之功，河长制要实现“河长治”，长效机制是关键。伴随河长制深入推进，各地新实践、新机制应运而生。

制度跟进。一些地方对河长制立法，变集中式治理为常态化治理。江西率先实行全境流域生态补偿机制，对发生重大环境污染事故的地区，扣除补偿金。江苏建立河长联席会议制度，省级财政每年安排4亿元资金，专项治河。上海梳理河长问题清单、责任清单、项目清单，河长制任务实行全过程目标管理。

全民治河。全社会关爱河湖、珍惜河湖、保护河湖的局面基本形成，各地涌现出一批“企业河长”“乡贤河长”“河小二”等民间河长。福建“政府河长＋企业河长＋群众河长”，共整治小流域60条；江苏推广政府购买服务，97.7%的骨干河道落实保洁管护人员，48%的河段实行社会化管护。

更大的影响在岸上。河长制倒逼产业转型，量水而行、以水定产，成为许多地方的自觉行动。江西靖安县传统养猪业排污大，现在发展生态养殖，大多数散养户退了出来，水质好了，县里的旅游业因水而兴。浙江省绍兴市柯桥区的东小江，两岸印染业集聚，一度成为黑臭河，后来关停64家印染企业，刚性整治100多家企业。

转变生活方式。在重庆市南川区峰岩乡，每位村民家中都有一个蓝色垃圾桶，垃圾捡满一桶后就可换取奖品。“一项小小的措施，却改变了居民多年沿河洗涤、乱扔垃圾的习惯。”峰岩乡正阳村支书安峰说。

河长制带给河流健康承诺。安徽提出，到2020年水功能区水质达标率达80%以上；江苏明确，3年内恢复水域面积100平方公里。在全国，力争到2020年地表水质量达到或好于Ⅲ类水体的比例超过70%，重要江河湖泊水功能区水质达标率达到80%以上，初步建立河湖休养生息保障制度。

鄂竟平说，全面推行河长制取得一定成效，但也要看到，河湖存在的突出问题是长期积累形成的，彻底解决这些问题不可能一蹴而就。全面深入推进河长制，要聚焦管好“盆”（即对河道湖泊空间及其水域岸线的管理保护）和“水”（即对河湖水资源的管理保护），向河湖管理顽疾宣战，持续加力，久久为功，打造人与自然和谐共生的河湖新格局，还河湖健康美丽。

（摘自《人民日报》2018 年 7 月 18 日 14 版）

第五节　会议报道——零会议报道方式

零会议报道方式是指只报道会议上有价值的新闻信息，而不提及会议本身。

随着会议报道方式的改进，纸媒越来越多地采用零会议报道方式。

零会议报道方式适合中小型会议的报道，会议本身新闻价值较小，可以不提及。

零会议报道方式报道篇幅相对较小，注意征得会议主办者的理解。

零会议报道方式常常会变成事件新闻或经验新闻等，消息、通讯是常用的体裁。

《人民日报》2 月 16 日的报道就是一篇典型的零会议报道方式。

南水北调中线累计输水 200 亿立方米 5300 多万人受益

本报北京 2 月 15 日电　截至 15 日，南水北调中线工程累计向北方输水 200 亿立方米，沿线河南、河北、北京、天津四省（直辖市）5300 多万人喝上了甘甜的南水，500 多万人告别高氟水、苦咸水。

供水保障更高。在河北，石家庄、邯郸、保定、衡水建起可靠的供水网络，主城区南水供水量占 75%以上。

水质更好。有了南水，北京市自来水硬度从每升 380 毫克，下降到 120～130 毫克，百姓普遍感受到水碱少了。监测显示，南水北调中线工程输水水质一直保持并优于Ⅱ类。

（摘自《人民日报》2019 年 2 月 16 日 2 版　记者　赵永平）

这条消息显然取材于全国水利工作会议的信息，但记者只选取了《人民日报》读者最关心的南水北调工程供水成效的信息作为素材写作，而会议的其他信息一概没作报道，也没有提及会议的任何信息。

新华社 2019 年 2 月 19 日播发的《千里水脉润北方——南水北调中线输水成效综述》（记者　于文静）也是一篇从会议透露出来的信息顺藤摸瓜采写的新闻通讯。

千里水脉润北方

——南水北调中线输水成效综述

冬日的京冀郊外，瑞雪覆盖着大地。在南水北调中线干线工程北拒马河暗渠，南水在阳光照耀下更显清澈。

据南水北调中线建管局消息，截至15日，中线工程累计输水达到200亿立方米。沿线河南、河北、北京、天津四省（直辖市）的百姓在水安全、水生态和水环境方面的幸福感大大提升。

5300多万人喝上甘甜南水

2月15日上午，在位于北京市房山区大石窝镇的惠南庄泵站，国内最大的单级双吸离心泵正在向北京输水。惠南庄泵站是南水北调中线工程总干渠上唯一的一座大型加压泵站，正如人体的心脏，为千里水脉提供源源不断的动力。

南水送来清凉。南水北调中线建管局有关负责人表示，截至目前，河南、河北、北京、天津四省（直辖市）5300多万人已喝上甘甜的南水，500多万人告别了高氟水、苦咸水。

据了解，河南受水区37个市县全部通水，郑州中心城区自来水八成以上为南水；河北石家庄、邯郸、保定、衡水主城区的南水供水量占75%以上，沧州达到100%；南水占北京主城区自来水供水量的73%，密云水库蓄水量自2000年以来首次突破25亿立方米；天津市14个区居民全部喝上南水，南水成为新的供水“生命线”。

喝好水直接关系百姓的幸福感。监测显示，通水以来，中线水源区水质总体向好，输水水质保持在优于Ⅱ类，其中Ⅰ类水质断面比例占82%以上。北京市自来水硬度明显下降，公众普遍感到水碱减少，饮水口感更好了。

河湖地下水重现生机

冬日暖阳下，河北滹沱河畔的冀之光广场附近流水潺潺，不时有水鸟飞过。难以想象这里曾是四季无水、到处垃圾。

干涸了几十年的滹沱河重现生机，是南水北调工程生态补水的一个缩影。记者从中线建管局了解到，中线一期工程连续两年利用汛期弃水向受水区30条河流实施生态补水，已累计补水8.65亿立方米。自2018年9月开始，水利部、河北省人民政府开展华北地下水超采综合治理河湖地下水回补试点。生态补水使河湖水量增加、水质提升。

监测显示，天津市中心城区4个河道断面水质改善到Ⅱ类至Ⅲ类；河北省白洋淀监测断面入淀水质提升为Ⅱ类；河南郑州市补水河道基本消除了黑臭水体；北京城区新增550公顷水面，生态环境显著改善。

工程通水以来，通过限制地下水开采、直接补水、置换挤占的环境用水等措施，遏制了黄淮海平原地下水位快速下降的趋势。据监测，截至2018年5月底，北京市平原区地下水位与上年同期相比回升了0.91米；天津市地下水位38%有所上升，54%基本保持稳定；河北省深层地下水位由每年下降0.45米转为上升0.52米；河南省受水区地下水位平均回升0.95米。

提前部署保障冰期输水

“冬季输水因为天气寒冷，总干渠结冰很正常，关键是采取有效措施，防止控制闸门受到冰冻影响，保障冰期输水的安全调度和运行平稳。”中线建管局有关负责人对记者说。

据了解，为了应对极寒天气，中线建管局采取了一系列举措：制定冰期输水调度方案，保持总干渠高水位运行，一旦形成冰盖，实施小流量输水；加强对水温、流速和流量的观测，加强工程巡查巡视；在全线增加28条拦冰索、拦冰桶，在重要的控制闸前安装扰冰装置；增加应急抢险车等。

工程全线列出了冰期输水三个重要部位：岗头、西黑山和北拒马河三个控制闸。现场管理处提前准备，弧形闸门槽两侧的电融冰装置已实现智能化，检测温度低于 5 摄氏度时，电融冰装置自动启动，控制设备温度在 0 到 5 摄氏度之间，确保不结冰。同时，抢险队伍配备了专业工具，可以迅速投入破冰、捞冰、运冰作业。在经历了 2016 年的极端天气后，有关部门在冰期输水方面已经积累了相当经验。

第六节　会议报道——复合报道方式

复合报道方式是指采用多篇稿件、多种体裁、多种形式立体式报道有关会议的新闻，比如在会议主消息、领导讲话、重要决定、会议成果（图表）、会议图片、评论等形式中，采用上述两种或多种方式加以报道。

复合报道方式的特点是会议上传出的各种信息报道充分，可以满足读者的深层次需求和不同读者的多方面需求。随着网络媒体的发展，复合报道方式被越来越广泛地采用。

复合报道方式有可能采用消息、通讯、综述、述评、特写等各种新闻体裁，报道量大，需要多人配合，组织协调是关键。

比如全国水利工作会议的宣传报道就采用了复合式的报道方式，既有会议消息、领导讲话全文、侧记、评论，也有图片、成果图表等多种形式。

http://www.chinawater.com.cn

中国水利報

China Water Resources News

中华人民共和国水利部主管

中国水利报社主办

第4337期

2019年1月17日 星期四

新时代 新气象 新基调 新作为

2019年全国水利工作会议在京召开

毫不动摇坚持总基调 攻坚克难推动新发展

数读2018水利工作新进展

水利职工热议打好五个攻坚战

全国水利工作会议的宣传报道 1

全国水利工作会议的宣传报道 2

第七节　会　议　摄　影

会议摄影是新闻摄影拍摄最多的题材之一。掌握好会议拍摄的技巧，把整个会议过程中具有代表性的重要片段记录下来，是摄影人员必须掌握的基本技能。

一、拍摄准备

拍摄前一天要把需要的照相器材准备好，逐一查点装进摄影包，把电池充足电，并带足备用电池和存储卡。

拍摄当天要提前到达拍摄现场，实地考察会场的大小、光线、灯光情况、主宾位置、自己的机位等。拍摄特别重大的活动或会议，建议提前一天到达会场，熟悉现场环境，进行实地试拍，做到心中有数。

预先了解会议议程，着重了解会议的关键环节，对当天的拍摄内容做到心中有数。这样有利于会议进程中根据不同的环节需要及时更换镜头，确定拍摄的位置，不漏过会议的每一个关键瞬间。

二、拍摄器材

宜选用高速连拍机身，以及70～200mm变焦镜头、24～70mm中焦镜头、16～35mm广角镜头，就是俗称的“大三元”镜头。多数记者常用的器材是中高端单反相机，比如佳能品牌的1DX或5D Mark Ⅲ相机，尼康D5或D850相机等。

三、拍摄内容及要点

一般会议拍摄涉及的主要内容为会场全景、主席台、发言者和观众等。根据会议议程和媒体需要，拍摄顺序依次为主席台、发言者、会场及观众等。分别介绍如下。

（一）拍摄主席台全景

会议开始前3分钟时，主席台就座领导精神饱满，目视前方，是拍摄主席台的最好时机。

最好在会议即将开始前提前到达会场中前部，准备好中焦或广角镜头，选择手中镜头可以把主席台全部拍下的位置站定准备，注意不要使用大广角镜头，以尽量减少广角镜头带来的畸变，注意尽量保持水平拍摄——既不仰拍也不俯拍——减少因拍摄视角带来的畸变。在主席台领导陆续入座期间可以试拍几张，迅速调整曝光值。推荐使用光圈优先模式（相机的A或AV模式），光圈小于F5.6，确保坐在主席台两端的领导都在清晰的范围内。待领导全体入座，端正坐好时即可进行正式拍摄。将对焦点对准坐在正中的领导的面部。注意在取景器中用视线扫过每一位领导，尽量拍下全部领导都抬头端坐、目视前方、状态良好的瞬间。等不到这样的时机，就抓拍下主要领导、多数领导状态良好、面向前方的瞬间。

如果错过会议刚开始的时机，还可以选择在主要领导刚刚开始讲话时进行拍摄。此时，主席台就座的其他领导也可能重整精神，认真倾听，此时有望拍到效果较好的图片。

拍摄主席台全景最后的时机是会议即将结束前。但是不建议放在这个时候拍摄，因为，常常发生有些领导因为有事提前退场的情况，这样就可能会造成拍不到主席台全体人员都在场的镜头了。

（二）拍摄主持人和其他发言者

拍摄主持人和其他发言者用特写镜头，也可以拍摄讲话时全景。尽可能靠前接近，选择好时机进行连拍。可以正面拍摄，也可以45°角拍摄，注意麦克风不能和嘴连接或挡住发言者的脸，特别背景画面，切勿使发言人的头部与背景的一些不和谐的画面重叠。选择发言者讲话抬头且表情好的瞬间按下快门，镜头选择以200mm及以上镜头为宜。选择在发言人自由发挥时拍摄效果往往更好。要注意发言人眼神、表情、嘴形、手势的“四位一体”与和谐统一。

有些人发言时会有意识配合拍摄。但大部分发言者脸上会有奇怪的表情，或者动得太快，抬头看观众和相机的时间很短，更糟的是有些人自始至终低头看稿子。这种时候要靠直觉和规律等待正确的时刻。一般规律是发言人会在讲话刚开始或讲话结束时抬头目视观众，所以要在发言人开始发言前到达拍摄位置并做好准备。拍后即时回放检查，如果效果不好，等待时机继续拍摄。一些精彩的人像画面往往出现在讲话者即兴发挥的过程中，要注意把握机会。每一位发言人一般有 8～30 分钟时间，拍摄时间较充足，可以选择多种不同的拍摄角度以得到一张好照片。遇上全程不抬头的发言人，绕到侧面，选取较低角度进行拍摄。

2019 年 1 月 15 日，全国水利工作会议在京召开，水利部部长鄂竟平在会上作重要讲话（席晶　摄）

2019 年 1 月 15 日，全国水利工作会议在京召开，会议代表作交流发言（席晶　摄）

（三）拍摄会场全景及其他

拍完一个发言人后，在其讲话过程中即可拍摄会场全景，展现会议的整体情况。

站在会场后方正中间的位置拍摄会场全景，注意会议标志、主席台领导、参会人员“三位一体”，画面充实、隆重生动且有立体感。尽量站在高处拍摄，使主席台领导与观众背影不会在画面中重叠，同时可有效避免观众后背及头部在画面中所占比例过大等问题。注意调换一下角度以避开会场过道。

拍摄观众的正面，可以站在主席台侧面向下俯拍参会人员。

2019 年 1 月 15 日，全国水利工作会议在京召开（席晶　摄）

2019 年 1 月 15 日，全国水利工作会议在京召开，参会代表对鄂竟平部长的讲话报以热烈掌声（席晶　摄）

拍摄好以上两个角度后，可以再选择不同角度：比如站在会场的四个角，尽可能摄入更多面积的会场全景；比如从会场侧面拍摄会场全景，让一张照片中既包含主席台又包含观众正面；比如从会场后方用大光圈对焦主席台或发言人，将观众的背影虚化后作为照片的前景，等等。尽量让每一张照片看起来都充满内容。

设分会场的要逐个去拍。小会场拍摄时要注意避免逆光拍摄，可以使用广角镜头。

2019 年 1 月 15 日，全国水利工作会议在京召开，部分代表在分会场听会（席晶　摄）

（四）拍摄观众

拍摄一些观众专注的神情或做笔记的动作，避免拍摄到画面中的人物表现出不耐烦的情绪、看手机、打盹或是交头接耳等动作。

2019 年 1 月 15 日，全国水利工作会议在京召开，
会议代表在主会场认真听会（席晶 摄）

（五）拍摄合影

如会议议程中提前写有全体合影，拍完大会最后一个发言，不等发言结束，就赶到合影现场，做好各项准备工作，包括架好三脚架，调整镜头焦距，取景等。根据景深前小后大的原理，镜头焦点要对准靠近相机的所有横排总数的第五分之二排。合影和会议记录的拍摄有所不同，对人数和室内外光线环境的要求很高，有无站立的架子也很重要。后期制作也很复杂，需要做后期精细调整。

（六）拍摄新闻发布会

区别于一般性会议拍摄，新闻发布会上有较多的问答互动。要拍摄发布会的全景、发布人及参加发布会的有关负责人、新闻记者等的照片，以及现场展示的、适合用照片表现的发布内容，通过不同角度用照片反映新闻发布会的实况，尽量抓住最好的瞬间拍摄。注意画面的生动性。

中国水利报社记者陈萌在新闻发布会上
提问（焦非 摄）

（七）花絮拍摄

花絮，可以让政务活动摄影报道变得丰富有趣。尽可能多地拍摄重要领导，讲话时的抓拍，鼓掌时、微笑时的抓拍也很重要。全体代表鼓掌的镜头、观众在阅读会议报告、第一位发言人上台、倾听的观众——都是很好的照片。在休息时间，拍摄人们聚在一起的照片。用 85mm 镜头在不引起注意的情况下拍摄。小组讨论环节，拍

下每一位小组成员，以及讨论时的场景。

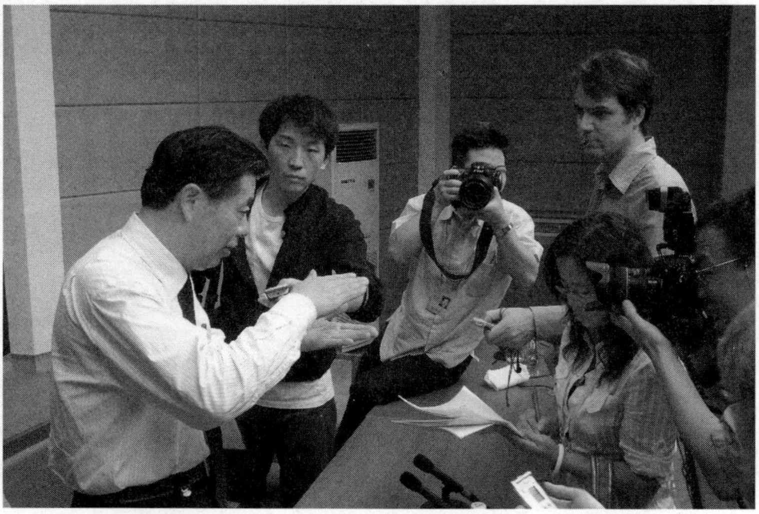

2008年5月25日，水利部在国新办举行唐家山堰塞湖
处置新闻发布会（李先明　摄）

四、注意事项

（一）个人举止

会议进程中，摄影记者的一举一动都可能会干扰到会议的进行。不要穿鲜艳的衣服，减少拍照频次，注意活动的路线和位置，注意拍摄的时机，既要完成拍摄任务，又不能长时间挡住观众的视线或是不断地连拍，同时要注意避让会场中的摄像机。

（二）闪光灯使用

最好不用闪光灯，如果一定要用，记得调整角度，不能让光线直接打在领导的眼睛上。

第三章

文 件 新 闻

第一节 文件新闻总述

文件新闻是指以各种文件作为信息源，选出具有新闻价值的内容进行报道，突出其有关内容的作用、价值、意义、影响、背景等的新闻。

文件包括公文、信件等，也包括有关的政治理论、时事政策、学术研究等方面的文章。从广义来说，还包括计算机系统中信息存储的基本单元，单位个人在微博、微信、网站发布的代表本人或本组织的权威声音的信息等。

就水利工作来讲，我们接触最多的还是公文，即公务文书。公务文书是法定机关与组织在公务活动中，按照特定的体式、经过一定的处理程序形成和使用的书面材料，又称公务文件。

长期以来，我国各级政府、企事业单位的文件都很多，有新闻价值的文件也很多，新闻媒体，特别是正规的报纸、网站和新媒体上刊载的这类新闻也相当多。而且，随着时代的发展，涉及个人的、团体的“官方”文件也越来越多，新闻报道中有越来越多的趋势。

水利行业涉及法律、规章、决定、通知、公告等各种形式的书面文件的新闻屡见报端。

文件新闻因为来源于正规的完整的书面文件，具有严肃性、权威性的特点，其报道方式也有着特殊的规律性。一般来说可有如下五种报道方式：全文报道式、重点报道式、间接报道式、解读报道式和延伸报道式。

第二节 文件新闻——全文报道式

全文报道式就是把文件何时、何机构、何内容和盘托出的方式。

全文报道式适合简短的公告、决定、通知或者特别重要的文件。

全文报道式的特点是信息完整、权威，但容易出现呆板、单调等问题。

全文报道式采访比较容易，按照文件内容照发即可。全文报道式常以消息方式进行，且多以叙述式导语形式为主。

《中国水利报》对 2019 年 2 月 13 日水利部发布的《水利部关于印发新时代水利精神

的通知》的报道就采用了全文报道的方式。

2019 年全国水利工作会议审定通过

新时代水利精神表述语发布

“忠诚、干净、担当，科学、求实、创新”

本报讯（政务报道组）　2 月 13 日，《水利部关于印发新时代水利精神的通知》明确新时代水利精神表述语为“忠诚、干净、担当，科学、求实、创新”。通知全文如下：

部机关各司局，部直属各单位，各省、自治区、直辖市水利（水务）厅（局），各计划单列市水利（水务）局，新疆生产建设兵团水利局：

新时代水利精神已经 2019 年全国水利工作会议审议通过，现印发给你们，请结合本单位实际，抓好贯彻落实。

水利部

2019 年 2 月 13 日

新时代水利精神表述语

忠诚、干净、担当

科学、求实、创新

新时代水利精神内涵诠释

在中华民族悠久治水史中，孕育了大禹精神、都江堰精神、红旗渠精神、九八抗洪精神等优秀治水传统和宝贵精神财富。党的十八大以来，在习近平总书记治水重要论述指引下的生动实践中，催生了具有新时代特征的水利精神品质。五千年精神传承、新时代实践创新，彰显了水利人“忠诚、干净、担当”的可贵品质，厚植了水利行业“科学、求实、创新”的价值取向。在治水矛盾发生深刻变化、治水思路需要相应调整转变的新形势下，迫切需要进一步传承和弘扬“忠诚、干净、担当，科学、求实、创新”的新时代水利精神，为不断把中国特色水利现代化事业推向前进提供精神支撑。

新时代水利精神在做人层面倡导“忠诚、干净、担当”。

忠诚——水利人的政治品格。水利关系国计民生。在新时代，倡导水利人忠于党、忠于祖国、忠于人民、忠于水利事业，胸怀天下、情系民生，致力于人民对优质水资源、健康水生态、宜居水环境的美好生活向往，承担起新时代水利事业的光荣使命。

干净——水利人的道德底线。上善若水。在新时代，倡导水利人追求至清的品质，从小事做起，从自身做起，自觉抵制各种不正之风，不逾越党纪国法底线，始终保持清白做人、干净做事的形象。

担当——水利人的职责所系。水利是艰苦行业，坚守与担当是水利人特有的品质。在新时代，倡导水利人积极投身水利改革发展主战场，立足本职岗位，履职尽责，攻坚克难，在平凡的岗位上创造不平凡的业绩。

新时代水利精神在做事层面倡导“科学、求实、创新”。

科学——水利事业发展的本质特征。水利是一门古老的科学，治水要有科学的态度。

在新时代，倡导水利工作坚持一切从实际出发，尊重经济规律、自然规律、生态规律，坚持按规律办事，不断提高水利工作的科学化、现代化水平。

求实——水利事业发展的作风要求。水利事业不是空谈出来的，是实实在在干出来的。在新时代，倡导水利工作求水利实际之真、务破解难题之实，发扬脚踏实地、真抓实干的作风，察实情、办实事、求实效，以抓铁有痕、踏石留印的韧劲抓落实，一步一个脚印把水利事业推向前进。

创新——水利事业发展的动力源泉。水利实践无止境，水利创新无止境。在新时代，倡导水利工作解放思想、开拓进取，全面推进理念思路创新、体制机制创新、内容形式创新，统筹解决好水灾害频发、水资源短缺、水生态损害、水环境污染的问题，走出一条有中国特色的水利现代化道路。

（摘自《中国水利报》2019 年 2 月 19 日 1 版）

水利部发布新时代水利精神，是经过长时间调研、征集、讨论，并经全国水利工作会议代表讨论后确定的。这样一个通知文件是严肃的、认真的、规范的，而且文件也不长，有必要让读者看到通知全貌，因此采用全文报道方式是合适的。

消息的导语采用平铺直叙的方式，消息的主体部分用通知全文，准确地传达出发送范围、发送内容、发送时间，全面、完整，而且简洁明了，虽然平淡，但与这一文件庄重、严肃、规范的性质相吻合，是妥当的。

事实上，对一些特别庄重、严肃、规范的文件，往往都采用全文报道的方式加以报道。比如中共中央办公厅、国务院办公厅发布的《关于全面推行河长制的意见》和《关于在湖泊实施湖长制的指导意见》等都是全文报道方式。再比如中共中央办公厅发布的《关于解决形式主义突出问题为基层减负的通知》的报道，新华社就采用了全文报道的方式。

中共中央办公厅印发
关于解决形式主义突出问题为基层减负的通知

新华社北京 3 月 11 日电　近日，中共中央办公厅印发了《关于解决形式主义突出问题为基层减负的通知》。全文如下：

党的十八大以来，习近平总书记就加强党的作风建设，力戒形式主义、官僚主义作出一系列重要指示。近期，习近平总书记专门作出重要批示，强调 2019 年要解决一些困扰基层的形式主义问题，切实为基层减负。为贯彻落实习近平总书记重要指示批示精神，更好为基层干部松绑减负，激励广大干部担当作为、不懈奋斗，经中央领导同志同意，决定将 2019 年作为“基层减负年”，现就有关工作要求通知如下。

一、以党的政治建设为统领加强思想教育，着力解决党性不纯、政绩观错位的问题

坚持用习近平新时代中国特色社会主义思想武装头脑，在深化消化转化上下功夫，把理论学习的成效体现到增强党性修养、提高工作能力、改进工作作风、推动党的事业发展上。将力戒形式主义、官僚主义作为全党开展的“不忘初心、牢记使命”主题教育重要内容，教育引导党员干部牢记党的宗旨，坚持实事求是的思想路线，树立正确政绩观，把对上负责与对下负责统一起来。从领导机关首先是中央和国家机关做起，开展作风建设专项整治行动，发扬斗争精神，对困扰基层的形式主义问题进行大排查，着重从思想观念、工作作风和领导方法上找根源、抓整改。严明政治纪律和政治规矩，认真汲取秦岭北麓西安境内违建别墅问题的深刻教训，坚决防止和纠正落实党中央决策部署不用心、不务实、不尽力，口号喊得震天响、行动起来轻飘飘的问题，真正把树牢“四个意识”、做到“两个维护”的要求落到实处。

二、严格控制层层发文、层层开会，着力解决文山会海反弹回潮的问题

认真贯彻落实中央八项规定及其实施细则精神，从中央层面做起，层层大幅度精简文件和会议，确保发给县级以下的文件、召开的会议减少30%～50%。发扬“短实新”文风，坚决压缩篇幅，防止穿靴戴帽、冗长空洞，中央印发的政策性文件原则上不超过10页，地方和部门也要按此从严掌握。地方各级、基层单位贯彻落实中央和上级文件，可结合实际制定务实管用的举措，除有明确规定外，不再制定贯彻落实意见和实施细则。科学确定中央文件密级和印发范围，能公开的公开。少开会、开短会，开管用的会。上级会议原则上只开到下一级，经批准直接开到县级的会议，不再层层开会。严禁随意拔高会议规格、扩大会议规模，未经批准不得要求党委和政府主要负责同志以及部门一把手参会，减少陪会。提倡合并开会、套开会议，多采用电视电话、网络视频会议等形式。提高会议实效，不搞照本宣科，不搞泛泛表态，不刻意搞传达不过夜，坚决防止同一事项议而不决、反复开会。进一步改革会议公文制度，选择一些地方和单位开展治理文山会海工作试点。

三、加强计划管理和监督实施，着力解决督查检查考核过多过频、过度留痕的问题

抓好《中共中央办公厅关于统筹规范督查检查考核工作的通知》贯彻落实，严格控制总量，实行年度计划和审批报备制度，中央和国家机关有关部门原则上每年搞1次综合性督查检查考核，对县乡村和厂矿企业学校的督查检查考核事项减少50%以上的目标要确保执行到位。强化结果导向，考核评价一个地方和单位的工作，关键看有没有解决实际问题、群众的评价怎么样。坚决纠正机械式做法，不得随意要求基层填表报数、层层报材料，不得简单将有没有领导批示、开会发文、台账记录、工作笔记等作为工作是否落实的标准，不得以微信工作群、政务App上传工作场景截图或录制视频来代替对实际工作评价。严格控制“一票否决”事项，不能动辄签“责任状”，变相向地方和基层推卸责任。对涉及城市评选评比表彰的各类创建活动进行集中清理，该撤销的撤销，该合并的合并。对巡视巡察、环保督察、脱贫攻坚督查考核、政府大督查、党建考核等，牵头部门也要倾听基层意见进行完善，提出优化改进措施。调查研究、执法检查等要轻车简从、务求实效，不干扰基层正常工作。

四、完善问责制度和激励关怀机制，着力解决干部不敢担当作为的问题

坚持严管和厚爱结合，实事求是、依规依纪依法严肃问责、规范问责、精准问责、慎重问责，真正起到问责一个、警醒一片的效果。修订《中国共产党问责条例》。有效解决问责不力和问责泛化简单化等问题。正确对待被问责的干部，对影响期满、表现好的干部，符合有关条件的，该使用的要使用。制定纪检监察机关处理检举控告工作规则，保障党员权利，及时为干部澄清正名，严肃查处诬告陷害行为。改进谈话和函询工作方法，有效减轻干部不必要的心理负担。把“三个区分开来”的要求具体化，正确把握干部在工作中出现失误错误的性质和影响，切实保护干部干事创业的积极性，为担当者担当，为负责者负责。对基层干部特别是困难艰苦地区和奋战在脱贫攻坚第一线的干部，给予更多理解和支持，在政策、待遇等方面给予倾斜。

五、加强组织领导，为解决困扰基层的形式主义问题提供坚强保障

在党中央集中统一领导下，建立中央层面整治形式主义为基层减负专项工作机制，由中央办公厅牵头，中央纪委国家监委机关、中央组织部、中央宣传部、中央改革办、中央和国家机关工委、全国人大常委会办公厅、国务院办公厅、全国政协办公厅等参加，负责统筹协调推进落实工作。各地区各部门党委（党组）要切实履行主体责任，一把手负总责，党委办公厅（室）负责协调推进落实，把力戒形式主义、官僚主义作为重要任务，拿出有效管用的整治措施。加强政治巡视和政治督查，加大舆论监督力度，对形式主义、官僚主义典型问题点名道姓通报曝光，对干实事、作风好的先进典型及时总结推广，为广大党员干部作示范、树标杆。

（摘自《中国水利报》2019 年 3 月 13 日 2 版）

中央关于解决形式主义突出问题为基层减负的决定，是一个影响全国、事关每一个干部的重大事件，通知文件是严肃的、庄重的，需要让每一个干部群众准确、全面地知晓这一决定，而且文件本身并不长，所以采用全文报道的方式是合适的。

我们常见的全文报道方式还有政府发布的人事任免决定和各级防汛抗旱指挥部门发布的公告等。

国务院调整国家防汛抗旱总指挥部组成人员

胡春华任国家防总总指挥

本报讯（政务报道组）　6 月 25 日，《国务院办公厅关于调整国家防汛抗旱总指挥部组成人员的通知》（国办发〔2018〕49 号）公开发布。通知说，根据机构设置、人员变动情况和工作需要，国务院决定对国家防汛抗旱总指挥部的组成单位和人员进行调整，国务院副总理胡春华任总指挥，王勇、鄂竟平、黄明、马宜明、高雨任副总指挥，叶建春任秘书长。

通知全文如下：

各省、自治区、直辖市人民政府，国务院各部委、各直属机构：

根据机构设置、人员变动情况和工作需要，国务院决定对国家防汛抗旱总指挥部的组成单位和人员进行调整。现将调整后的名单通知如下：

总 指 挥：胡春华　国务院副总理

副总指挥：王　勇　国务委员

鄂竟平　水利部部长

黄　明　应急部党组书记、副部长

马宜明　中央军委联合参谋部副参谋长

高　雨　国务院机关党组成员

秘 书 长：叶建春　水利部副部长兼应急部副部长
副秘书长：余　勇　气象局副局长
成　　员：郭卫民　中央宣传部部务会议成员、新闻办副主任
张　勇　发展改革委副主任
陈肇雄　工业和信息化部副部长
侍　俊　公安部副部长
程丽华　财政部副部长
凌月明　自然资源部副部长
倪　虹　住房城乡建设部副部长
何建中　交通运输部副部长
余欣荣　农业农村部副部长
王炳南　商务部副部长
李世宏　文化和旅游部党组成员
崔　丽　卫生健康委副主任
范卫平　广电总局副局长
刘宝华　能源局副局长
于春孝　铁路局副局长
蔡　军　中央军委联合参谋部作战局副局长
孙从军　中央军委国防动员部民兵预备役局副局长
张红生　武警部队参谋长助理
李文新　中国铁路总公司副总经理

国务院办公厅

2018 年 6 月 15 日

（摘自《中国水利报》2018 年 6 月 27 日 1 版）

国务院调整国家防汛抗旱总指挥部组成人员是一件严肃的事情，这些人员将有权调度、指挥防汛抗旱工作，不仅需要全社会知晓，而且要郑重、权威、规范告知，用全文报道方式可以达到这样的效果。

第三节　文件新闻——重点报道式

重点报道式就是把文件中有新闻价值的东西突出出来，略去没有新闻价值的部分。

重点报道式的特点是重点突出，容易引起读者的注意，更符合新闻价值的规律，是一种常见的文件报道方式。

重点报道式适合比较长的文件。

重点报道式在采访中不仅需要拿到文件，还需要吃透文件，理出文件的重点。这需要记者熟悉文件涉及的有关事宜，需要有较强的政策理论水平和综合判断能力。

重点报道式常以消息为报道体裁，且常用叙述式导语或引用式导语。

我们看看《浙江省水域保护办法》出台的报道。

浙江调整水域保护管理内容

本报讯（通讯员　万笑影　记者　徐鹤群）　近日，浙江省政府常务会议审议通过了《浙江省水域保护办法》（以下简称《办法》），对原有的《浙江省建设项目占用水域管理办法》进行了全面修订和完善，明确了水域的定义，取消了水域占用补偿费的收取，并将水域保护指标纳入考核评价内容。

新颁布的《办法》对水域保护和管理方面存在的新情况新问题作出了调整。一是明确了水域的定义，水域保护规划的编制主体以及制定、修改程序等，突出了规划引领与实施在水域保护中的重要作用，改变了以往占用水域上一个建设项目审批一个建设项目的被动局面。二是取消了水域占用补偿费的收取，强调了分类管理，突出对饮用水水源保护区内的水域、国家和省级风景名胜区核心景区、省级以上自然保护区的水域、省级和市级河道以及其他行洪排涝骨干河道等7类重要水域实行特别保护。三是将水域保护指标纳入考核评价内容和领导干部自然资源资产离任审计范围，明确水域保护相关措施，要求建立水域健康评估和水域违法通报制度，落实河（湖）长制加强日常的检查和巡查，鼓励公众参与水域保护，形成了水域保护齐抓共管的制度环境。

（摘自《中国水利报》2019年1月18日1版）

作为省政府常务会议审议通过的正式文件，《浙江省水域保护办法》一定有着很完善的结构、很详细的文字，但在《中国水利报》刊发的时候，就不需要十分详细的报道，而重点应该报道对其他省份有借鉴意义和阅读价值的东西。记者选取了最关键最有亮点的“明确了水域的定义，取消了水域占用补偿费的收取，并将水域保护指标纳入考核评价内容”等内容加以报道，体现了《办法》的重要价值和新闻点，简洁明了，更具可读性和吸引力，是一篇不错的文件报道。

事实上，对于长篇大论的文件的报道，是非常符合“多”与“少”的哲理的。报道的内容越多，可能读者可读的东西相比较来说会越少，关键是读者能记住的东西可能会越少，而相反，把最关键的东西拎出来，简明扼要，读者愿意看，也记住了，不正是报道的少、读者记住的多的道理吗？

对于那些综合性的长文件的报道尤其要谨记这个道理。我们每年对中央一号文件的报道往往都是采用抽取与水利相关重点的报道方式。

2018年中央一号文件决定

以绿色发展引领乡村振兴
打造人与自然和谐共生发展新格局

本报讯（记者　周雪濛）　2月4日，改革开放以来第20个、新世纪以来第15个指导“三农”工作的中央一号文件《中共中央国务院关于实施乡村振兴战略的意见》正式发布，对实施乡村振兴战略进行了全面部署。文件明确提出，要坚持人与自然和谐共生基本原则，加强农田水利基础设施建设，实施国家农业节水行动，统筹山水林田湖草系统治理，加强农业突出环境问题综合治理，建立市场化多元化生态补偿机制，深入推进农村集体产权制度改革，推进乡村绿色发展，打造人与自然和谐共生发展新格局。

文件明确提出坚持人与自然和谐共生基本原则，强调要牢固树立和践行绿水青山就是金山银山的理念，落实节约优先、保护优先、自然恢复为主的方针，统筹山水林田湖草系统治理，严守生态保护红线，以绿色发展引领乡村振兴。

文件提出，提升农业发展质量，培育乡村发展新动能。在“夯实农业生产能力基础”中提出，加强农田水利建设，提高抗旱防洪除涝能力。实施国家农业节水行动，加快灌区续建配套与现代化改造，推进小型农田水利设施达标提质，建设一批重大高效节水灌溉工程。大力发展数字农业，实施智慧农业林业水利工程，推进物联网试验示范和遥感技术应用。

文件提出，推进乡村绿色发展，打造人与自然和谐共生发展新格局。在“统筹山水林田湖草系统治理”方面强调，把山水林田湖草作为一个生命共同体，进行统一保护、统一修复。实施重要生态系统保护和修复工程。健全耕地草原森林河流湖泊休养生息制度，分类有序退出超载的边际产能。科学划定江河湖海限捕、禁捕区域，健全水生生态保护修复制度。实行水资源消耗总量和强度双控行动。开展河湖水系连通和农村河塘清淤整治，全面推行河长制湖长制。加大农业水价综合改革工作力度。开展国土绿化行动，推进荒漠化、石漠化、水土流失综合治理。强化湿地保护和恢复，继续开展退耕还湿。在“加强农村突出环境问题综合治理”方面，加强农业面源污染防治，开展农业绿色发展行动，加强农村水环境治理和农村饮用水水源保护，实施农村生态清洁小流域建设。扩大华北地下水超采区综合治理范围。实施流域环境和近岸海域综合治理。在“建立市场化多元化生态补偿机制”方面，要健全地区间、流域上下游之间横向生态保护补偿机制，探索建立生态产品购买、森林碳汇等市场化补偿制度。建立长江流域重点水域禁捕补偿制度。

（摘自《中国水利报》2018年2月6日1版）

2019年中央一号文件决定

推进农村饮水安全巩固提升工程
统筹推进山水林田湖草系统治理

本报讯（记者　张佳鑫）　2月19日，21世纪以来第16个指导“三农”工作的中央一号文件《中共中央国务院关于坚持农业农村优先发展做好“三农”工作的若干意见》（以下简称《意见》）正式发布，要求坚持农业农村优先发展总方针，以实施乡村振兴战略为总抓手，抓重点，补短板，强基础，坚决打赢脱贫攻坚战，全面推进乡村振兴。《意见》明确提出，要进一步加强农田水利建设，推进大中型灌区续建配套节水改造与现代化建设，加强华北地区地下水超采综合治理，推进农村饮水安全巩固提升工程，统筹推进山水林田湖草系统治理，落实河长制湖长制，推进农村水环境治理，加快推进农业水价综合改革，健全节水激励机制，为如期实现第一个百年奋斗目标奠定基础。

《意见》提出，聚力精准施策，决战决胜脱贫攻坚。在“不折不扣完成脱贫攻坚任务”方面，要求全面排查解决影响“两不愁三保障”实现的突出问题，防止盲目拔高标准、吊高胃口，杜绝数字脱贫、虚假脱贫。进一步压实脱贫攻坚责任，落实最严格的考核评估，精准问责问效。继续加强东西部扶贫协作和中央单位定点扶贫。用好脱贫攻坚专项巡视成果，推动落实脱贫攻坚政治责任。在“主攻深度贫困地区”方面提出，重大工程建设项目继续向深度贫困地区倾斜，特色产业扶贫、易地扶贫搬迁、生态扶贫、金融扶贫、社会帮扶、干部人才等政策措施向深度贫困地区倾斜。各级财政优先加大“三区三州”脱贫攻坚资金投入。对“三区三州”外贫困人口多、贫困发生率高、脱贫难度大的深度贫困地区，也要统筹资金项目，加大扶持力度。在“着力解决突出问题”方面强调，扎实推进生态扶贫，促进扶贫开发与生态保护相协调。坚持扶贫与扶志扶智相结合，加强贫困地区职业教育和技能培训，加强开发式扶贫与保障性扶贫统筹衔接，着力解决“一兜了之”和部分贫困人口等靠要问题，增强贫困群众内生动力和自我发展能力。切实加强一线精准帮扶力量，选优配强驻村工作队伍。关心关爱扶贫干部，加大工作支持力度，帮助解决实际困难，解除后顾之忧。持续开展扶贫领域腐败和作风问题专项治理，严厉查处虚报冒领、贪占挪用和优亲厚友、吃拿卡要等问题。在“巩固和扩大脱贫攻坚成果”方面强调，攻坚期内贫困县、贫困村、贫困人口退出后，相关扶贫政策保持稳定，减少和防止贫困人口返贫。研究解决收入水平略高于建档立卡贫困户的群众缺乏政策支持等新问题。坚持和推广脱贫攻坚中的好经验好做法好路子。做好脱贫攻坚与乡村振兴的衔接，对摘帽后的贫困县要通过实施乡村振兴战略巩固发展成果，接续推动经济社会发展和群众生活改善。总结脱贫攻坚的实践创造和伟大精神。及早谋划脱贫攻坚目标任务2020年完成后的战略思路。

《意见》提出，夯实农业基础，保障重要农产品有效供给。在“完成高标准农田建设任务”方面提出，巩固和提高粮食生产能力，到2020年确保建成8亿亩高标准农田。修编全国高标准农田建设总体规划，统一规划布局、建设标准、组织实施、验收考核、上图入库。加强资金整合，创新投融资模式，建立多元筹资机制。实施区域化整体建设，推进田水林路电综合配套，同步发展高效节水灌溉。进一步加强农田水利建设。推进大中型灌区续建配套节水改造与现代化建设。加大东北黑土地保护力度。加强华北地区地下水超采综合治理。在“调整优化农业结构”方面提出，降低江河湖泊和近海渔业捕捞强度，全面实施长江水生生物保护区禁捕。

《意见》提出，扎实推进乡村建设，加快补齐农村人居环境和公共服务短板。在“抓好农村人居环境整治三年行动”方面提出，深入学习推广浙江“千村示范、万村整治”工程经验，全面推开以农村垃圾污水治理、厕所革命和村容村貌提升为重点的农村人居环境整治，确保到2020年实现农村人居环境阶段性明显改善，村庄环境基本干净整洁有序，村民环境与健康意识普遍增强。鼓励各地立足实际、因地制宜，合理选择简便易行、长期管用的整治模式，集中攻克技术难题。

建立地方为主、中央补助的政府投入机制。中央财政对农村人居环境整治先进县给予奖励。中央预算内投资安排专门资金支持农村人居环境整治。鼓励社会力量积极参与，将农村人居环境整治与发展乡村休闲旅游等有机结合。广泛开展村庄清洁行动。开展美丽宜居村庄和最美庭院创建活动。在“实施村庄基础设施建设工程”方面强调，推进农村饮水安全巩固提升工程，加强农村饮用水水源地保护，加快解决农村“吃水难”和饮水不安全问题。健全村庄基础设施建管长效机制，明确各方管护责任，鼓励地方将管护费用纳入财政预算。在“加强农村污染治理和生态环境保护”方面强调，统筹推进山水林田湖草系统治理，推动农业农村绿色发展。加大农业面源污染治理力度，开展农业节肥节药行动，实现化肥农药使用量负增长。落实河长制湖长制，推进农村水环境治理，严格乡村河湖水域岸线等水生态空间管理。在“强化乡村规划引领”方面提出，把加强规划管理作为乡村振兴的基础性工作，实现规划管理全覆盖。按照先规划后建设的原则，通盘考虑土地利用、产业发展、居民点建设、人居环境整治、生态保护和历史文化传承。

《意见》强调，发展壮大乡村产业，拓宽农民增收渠道。在“发展乡村新型服务业”方面提出，充分发挥乡村资源、生态和文化优势，发展适应城乡居民需要的休闲旅游、餐饮民宿、文化体验、健康养生、养老服务等产业。加强乡村旅游基础设施建设，改善卫生、交通、信息、邮政等公共服务设施。

《意见》要求，全面深化农村改革，激发乡村发展活力。在“巩固和完善农村基本经营制度”方面提出，加快推进农业水价综合改革，健全节水激励机制。在“深入推进农村集体产权制度改革”方面提出，加快推进农村集体经营性资产股份合作制改革，继续扩大试点范围。总结推广资源变资产、资金变股金、农民变股东经验。完善农村集体产权权能，积极探索集体资产股权质押贷款办法。健全农村产权流转交易市场，推动农村各类产权流转交易公开规范运行。

（摘自《中国水利报》2019 年 2 月 21 日 1 版）

第四节　文件新闻——间接报道式

间接报道式是指不直接报道文件，而是从文件上挖掘新闻信息，以报道文件中有价值的新闻为主，间接地带出何时何人发布何文。

间接报道式主题突出、引人注意，更加符合新闻价值的选择要求，在实践中这种报道方式越来越被广泛采用。

间接报道式适合部署工作、安排事情的文件，往往寻着文件的线索可以找到工作或事情的实践行动，因此，这类文件报道往往由此转为工作进展新闻或事件新闻。

间接报道式的运用要有较强的新闻敏感，能够准确地抓取有新闻价值的信息。

间接报道式多采用消息体裁，常用叙述式导语。

比如下面这篇报道就是根据《江苏省农村河道管护办法》而采写的。

江苏农村河道分级分段设立河长

本报讯（记者　程瀛）　江苏日前明确农村河道全面落实河长制，县（市、区）、乡镇（街道）设立农村河道总河长，农村河道分级分段设立河长，努力实现农村河道管护全覆盖。

根据《江苏省农村河道管护办法》，县级人民政府是本行政区域内农村河道长效管护的责任主体，县级人民政府水行政主管部门是本行政区域内农村河道管护的行业主管部门。县级人民政府要加强农村河道环境整治，限期消除黑、臭、脏河道，定期组织水生植物清理、漂浮物打捞、河道保洁等；积极推行河道、道路、绿化、垃圾、公共设施“五位一体”综合管护模式，努力实现农村河道“五位一体”综合管护及社会化管护全覆盖。县级人民政府水行政主管部门要建立农村河道巡查、督查制度，定期开展监督检查，查处违法行为。河道管理单位要开展日常管护巡查，向水行政主管部门报告巡查中发现的重大问题。

根据规定，农村河道管护范围内禁止倾倒、排放、堆放废弃物和有害物质，禁止损坏堤防等各类水利工程建筑物，禁止其他侵占农村河道、危害防洪安全、影响河势稳定和破坏河道水环境的活动。

（摘自《中国水利报》2019年2月14日1版）

记者抓住江苏部署“农村河道分级分段设立河长”这一最有新闻价值的信息展开报道，而对这一新闻信息的来源——《江苏省农村河道管护办法》——却只作为一个新闻源使用，只在消息的第二段简单地提了一句。

事实上，一个部署工作、安排事情的公文往往都对应着一项具体工作，实实在在，只要能与实践相吻合，都可以采用间接报道方式，直接报道工作和事情，以此带出文件的发布或是提到文件，而不必拘泥于文件的全部信息。

再看下面这篇关于安徽开展河长制湖长制暗访的报道，也是根据一项制度的出台而采写的。

每年不少于2次

安徽开展河湖长制暗访

本报讯（记者　范智）　安徽省河长办近日印发《全面推行河（湖）长制省级暗访工作制度（试行）》和《关于进一步加强河（湖）长巡河工作的指导意见》，加大河长湖长巡河工作力度，规范化、制度化、常态化推进暗访和巡河工作，推进河长制湖长制落地见效。

安徽明确，暗访工作由省河长办和省级河长会议成员单位共同开展，每年一般不少于2次，针对专项任务或重大问题，可根据工作任务需要增加暗访频次。暗访工作内容主要包括党中央及省委、省政府重大决策部署贯彻落实情况，河长制湖长制六大任务落实情况，专项行动开展情况，河湖日常管护做法及成效，各级河长湖长和河长办履职尽责情况等。同时规范了暗访工作程序，对组织人员培训、现场检查、提交报告等过程提出具体要求，确保暗访工作有过程、有质量、有结果，做到依法、合规、客观、公正。

安徽要求，各级河长湖长要加大对责任河湖的巡河力度，省级河长湖长每年巡河不少于一次，市级每半年巡河不少于一次，县级每季度巡河不少于一次，对问题较多的河湖，要结合实际需要，加大巡查频次。各级河长湖长要坚持问题导向，以乱排、乱占、乱采、乱堆、乱建等突出问题为重点，以督查上级安排的各项重点任务落实情况为重点，对责任河湖进行全面巡查，发现问题应及时协调解决，按照规定程序处理。对巡河履职不到位、工作成效不显著的，由上级河湖长进行约谈，情节较重的给予通报批评，造成严重后果的依纪依规给予相应处分。

（摘自《中国水利报》2019 年 2 月 26 日 1 版）

这两篇报道都是间接报道，都采用了叙述式的导语，其实，熟练以后，可以尝试更多的导语形式，以活跃稿件，提升文件报道的可读性，比如设问式、评论式等导语。

下面这篇文件报道就采用了设问式的导语。

水利部部署 2019 年在建水利水电工程安全度汛工作

本报讯（记者　郑爽）　如何确保 2019 年在建水利水电工程安全度汛？水利部近日向各地各有关单位下发通知，从狠抓安全度汛责任落实、积极加快工程建设进度等七大方面作出具体部署。

今年以来南方地区降雨多、入汛时间早、江河底水高，同时预测表明全国气象水文年景总体偏差，洪涝灾害可能偏重，在建水利水电工程安全度汛形势不容乐观。通知强调，各地各有关单位要深入贯彻落实习近平总书记“两个坚持、三个转变”的防灾减灾救灾理念，按照“水利工程补短板、水利行业强监管”水利改革发展总基调，坚持底线思维，强化风险意识，提早安排，超前准备，压实责任，强化措施，扎实做好在建水利水电工程安全度汛工作，确保工程安全度汛。

通知要求，各地要狠抓安全度汛责任落实，理顺在建工程安全度汛责任体系，逐个项目落实水行政主管部门的监管责任和参建各方的主体责任，着力强化项目法人的首要责任和勘察设计、施工、监理单位的相应责任，组织制定包括工程建设、汛前准备、汛期值守、应急处置、监督检查等环节在内的安全度汛工作责任清单，逐一分解落实到具体单位和人员，严格责任追究，尽职照单免责，失职照单问责。

……

（摘自《中国水利报》2019 年 2 月 27 日 1 版）

第五节　文件新闻——解读报道式

解读报道式是指理出有新闻价值的文件内容，并加以解读。

解读报道式适合专业性强或因种种原因一般读者不容易理解的文件新闻。

解读报道式的特点是重点突出、通俗易懂。

解读报道式一般需要采访有关权威机构、有关权威人士，特别是有关权威专家等。

解读报道式一般采用消息、通讯、专访等体裁。

下面是一篇关于《山西省湖长制实施方案》的解读报道。这篇报道对山西省湖长制实施方案中富有含金量的“实施方案的针对性强”和对应九大任务的九方面措施展开了解读，让读者对山西省贯彻落实湖长制的认识、思路、措施和力度有了更为深入的理解，在一定意义上也为其他地方提供了借鉴。

让湖岸常绿水常清

——《山西省湖长制实施方案》解读

孙尚荣　王秀芳　魏永平

党的十九大强调，生态文明建设功在当代、利在千秋，要推动形成人与自然和谐发展现代化建设新格局。湖泊是江河水系的重要组成部分，是蓄洪储水的重要空间，在防洪、供水、航运、生态等方面具有不可替代的作用。为进一步加强湖泊管理保护工作，落实属地责任，健全长效机制，2018 年 1 月，中共中央办公厅、国务院办公厅印发了《关于在湖泊实施湖长制的指导意见》，对湖长制工作做出总体部署。

日前，山西省委办公厅、省政府办公厅印发《山西省湖长制实施方案》（以下简称《方案》），提出以推动绿色发展、建设美丽山西为总目标，以《山西省全面推行河长制实施方案》为基础，在全省所有湖泊全面实施湖长制，对湖泊形态、水质、生态和功能保护综合施策，先控源截污，后生态恢复，实现主要湖泊有序规划、合理开发利用和水生态环境明显改善，增强湖泊的综合功能。

科学谋划破解管护瓶颈

《方案》明确提出，以湖泊水域空间管控、湖泊岸线管理保护、湖泊水资源保护和水污染防治、湖泊水环境综合整治、湖泊生态治理与修复为主要任务，在全省实施湖长制，健全湖泊执法监管机制，为维护湖泊健康生命、实现湖泊功能永续利用提供制度保障。

《方案》以推动绿色发展、建设美丽山西为总目标，以《山西省全面推行河长制实施方案》为基础，在全省大于 1 平方公里的伍姓湖、硝池、鸭子池、盐池、圣天湖、晋阳湖（不含城市公园内的湖）全面实施湖长制，对湖泊形态、水质、生态和功能保护综合施策，先控源截污，后恢复生态，实现主要湖泊有序规划、合理开发利用和水生态环境明显改善，增强湖泊的综合功能。

《方案》明确将实施湖长制的领导纳入山西省全面推行河长制工作领导小组职责，建立省、市、县、乡四级湖长体系。省政府分管水利工作的副省长担任省总湖长。对于跨县级行政区域的湖泊，由市级负责同志担任湖长。同时，湖泊所在市、县、乡要按照行政区域分级分区设立湖长，实行网格化管理，确保湖区所有水域都有明确的责任主体。在 2018 年 6 月底前，市、县、乡要制定出台湖长制实施方案，确定湖泊分级名录，明确各级湖长名单，并在主要媒体上公布；7 月底前，市、县、乡要结合现有河长制组织体系、相关制度、监督检查和考核评估等，补充湖长制相关要求并印发执行；8 月底前完成湖长公示牌的设立；10 月底前完成“一湖一档”“一湖一策”方案的编制；11 月底前完成省、市、县、乡四级湖长制工作验收，建立健全以党政领导负责制为核心的责任体系，落实属地管理责任。到 2020 年年底，完成湖泊的确权划界，划定湖泊保护范围和控制范围；完成湖泊保护总体规划和生态保护规划，明确湖泊功能定位；重要湖泊水质达标率达 73%以上。

九重利剑护卫湖泊生态

《方案》提出，全面实施湖长制的九大主要任务分别是统筹湖泊管理和保护规划、确定湖泊分级名录、严格湖泊水域空间管制、强化湖泊岸线管理保护、加强湖泊水资源保护、加强湖泊水污染防治、加大湖泊水环境综合整治力度、开展湖泊生态治理与修复、健全湖泊执法监管机制。

统筹湖泊管理和保护规划。遵循河湖自然生态规律和经济社会发展规律，站在湖泊流域的角度综合研究湖泊如何服务于经济社会各方面，将湖泊管理和保护纳入国民经济和社会发展规划。有关部门和行业的专项规划应与湖泊规划有效衔接，专项规划中应采取有利于湖泊管理和保护的政策措施，加强湖泊资源保护，规范湖泊开发、利用活动，维护湖泊功能。

确定湖泊分级名录。按照事权划分和分级管理的原则，划定省、市、县、乡分级分段湖泊名录。其中省管湖泊的分级分段名录由省水利厅会同有关部门拟定，报省政府确定和公布。市管湖泊和县管湖泊分级分段名录由市、县水行政主管部门会同有关部门拟定，报同级政府确定和公布，并报上级水行政主管部门备案。

严格湖泊水域空间管制。依法划定湖泊管理范围，2020 年前完成湖泊管理范围和保护范围划界确权。加强湖泊水域分区管理，严禁以任何形式围垦湖泊、违法占用湖泊水域。严格控制跨湖、穿湖、临湖建筑物和设施建设，最大限度减少对湖泊的不利影响。严格湖泊空间问题管控，严格规划及建设项目前置程序。

强化湖泊岸线管理保护。实行湖泊岸线分区管理，合理划分保护区，明确分区管理保护要求，严格控制开发利用强度，最大程度保持湖泊岸线自然形态。合理布局土地开发及产业。涉湖区域的土地开发利用和产业布局，应与岸线分区要求相衔接，并为经济社会可持续发展预留空间。

加强湖泊水资源保护。落实最严格水资源管理制度，强化湖泊水资源保护。坚持节水优先，建立健全集约节约用水机制。严格湖泊取水、用水和排水全过程管理。维持湖泊生态用水和合理水位。加强湖泊管理监控能力建设。

加强湖泊水污染防治。加强入湖排污口设置与监管，严格入湖污染物总量控制，强化工业和城镇生活等污水治理，加强农业面源污染防治，加快污水处理设施及配套管网建设，依法取缔非法设置的入湖排污口，严厉打击废污水直接入湖和垃圾倾倒等违法行为。

加大湖泊水环境综合整治力度。强化湖泊水环境整治，加强湖泊饮用水水源地保护，依法取缔违法建筑和排污口，开展饮用水水源地安全保障达标和规范化建设，确保饮用水安全。大力实施清洁小流域建设，形成湖泊水环境保护的生态修复、生态治理和生态保护三道防线。加大湖区综合整治力度，增强湖泊水体的流动性，改善湖泊水环境。

开展湖泊生态治理与修复。实施湖泊健康评估，进一步提升湖泊生态功能和健康水平。加强湖泊的修复与保护，积极有序推进生态恶化湖泊的治理与修复。加强湖泊水生生物保护，依法依规推进湖泊生态岸线建设和水生生物保护区建设。加快湖泊生态补水工程建设，加强大小水网工程的调度运行，优化配置水资源，向重要湖泊实施生态补水，逐步恢复湖泊生态。

健全湖泊执法监管机制。健全执法监督机制，完善行政执法与刑事司法衔接机制。加强日常巡查，建立湖泊日常监管巡查制度，实行湖泊动态监管。严厉打击涉湖违法违规行为，坚决清理整治围垦湖泊、侵占水域等活动，集中整治湖泊岸线乱占滥用等突出问题。

六项措施保障落地生根

全面实施湖长制是解决山西复杂水问题、维护河湖健康生命的重要手段，是推动绿色发展、建设美丽山西的基础保证，是完善山西水治理体系、保障山西水安全的重大举措。《方案》为全面实施湖长制提出六项保障措施。

加强组织领导。各级党委和政府要把实施湖长制作为全面贯彻党的十九大精神、推进生态文明建设的重要举措，切实加强组织领导，确保各项工作落到实处。

夯实工作基础。各市、县要尽早谋划，建立“一湖一档”，划定湖泊管理范围，实行严格管控。因湖施策，科学制定“一湖一策”方案，有效推进湖长制工作全面完成。

完善监测监控。各市、县要科学布设入湖河流及湖泊水质、水量、水生态等监测站点，加强对湖泊变化情况的动态监测。

落实工作经费。各级财政按照规定安排湖泊管理保护经费，重点保障湖泊水质水量监测、信息平台建设和突出问题整治等经费支出，积极探索引导社会资本对实施湖长制有关项目的资金投入。

严格考核问责。建立健全考核问责机制，结合不同湖泊存在的实际问题，实行差异化绩效评价考核。要实行湖泊生态环境损害责任终身追究制，对因失职、渎职造成湖泊面积萎缩、水体恶化、生态功能退化等生态环境损害的，严格按照有关规定追究相关单位和人员的责任。

加强社会监督。建立湖泊保护信息平台，畅通公众监督渠道，积极营造全社会关心支持、参与监督河湖保护工作的良好氛围，实现推动绿色发展、建设美丽山西的总目标。

（摘自《中国水利报》2018 年 9 月 4 日 8 版）

解读报道要抓住文件的亮点、特点、重点或难点加以解读，让读者能够了解文件中所没有表达的东西，能够化解对文件内容的疑惑，更好地理解文件条文的内涵。不是所有的文件都需要作解读报道，对那些简洁明了、涵义清楚的文件，无须作解读报道。解读报道要让读者觉得确实有解读的必要才好。

解读报道也可以是一问一答式的专访文章。下面这篇浙江省水利厅有关负责人对美丽河湖行动的解读就采用了问答的方式。

留住江南水乡的美丽与乡愁

——浙江省水利厅有关负责人解读美丽河湖行动

本报记者　徐鹤群

“日出江花红胜火，春来江水绿如蓝”。未来五年之后，现实美景恐怕要比诗人白居易吟咏的江南还要更胜一筹。浙江省水利厅日前为全省河湖描绘了一张五年建设蓝图，本报记者就此专访了浙江省河道管理总站钱塘江管理局副局长涂成杰，深入解读《浙江省美丽河湖建设实施方案（2018—2022 年）》。

问：浙江为什么要在这个时候实施美丽河湖行动？

答： 20世纪90年代初，浙江河湖治理迈入快车道，围绕防洪重点对象开展了“千里江堤”“百城防洪”“治太”等工程，大大提高了城市和重要集镇的防洪能力。2003年，时任浙江省委书记习近平同志亲自部署生态省建设，提出建设“万里清水河道”，浙江省河湖治理由此掀开了城乡并进、防洪生态兼顾的新局面。2012年，党的十八大报告提出生态文明建设，特别是2015年总书记提出“节水优先、空间均衡、系统治理、两手发力”新时代水利工作方针后，浙江省河湖治理从河段转为流域、区域，在安全和生态的基础上又融入水岸同治、综合功能。经过多年的探索实践，全省河湖治理总体上呈现出了安全基础较好、生态治河理念深入人心、百姓期待越来越高的局面。2017年，党的十九大报告提出建设美丽中国，实现乡村振兴。浙江省委省政府部署大湾区、大花园、大通道、大都市区建设，美丽河湖建设写进了省政府工作报告。在这样的背景下，省水利厅制定了美丽河湖实施方案，确定要建成具有安全保障、生态健康、景观优美、人文彰显、管护高效、人水和谐的美丽河湖。这是在总书记治水思想指引下，浙江在新时代治水的探索。

问：美丽河湖建设思路与主要目标是什么？

答： 开展美丽河湖行动，是为了深入落实新时代水利工作方针，以“绿水青山就是金山银山”绿色发展理念为导向，以补齐防洪薄弱短板、加强生态保护修复、彰显河流人文历史、提升便民景观品位、提高河流管护水平为主要抓手，统筹谋划河湖系统治理与管理保护，努力打造“水网相通、山水相融、城水相依、人水相亲”的河湖水环境，加快构建具有浙江独特韵味的浙北江南诗画水乡、浙西秀丽河川公园、浙东滨海魅力水城、浙中锦绣生态廊道、海岛风情花园的五大美丽河湖新格局，基本建成平台统一、机制健全、运行规范、监控全面、处置及时的智慧河湖管理体系。

具体说来，是希望到2022年，为浙江的河湖图景增添四种颜色：第一是更高水平的安全底色。河湖水安全保障能力进一步提升，完成五大江河干堤加固400公里，力争建成河口高标准景观式堤塘60公里，干流防洪能力总体达到20年一遇规划标准。第二是更高质量的生态本色。河湖水生态进一步改善，以流域为单元的“百河综治”全面实施，完成河道综合治理5000公里，建成美丽河湖500条（个）。第三是更高层次的景观亮色。“一河（湖）一景一品一韵”遍地呈现，乡村河湖溪塘清淤整治全面提升。第四是更高标准的智慧成色。河长制湖长制管理持续深化，河湖标准化管理全面建立，智慧河湖“一张图”“一平台”基本建成并有序运行。

问：美丽河湖行动的主要任务是什么？

答： 当前，浙江正在全面实施大湾区、大花园、大通道、大都市区建设，并将其作为推进“两个高水平”建设的大平台和高质量发展的主战场，美丽河湖建设，也必须紧紧围绕这“四大建设”。

围绕“大通道”战略，提质推进“百项千亿”干流治理工程建设，打造主要江河美丽清水廊道。高水平建设河湖基础设施网络，深入推进钱塘江、瓯江等五大主要江河治理，分级补强主要江河防洪薄弱环节，突出融合兴水，全线提升改造主要江河原有建设标准不高、功能单一、综合效益发挥不充分的堤防工程，加快推进集安全、生态、人文、发展于一体的主要江河干流治理。

围绕“大湾区”“大都市区”战略，启动推进高标准海塘建设，共建湾区两岸美丽安全屏障。对接钱塘江金融港湾、沿江沿海经济带、拥江发展等发展战略，对标世界一流湾区建设标准，重点强化钱塘江河口治理与涌潮保护，加快启动河口湾区高标准海塘建设，重点打造滨海沿江安全带、生态带、文化带，加快建成“融合共建、通畅顺美”的大湾区美丽安全屏障。

围绕“大花园”战略，加快推进河湖清淤与百河综治，打造乡村田园美丽诗画河湖。以钱塘江、瓯江等江河源头生态屏障地区为重点，坚持流域（区域）系统治理，持续推进河湖库塘清淤整治，大力开展“百河综治”和“万里万塘”农村河沟、引水渠、池塘提升整治。以水为脉串联起美丽城市、美丽乡村和美丽田园，开辟万里滨水发展新空间，全面营造“水清流潺、锦绣家园”的江南水乡美丽诗画河湖。

问：在美丽河湖建设阶段，河湖治理在技术方面有什么不一样的要求吗？

答：配套实施方案还有一个非常重要的文件，就是刚印发不久的《关于加强美丽河湖建设的指导意见》，主要提出了有关河湖治理和保护的技术要求。意见按照美丽河湖建设的内涵、目标，重点对河湖安全、生态、管护、便民、文化五大方面的规划、设计、建设、管理提出了具体指导意见。一是河湖防洪安全建设，要拓宽防洪安全的内涵，合理建设堤岸工程和堰坝工程，堤岸的结构形式尽量自然生态，合理结合沿线交通、便民、文化、景观、休闲等。堰坝应与河床自然融合，营造“一堰一景”。二是河湖生态保护与修复，要加强河湖生态调查，系统考虑河湖空间形态修复，保证河湖生态性水量，采取合理的植物措施，科学清淤疏浚。三是河湖管护设施建设，要完善监测、监控设施，按照流域区域整体考虑，尽量与河湖治理工程同步设计、同步施工、同步投入使用；完善管护标识标牌，合理设置管护用房，尽量结合各地特色，做到外形美观、功能多样、经济实用，同时保持防汛管护道路畅通。四是亲水便民设施建设，结合当地实际，从使用功能出发，合理布设滨水滨岸慢行道，合理建设滨水滨岸小公园，合理布置亲水便民配套设施。五是河湖水文化建设，要对河湖文化开展专项调查，保护传承展示古代水文化，彰显当代现代治水成效和治水精神，打造有文化记忆、诗情画意、休闲野趣、浪漫情怀、健康生态等主题的河湖特色，策划与展示各类文化设施。

问：美丽河湖行动在加强河湖综合管护和激励创建方面有何具体部署？

答：未来五年，美丽河湖建设行动将通过河长制湖长制组织体系，系统建立河湖空间与事务的网络化管理模式，引导和鼓励全民参与爱河护河。同时，进一步强化河湖水域岸线管理保护，全面推行河湖标准化管理，加快推进河湖智慧管理，实行入河排污口“身份证”式管理，深入推进“无违建河道”创建，加快落实河湖管理责任，理顺河湖管理体制，优化河湖管理机制，构建涵盖河道、水利工程、水功能区、取排水口、水质等基础信息的数据库，全面提高河湖管理信息化水平，打造独具浙江韵味的美丽河湖。

省水利厅还制定出台了省级美丽河湖创建评定办法，各市正在根据各地特点制定出台相应的评定办法，今年 9 月各市将完成 100 余条（个）市级美丽河湖创建工作，年底前完成 20 条（个）省级美丽河湖评定，今后五年共评定 500 条（个）市级、100 条（个）省级美丽河湖评定，评定已纳入“五水共治”考核。

（摘自《中国水利报》2018 年 6 月 12 日 3 版）

这篇浙江省水利厅有关负责人对美丽河湖行动的解读报道，先按部就班地问答了“意义”“主要目标”“主要任务”等常规问题，继而推出重点和亮点部分——河湖治理保护“五大技术要求”以及网络化河湖管理模式，全面描绘了浙江美丽河湖五年建设蓝图。

第六节 文件新闻——延伸报道式

延伸报道式是指从有新闻价值的文件内容入手，将其延伸到工作生活中，把相关的内容纳入进来，以此印证、解读、说明、对比、质疑等，展开更为深入的报道方式。

延伸报道式适合专业性强、比较复杂、难以理解、存在疑问或读者特别关注等，读者需要结合延伸的事实才能更好地更全面地理解的文件。

延伸报道式的特点是与实践结合，方便读者深入、全面、具体地理解、认识文件的作用、价值、背景和意义，易于被读者接受和理解。

延伸报道式一般需要采访有关权威机构、有关权威人士，而且需要特别熟悉有关领域的现实情况，需要花更多的时间延伸采访。

延伸报道式可以采用消息、通讯、评论等各种体裁。

《北京污水处理率今年年底将达94%》的报道，就是2016年发布的《北京市污水治理三年行动方案》的延伸。

3年新建改造污水管线近2000公里

北京污水处理率今年年底将达94%

本报讯（通讯员 孙杰） 密密麻麻的污水管网，如同地下“静脉”，保护着城市的水环境。北京市按照2016年发布的污水治理三年行动方案，近几年加速建设完善污水管线，全市污水处理率在今年年底将达到94%。截至目前，已累计完成新建污水管线1487公里，改造雨污合流管线434公里，双双超额完成建设任务。

根据三年行动方案，全市污水处理率在2019年年底将达94%，中心城区和北京城市副中心的建成区基本实现污水全处理，其他新城污水处理率达到93%。全市要新建污水管线1093公里，改造雨污合流管网409公里。

目前，北京中心城区污水管线已基本实现全覆盖，中心城区污水处理和再生水生产能力超420万立方米每日，污泥处理能力达到6128吨每日，中心城区实现从水污染治理到水环境改善的历史性转变。北京各区新城也在加快推进污水管线建设，实现雨污分流。去年，平谷新城、大兴新城雨污合流管网改造工程、房山新城吴店河截污管线工程都已获批实施。近日，怀柔新城北房地区污水及再生水管网建设工程获批复。目前这些项目的主体工程已基本完工，正在进行附属设施建设。

（摘自《中国水利报》2019年2月22日1版）

作为一个规范性的公文文件，《北京市污水治理三年行动方案》出台以后，实施得怎么样？是否得到落实？落实的效果如何？这就是一个文件的延伸。作者抓住这个文件不放，顺藤摸瓜，抓到了一条很好的新闻。事实上，对文件进行延伸报道，是检验记者新闻敏感的一个重要方面，抓住一个文件的核心，很可能会是一篇不错的事件新闻、监督新闻、成效新闻、经验新闻。

第四章

事 件 新 闻

第一节　事 件 新 闻 总 述

事件新闻是指以某个独立的新闻事件为核心而展开的新闻报道，其事物变动的时态是突发性或跃进性的。它十分强调新闻的时效，其新闻价值和生命力与及时性密切相关，要求迅速地反映新闻事件的发生、发展。

事件新闻主要有以下几个特点：一是事件本身具有明显变动的特点，容易引起读者的关注；二是事件本身程度不同地都具有典型性的特点，具有典型示范、典型示警的作用；三是事件都有其原始的戏剧性，对读者有吸引力；四是消息是报道事件的首选体裁。

事件新闻并不是一种独立的新闻体裁，而只是相对于非事件新闻的一种内容上的大致分类。事件新闻和非事件新闻有三大区别：在内容上，事件新闻反映一个相对独立的事件，报道事件发生、发展过程和具体情况，是一个“点”上的报道；非事件新闻围绕同一个主题，综合若干新闻事实和现象，提示事物发展变化中的阶段性或概貌性、倾向性内容，是一种关于“面”的报道。在时效上，事件新闻往往是突发的，讲究时效性的；非事件新闻一般时间过程比较长，时间要求宽松。在写法上，事件新闻有头有尾，有情节，用事实说话，注重现场感，一般要求写出事件发生、发展的具体过程、具体情况，以及必要的细节；非事件新闻以意驭文，夹叙夹议，点面结合，详略得当。

事件新闻包括大量动态消息、现场特写（新闻素描）等。因具体情况的不同，还可进一步分为突发性事件和可预见性事件。突发性事件是指在社会生活中出人意料的、突然发生的事件，比如战争、地震、海啸、河流突遭污染、水利工程突遇袭击等，可预见性事件是指在人为安排下发生的事件，比如科学实验、庆祝活动、体育比赛、论坛等。

水利事件新闻是指以独立的水利事件为报道核心展开的新闻报道。常见的水利事件也可以分为突发性事件和可预见性事件。常见的水利突发性事件有台风、暴雨、梅雨等引起的洪涝台旱灾害，也有地震、地质灾害引起的堰塞湖险情，还有水库大坝、堤防等水利工程出现的管涌、溃坝等各种突发险情。常见的水利非突发性事件有重要的会议、论坛、竞赛，比如全国水利厅局长会议等；有各种水事活动，如防汛抢险演练、防汛检查、“四不两直”暗访，有各种水利工程开工、完工、通水等重要节点举行的启动仪式等，还有签订合约、达成合作、各地举行的世界水日宣传活动意向等。

按照体裁区分，事件新闻可以分为事件消息和事件通讯。事件消息是指对新闻事件过程或面貌的描述性报道，是事件新闻的首选体裁。在写作中要求把新闻事实如实地告知受众，真实地展现事件的本来面貌。事件通讯就是以事件为中心的通讯。它通过对新闻事件发生、发展、结果的叙述和交代，来反映社会现实，表现时代精神。

以事件为中心，有较强的情节性，这是事件通讯区别于人物通讯和其他通讯的基本标志。事件的本质和特点决定着事件通讯的主题。在一篇事件通讯中，通常有一个中心事件，其他事实都围绕这一中心事件展开。事件通讯所写的事件，可大可小。事件通讯中的事件，可以一波三折、引人入胜，也可以首尾完整，但并无太多波澜。这取决于事件本身的状态，曲折和生动都不是作者加工的结果，而是事态本来如此，否则就有失实的危险。但作者可以利用写作技巧，如藏露、虚实的调度安排，使文章更富于变化性。事件通讯的篇幅可长可短。长的可以达到万字以上；短的可以比一般的消息还要短，只有二三百字。

第二节　事件新闻的采访与写作

事件新闻的采访需要深入现场，特别是突发性事件必须强调第一时间到达现场，采访事件相关当事人。在采访过程中要善于引导，善于观察和发现细节，善于透过现象看本质，善于采访背后的新闻背景和现实意义。

事件新闻写作有两种常见的角度：一种是对事件的面貌或场景做横断面式的报道，比如一些小特写、现场短新闻；另一种是对事件发生、发展过程的纵深式的报道。对事件横断面式的报道，主要借助某些有深刻意义的典型现象的描写，真实地再现新闻事件的生动情景，在突出呈现新闻事件外部特征的同时，深入了解新闻事实的深层内容，引发人们的思考。最常见的是对事情进行直观形象的动态性描写。纵深式的报道则要求完整叙述过程，对事件进行全景式的描写。不管是哪种视角，都要求我们在尊重新闻“5 个 W”基本要素的同时，注意新闻背景、逻辑和细节，而我们在事件新闻写作中往往却忽略了，具体来说：一是忽略了某些重要细节部分；二是未交代清楚来龙去脉，脉络不清晰；三是缺少适当的新闻背景材料。

一、水利突发性事件写作

水旱灾害防御是水利工作的重中之重，水利突发性事件是水利事件新闻中最常见的写作内容。因此，写好水旱灾害等突发性事件是做好水利新闻宣传的基本要求。

“泰利”逼近闽浙沿海 浙江省防指启动防台风Ⅳ级应急响应

浙江在线杭州 9 月 11 日讯（通讯员　郑盈盈　浙江在线记者　翁杰）　今年 18 号台风“泰利”正迅速向我省东南沿海靠近。9 月 11 日下午，省防指下发了《关于做好 18 号台风（泰利）防御准备工作的通知》，并于 17 时 30 分启动防台风Ⅳ级应急响应，对做好台风“泰利”的防御准备工作作出部署。

据气象部门监测，9 月 11 日 14 时，“泰利”中心位于台湾省宜兰县东偏南方向约 1480 公里的西北太平洋洋面上。预计，“泰利”未来将以每小时 30 公里左右的速度向西偏北方向移动，强度还将继续加强，并将于 13 日夜间登陆或擦过台湾北部沿海，逐渐向闽浙沿海靠近。

国家防总已于 9 月 10 日召开会商会，强调“泰利”来势猛、风力强、雨势大，可能成为今年登陆我国的最强台风，务必引起高度重视。

出梅以来我省降雨偏少，高温持续时间长，部分地区已有旱情，群众盼雨心切，容易产生麻痹思想。对此，省防指要求各地各部门思想上务必高度重视，要坚决克服麻痹侥幸思想，以“不死人、少伤人”为目标，认真分析“泰利”可能带来的影响及危害，从最坏处着想，做最充分准备，按照预案规定认真组织做好台风防御的各项准备工作。

省防指要求各地加强监测预报和分析会商。气象、海洋、水文等部门要严密监视台风动向，及时对台风移动路径、强度变化、影响范围与程度及发展趋势作出预报，监测预报结果应及时报告同级防指，并向公众发布。各级防汛部门要根据预测、预报结果及时组织会商，分析当前防御形势，明确防御重点，研究部署防御对策措施。

（摘自浙江在线 2017 年 9 月 12 日）

台风灾害是我国东南沿海省份最常见的气象灾害。防汛防台风动态新闻，特别是启动响应等防御部署事件是我们水利突发性事件中最常碰到的。该文把常规新闻写出了新意。导语首句用“‘泰利’正迅速向我省东南沿海靠近”表明了一种紧迫的现场感。全文以省防指启动防台风Ⅳ级应急响应为事件核心，内容涵盖了气象部门的监测，国家防总的最新会商分析等。与此同时，本文对“出梅以来我省降雨偏少，高温持续时间长，部分地区已有旱情，群众盼雨心切，容易产生麻痹思想”这样的特殊新闻背景做了交代，使得新闻更加饱满。

雨夜三眼峪

8 月 18 日 22 时 30 分，甘肃舟曲特大山洪泥石流灾害发生后的第 11 个夜晚，堰塞湖处置和河道清淤工作已进入最为关键的时期。虽然下着雨，但白龙江河岸忙碌依然。

在堰塞湖处置最为关键的地段——三眼峪作业面，从黄委紧急调运过来的高达 30 米的照明灯将这里照射得如同白昼。1 台长臂挖掘机和 9 台短臂挖掘机沿着白龙江边 150 米长的作业面一字排开，10 只巨型“手臂”一刻不停地深入河中挖掘淤泥和碎石。短短 10 分钟，挖出的淤泥和碎石就堆成了一座小山。“我们是 8 日出发赶到现场的，目前这里 24 小时不间断施工，目的就是要加快进占速度，抓紧向上游进行挖掘。”现场指挥人员告诉记者。

这 10 只不停挖掘的巨型“手臂”只是白龙江上壮观景象的一小部分，借着灯光望去，沿着白龙江县城段近 1 公里长的堰塞体，河岸两边上百台挖掘机、运输车等大型设备不停歇地运转着，发出震耳的轰鸣。

舟曲堰塞湖形成后，国家防总、水利部按照挖爆结合的措施，成功解除了堰塞湖险情。但是，堰塞湖依然是制约当前舟曲县抢险救灾、清淤、道路交通和灾后重建的关键环节，千方百计疏通阻水断面，尽快宣泄上游湖水，降低堰塞湖水位成为当务之急。水利部部长陈雷率专家经过反复勘察研究，迅速决定采用挖掘、爆破、冲刷等多种措施相结合的办法，实现形成人工塑造的一个窄河、深槽、急流的河流态势。尽快消落堰塞湖内较高的水位，并在瓦厂桥、罗家峪、三眼峪等5处关键作业面展开施工。

在三眼峪现场记者看到，现场指挥紧张有序，长臂挖掘机、短臂挖掘机、推土机、运输车、装填机等配合密切，一边是挖掘机不停地在河水深处挖掘，一边又将堆积的泥沙和大块的砾石装入运输车，并沿着河岸向上游源源不断倾倒砂石，不断扩大作业面并向上游进占，白龙江正逐渐被束成一条窄河。

现场一阵集合哨声，40名刚刚休整过的武警战士身披雨衣，手执铁锹，整齐排列。他们是甘南藏族自治州武警战士，正准备填装沙袋和铁丝笼，用于巩固岸边刚刚筑起的作业面，加快设备向上游进占速度。连日来100多名武警战士分成3班倒换，24小时不间断地填装沙袋和铁丝笼，为的就是要早一天完成任务。

在明亮的照明灯的照射下，雨显得越来越大，噼噼啪啪地打在记者的雨帽上。眼前的白龙江水流更加湍急，进占作业面已逐步接近上游城江大桥。“今晚预计会前进20米，到明天将会抵达桥下。”现场指挥员告诉记者。

连日来的这场生死竞速取得了显著成效。据了解，截至18日中午，虽然堰塞湖上游来水增加，但出入流量差增幅逐步加大。河床进一步下切，主流已基本归槽，挖爆冲等综合处置措施效果明显，“窄河、深槽、急流”的河势基本形成。

（摘自《中国水利报》2010年8月20日1版　记者　李先明　杨飞　赵洪涛　布方坤）

舟曲特大泥石流灾害造成了重大的人员伤亡，也牵动了全国人民的心。在这一特大自然灾害的抢险过程中，水利人日夜奋战，争分夺秒，与时间赛跑，涌现出了很多感人的故事。本文记者选取了堰塞湖处置最为关键的地段——三眼峪作业面这一个点，采取新闻特写的手法，用大量的片段和细节，描述抢险事件的动态过程，让读者仿佛看到了忙碌而紧张的救援现场。其中：“10只巨型‘手臂’一刻不停地深入河中挖掘淤泥和碎石。短短10分钟，挖出的淤泥和碎石就堆成了一座小山。”这些形象的比喻增加了新闻的现场感和可读性。

二、水利防汛演练事件写作

防汛演练是各地水利部门在汛前必须开展的规定动作。各地防汛演练根据各自不同防御重点有所不同，但核心都是针对汛期可能出现的突发汛情、灾情做抢险救灾应急演练，故事性、情节性强，现场感、画面感非常强。

我省22支防汛抢险队练兵三门　连水下机器人都用上了

“强台风来袭，风暴潮三碰头，江河水位猛涨，防汛形势异常严峻……”5月26日下午，艳阳高照，三门县防汛抗旱指挥部里电话铃声此起彼伏，来自各乡镇的“险情报告”不断传来。22支抢险队伍正在争分夺秒地“防汛抢险”。

“请求省防指支援！”为遏制险情进一步恶化，三门县向省防指请求支援。

接到消息后，省防指第一时间调派抢险专家、技术人员前往支援。省防指技术人员带着水下机器人很快赶到现场。机器人下水探测，传回了水下建筑物影像。专家们据此会商决定，由台州防汛抗旱机动抢险支队立即使用组合板桩进行抢险。

很快，大型挖机开至堤坝边，一块块巨型钢板被吊起，嵌入泥泞的洼地中。就这样，一道板桩防洪墙很快筑了起来，险情得到有效控制。

这边堤坝抢险任务刚刚结束，另一边，“内涝强排水”作业又紧张拉开帷幕。

在一次次抢险中，各种最新的防汛设备和抢险方法轮番上阵。

夜幕降临，抢险任务结束。这时 22 支抢险队伍聚拢到一起，细心的人会发现，他们竟操着浙江各地的方言。原来，他们是来自全省各地防汛部门的抢险队伍，此次在三门县举行的是一场主汛期前防汛演练周的省级防汛演练。除了各种应急抢险，演练还首次增加了“灾害性天气模拟情景现场应对演练”问答环节，现场随机抽取问题及答题单位，各地防指副指挥进行现场作答。

“今年是三门经历 1997 年 11 号台风遭受严重灾害 20 周年。”省防指有关负责人介绍，除了防汛演练，各地的防汛物资储备也在不断加强。截至目前，我省各级防指及水利工程管理单位共已储备冲锋舟、橡皮艇、移动抽水泵车等各类防汛物资总价值 7.6 亿元。

（摘自浙江新闻客户端 2017 年 5 月 27 日　通讯员　郑盈盈　记者　翁杰）

该文选取演练中最精彩的一部分，用特写的形式记录了一个现场新闻。读者在紧张的氛围中被带入现场，直到最后“细心的人会发现，他们竟操着浙江各地的方言”，才交代“原来，他们是来自全省各地防汛部门的抢险队伍，此次在三门县举行的是一场主汛期前防汛演练周的省级防汛演练”。用这种写法，有着引人入胜、豁然开朗的效果。与此同时，文章最后交代了演练的有关背景，特别是“今年是三门经历 1997 年 11 号台风遭受严重灾害 20 周年”这一特殊背景，让演练增添了历史意义。

三、水利检查类事件写作

各类检查、督查、暗访是水利日常工作的重要组成部分，也是各地通讯员经常碰见的事件新闻写作题材。此类事件看似枯燥、程式化，事实上有很多故事性、情节性，如果采用不同的视角，注意事件的细节，也能写得“很好看”。

省防指突击检查肖岭水库

本报讯（通讯员　郑盈盈　记者　翁杰）　汛期已至，防汛安全这根弦要时刻绷紧。日前，省防指、省水利厅有关负责人突击检查了位于桐庐县的肖岭水库，检查水库标准化管理是否落地，防汛准备是否到位。突查结果显示，水库防汛责任人均在岗履职，但同时标准化管理水平仍有待加强。

5 月 9 日上午，省防指有关负责人驱车在桐庐山间绕行良久，才沿着一条偏僻的小路，来到肖岭水库。水库的电站机房里，两位值班人员在岗。省防指检查人员一行亮明身份后，询问了电站防汛工作及日常标准化管理操作等问题。对于突如其来的检查，值班人员显得有些意外，回答也并不尽如人意。省水利厅负责人当场提出，要求该电站加强培训学习，立足自身实际编制操作手册，切实抓好电站日常巡查、运行各项工作，确保生产和度汛安全。

随后，省防指一行人走上水库大坝。在大坝上，他们遇到了正在巡查作业的水库管理员蔡文荣。在检查人员面前，蔡文荣打开随身携带的电子设备，展示自己的巡查轨迹和相关记录。水库标准化管理的标识牌等都规范有序。

"接下来，省防指还将继续通过这种明察暗访的方式，深入排查隐患。"省防指有关负责人表示，针对检查中发现的问题，逐一限期整改，确保各项整改措施落实到位，要对照水利工程标准化管理的要求，结合各地各工程实际，狠抓标准化管理落地。

据了解，在组织此类突击检查的同时，水利部门管理人员还通过数字化平台查看各地防汛准备等情况。自去年以来，我省开展水利工程标准化管理，所有管理人员的每一次巡查、每一项管理行为都通过数字化平台留下痕迹。目前，全省已经有600多个水利工程的管理动态情况纳入监管平台，在此基础上，省防指将再次有针对性地进行现场检查。

（摘自《浙江日报》2017年5月11日）

在一般的政务信息中，往往只注重哪位领导，什么时间，去了哪里，检查了什么，以及领导的要求是什么等，对检查的结果并不交代和报道。但是作为事件新闻，媒体更要注重报道检查的结果、下一步的打算等。本文导语里的"突查结果显示，水库防汛责任人均在岗履职，但同时标准化管理水平仍有待加强"成了全文的核心，没有这句话就缺少了新闻价值，也很难在报纸上刊发。

甘肃农村饮水暗访记

3月22日，零点35分，甘肃省皋兰县泓毅宾馆。

老何点击保存，又打开来再次确认：一份包含详细问题清单的《初步反馈意见》以及一份"有图有真相"的多媒体演示材料存放在"皋兰县暗访"文件夹内。

各自回房，养精蓄锐。8个小时后，还有"最后一场硬仗"。

这是工作组进入甘肃境内的第19天。按照水利部的统一部署，此次深入甘肃的农村饮水安全暗访调研分2个小组开展工作，由河南黄河河务局的精干力量和专家组成。

老何叫何红生，是一组的"技术担当"；靳学红是小组长，统领全局；刘玉成是联络员，负责联络和后勤保障。

刘玉成还有一项重要工作：决定暗访的方向与路线。出发前，三人先集体研究暗访县的农饮工程总体情况，分析可能存在问题的区域，初步选定县城东西南北中不同方位的5个乡镇。具体什么时间去哪个村由刘玉成定。

打开水利督查App，在每个乡镇随机选取4个村，就可以在导航的引导下直抵现场，还可根据实际暗访随时调整。这样"走位飘忽"，地方相关单位即便听见"风声"也很难"干扰"；但监管部门却可实时掌控工作组的位置、路线以及工作成果，并随时视频连线。

"老乡，我们是水利部门的，来看看您家里吃水的情况。"

工作组握着督查专用移动终端走村入户，看龙头，察水质，尝味道，询水价，问服务，现场填报信息，并将问题拍照上传。

乡亲们见工作组查得认真、问得细致，一边配合着查水管、看水窖，一边认真地讲困难，说问题。

短板与不足常常在这个环节就浮出水面。

有的村子用水管网埋深不够，影响冬季供水；有的乡镇村组没有全面建立运行管理维护机制，农饮工程无法良性运行；有的饮用水水源保护区划定、管理、保护不到位，危及水质……

“最后一公里出了问题，一定是体系建设上存在不足之处。”工作组盯住问题，顺藤摸瓜，与村委会座谈，到镇政府问询，访水厂，看水源，查找症结，一追到底。

从“龙头”到源头，一家一户，一村一乡，这样近乎偏执地追寻“真相”，兼听广览，“既是保护群众利益，也是保护干部，绝不能让不确切的结论伤害基层干部的感情和积极性”。

坚持“四不两直”是铁的纪律，“把问题查清楚再吃饭”是组员间的默契。几乎每顿午饭，都是下午两三点在公路边的小店里解决，点上一份拉面或炒面片，浇上辣子，简单便捷，再继续下一段行程。

不断发现问题，也不断发掘经验。

两当县显龙镇建立“1＋1＋N”管理体系，1名分管副镇长主抓全镇饮水工程运行管理工作，1名镇管水员对各村饮水工程进行协调管理，各村聘请管水员负责日常管护。民勤县管沟村实行阶梯水价和订单供水，订单内水价按0.7元每立方米计费，超过部分按1.5元每立方米计费。皋兰县农村饮水安全工程供水总站水质检测中心制度完善，管理规范，对全县村级抽样检测实现100％覆盖。

暗访调研查实情，出良策，促进部分问题立整立改。在工作组的推进下，一个2年多没通水的项目，督查后24个小时即向60户村民供水；一个村庄及时更换了堵塞的接头，恢复了村民供水；一位独居老人家中损毁的管道在2小时内得到修复……

“感谢暗访组帮我们发现问题。问题我们全部认领，举一反三，从快从实从细从严做好整改。”3月22日9时，工作组与皋兰县发改、财政、卫健、生态环境、水务等部门座谈反馈初步意见。县委书记尤占海表示：“整改不是负担，不是完成任务，是把事业做好，把老百姓的大事办好。”

座谈结束后，县委书记当即组织召开会议，落实整改意见。当天下午，一份详尽的情况说明送到了工作组手上，针对工作组提出的问题一一做出回应，并提出“彻底解决黑石镇上三村管道受冻影响正常供水问题，在公益性岗位的配备和农村共享共管人员安排方面予以倾斜，简化水费补贴手续，面向社会招聘专业技术人员”等整改措施。

老何说：“用这么短的时间，把每个县的情况摸清楚，我也感到很自豪。”

刘玉成说：“解决痛点问题，就是我们的价值所在。”

靳组长说：“很累，但是很快乐，这项工作有价值。”

3月以来，按照水利部党组要求，监督司会同农水水电司组织各流域机构和有关单位开展暗访调研工作。全国各地共有69个暗访调研组，同他们一样，为摸清农村饮水安全

“实底儿”和现状而奔波。“全面小康一个都不能少”；“要让所有农村居民都喝上干净的水”；“不管有多难，一定要让农民兄弟姐妹喝上放心水”。

这些承诺，正在用行动兑现！

（摘自《中国水利报》2019年4月2日1版　记者　席晶）

暗访是水利部门重要的工作方式，特别是2019年水利部提出“强监管”的要求后，水利部门自上而下加强了暗访，尤其是“四不两直”的暗访模式。本文就是一篇典型的“四不两直”暗访事件新闻。作者采取了时间通讯的体裁，用一种报告文学的写作方式，通过细腻的笔触和大量的细节，生动展现了暗访的过程和成果。

四、签约开工等事件写作

水利工程开工、竣工、验收，水利相关单位签订战略合作协议以及随之举行的各种仪式是常见的新闻事件。仪式有设置的议程，这类新闻的写作重点是透过仪式本身，挖掘和报道新闻背景和意义。

我省首个水库PPP项目签约

浙江新闻客户端（通讯员　郑盈盈　记者　翁杰）　7月12日上午，浙江省首个采用PPP模式建造的水库工程——龙游高坪桥水库举行PPP项目框架协议签约仪式。这意味着，龙游县政府与社会资本方省水利水电勘测设计院和中国水电十二局达成PPP项目合作，并开启长达18年的合作期。

高坪桥水库工程位于龙游县衢江支流社阳溪，水库总库容3206万立方米，属中型水库，水库建设事关40多万龙游百姓的饮水问题，是我省“五水共治”保供水重大水利项目，工程总投资9.05亿元。

为缓解资金压力，龙游县决定采取PPP模式，通过外部“输血”，实现内部“造血”，加快基础设施建设，提高公共服务效率。通过招投标程序，省水利水电勘测设计院和中国水电十二局成为社会资本方。根据双方约定，9.05亿元总投资中，2.5亿元为各级财政补助资金，其余6.55亿元由社会资本方出资。双方将共同组建高坪桥水库管理运营公司，建设管理高坪桥水库，省水利水电勘测设计院占股90%为大股东。

高坪桥水库是我省第一个开展PPP合作的新建水库项目，对全省水利投融资体制机制创新、水利工程管理体制创新，具有十分重要的意义。省水利厅有关负责人表示，去年11月，我省取消了水利建设基金，水利建设资金压力较大。今年以来，省水利厅加大水利投融资改革创新，不断推进PPP等融资模式探索，为水利建设资金找来路。

（摘自浙江新闻客户端2017年7月14日）

水库建设原本是一般的工程性报道，但是本文的新闻性在于它是“全省首个采取PPP项目模式建设的水库”。本文以签约为引子，具体介绍了项目的基本情况，为什么要采用PPP模式，怎么采用PPP模式。同时还进一步由点及面，介绍了“去年11月，我省取消了水利建设基金，水利建设资金压力较大。今年以来，省水利厅加大水利投融资改革创新，不断推进 PPP 等融资模式探索，为水利建设资金找来路”的特殊背景，使龙游县的 PPP 案例更加具有现实意义。

这个水库关系两市三地 谈了 4 年终于有着落了

工程签约现场

浙江新闻客户端（通讯员　郑盈盈　记者　翁杰）　7 月 19 日上午，宁波、台州两市和宁海、三门、天台三县政府在台州举行清溪水库工程前期合作签约仪式。该协议的签订，标志着谋划了 4 年之久的清溪水库工程建设迈出了实质性的一步。

清溪，一条流域总面积只有 157 平方公里的中小河流，横跨了台州、宁波两市，天台、宁海、三门三个县。规划中的清溪水库，坝址位于宁海县境内，库区位于天台县境内，水库下游则影响三门县。由于涉及跨区域修建水库，项目自 2013 年开始谋划，迟迟没有落地。

省十四次党代会提出了要谋划实施“大湾区”建设行动纲要，三门湾是我省的一个重要湾区。在推进湾区经济发展中，水资源是重要的基础保障。清溪水库的建设对保障三门湾水资源安全意义重大。

规划中的清溪水库为中型水库，以防洪、供水为主，兼顾水环境改善等水资源综合利用，承担下游桑洲镇、沙柳街道干流防洪和规划水平年的供水任务，并在满足防洪安全、水生态安全、本流域水资源可持续利用的前提下，向下游三门湾经济区提供优质水。

省水利厅有关负责人介绍：“清溪流域工业分布不多，污染相对较少，水质现况良好，能提供符合国家Ⅰ、Ⅱ类水质标准的优质水源，清溪水库的建设必将为三门湾经济社会发展打下水资源保障基础。”

“此次两市三县合作协议的签订很不容易，对推动清溪水库工程前期工作意义重大。”省水利厅治水办有关负责人介绍，“我们已经确定了工程于 2018 年具备开工条件的目标，下一步我们将倒排进度，推进两市三县用水权分配，上下游影响补偿，工程投资等关键问题的协调，共同推进工程可行性研究报告编制。”

（摘自浙江新闻客户端 2017 年 7 月 19 日）

清溪水库是一个跨两个市三个县的特殊水库，因此推动过程比其他水库要相对困难。为了进一步推动水库的前期工作，在浙江省水利厅的促进下，两市三县举行了合作签约仪式。本文从仪式现场出发，介绍了水库的基本情况、重大意义，特别是结合浙江省委省政府提出的大湾区建设战略，强调了水库对三门湾发展的重要作用，使文章有了更高的立意。

五、主题活动类事件写作

各种经过精心策划的主题活动、纪念活动、宣传活动是我们经常遇见的新闻事件。就水利部门而言，除了国庆等一些重大的纪念活动之外，“3·22”世界水日的主题宣传活动是各地必须举行的规定动作。各地活动形式各不相同，报道好这些活动，可以让宣传活动得到二次传播，达到宣传效果最大化。

国新办举行“坚持节水优先，强化水资源管理”有关情况发布会

本报讯（记者　陈萌）　3月22日，正值第二十七届“世界水日”和第三十二届“中国水周”第一天，国务院新闻办公室举行新闻发布会，水利部副部长魏山忠介绍我国水资源节约、保护和管理方面有关情况，并就相关问题回答记者提问。国新办新闻局局长、新闻发言人胡凯红主持发布会。

魏山忠指出，近年来，水利部门认真贯彻习近平总书记生态文明思想和“节水优先、空间均衡、系统治理、两手发力”治水方针，推动水资源节约、保护和管理取得了积极进展和显著成效。一是深入贯彻落实最严格水资源管理制度，实施水资源消耗总量和强度双控行动，水资源各项管控目标顺利实现。“十三五”以来，全国用水总量基本保持平稳，每年控制在6100亿立方米以内；2017年全国万元国内生产总值用水量、万元工业增加值用水量比2012年分别降低了30%和32.9%，农田灌溉水利用系数、重要江河湖泊水功能区水质达标率显著提升。二是实施大中型灌区续建配套节水改造，推动东北节水增粮、西北节水增效、华北节水压采、南方节水减排，扩大非常规水源利用，开展100个国家级节水型社会试点建设和节水型企业、单位、居民小区建设，加强节水宣传教育，节水型社会建设全面推进。三是充分发挥南水北调东中线工程效益，有力提升北京、天津、河北、河南、山东、江苏等省（直辖市）供水安全保障能力，强化水资源统一调度，黄河干流实现连续19年不断流，黑河下游东居延海连续14年不干涸，水资源配置管理水平明显提升。四是划定全国重要江河湖泊水功能区，组织开展水源地达标建设和检查评估，支持地方实施江河湖库水系连通项目，推进105个城市水生态文明建设试点，水资源保护得到加强。五是利用南水北调水置换受水区地下水，年压采地下水达15亿立方米，实施河北地下水回补试点，联合有关部门印发《华北地区地下水超采综合治理行动方案》，地下水超采综合治理加快实施。六是在宁夏、内蒙古、河南等七省（自治区）开展水权试点，组建中国水权交易所，推进农业水价综合改革，积极开展水资源税改革试点，水资源重点领域改革稳步推进。

魏山忠强调，随着经济社会发展，我国的水资源形势依然严峻，水资源短缺、水生态

损害、水环境污染问题十分突出，治水主要矛盾已经从人民群众对除水害兴水利的需求与水利工程能力不足的矛盾，转变为人民群众对水资源水生态水环境的需求与水利行业监管能力不足的矛盾。水利部在深入学习习近平总书记治水重要论述，深刻分析我国治水矛盾变化基础上，提出了“水利工程补短板、水利行业强监管”的工作总基调，明确了今后一个时期水利改革发展的着力点。

魏山忠指出，水利部今年将全面加强水资源节约、保护和管理，重点开展四项工作。一要打好节约用水攻坚战，制定完善节水标准定额体系，建立节水评价机制，推动高校合同节水管理，开展水利行业节水型机关建设。二要夯实水资源监管基础，加快推进跨省和跨地市重要江河流域水量分配，明确区域用水总量控制指标、江河流域水量分配指标、生态流量管控指标、水资源开发利用和地下水监管指标。三要严格取用水监督管理，开展重点取水口监督管理，做好取水工程核查登记，加强取用水总量控制，抓好最严格水资源管理考核，严控水资源开发利用强度。四要着力推进地下水超采治理，充分利用南水北调水置换超采的地下水和被挤占的生态用水，以京津冀地区为重点，综合采取水源置换、调整种植结构等措施，加快推进华北地区地下水超采综合治理。

发布会上，魏山忠就《华北地区地下水超采综合治理行动方案》、加强水资源监管、坚持以水定产、县域节水型社会达标建设等问题回答了记者提问。水利部水资源管理司司长杨得瑞、全国节约用水办公室主任许文海分别就华北地区生态补水、高校合同节水等问题回答了记者提问。

来自人民日报、新华社、中央广播电视总台、经济日报、中国日报、中国水利报等多家媒体记者参加了发布会。中国网、国新网等媒体对新闻发布会进行了现场直播。

（摘自《中国水利报》2019 年 3 月 26 日 1 版）

召开新闻发布会是最常见的新闻事件，报道新闻发布会要交代清楚新闻发布会召开的时间、地点、主题、发布方、发布人等要素。同时要对发布中的最有新闻价值的内容进行报道。本文的发布人是水利部副部长，所以作为行业报的中国水利报在报道时，以时政新闻的写作要求，对发布的内容进行了报道。同时对发布的热点问题在 2 版位置，又作了专题报道。

美丽河湖　美好生活

本报记者　郑盈盈　徐鹤群　通讯员　朱彩云

3 月 22 日“世界水日”和“中国水周”第一天，刚刚获评 2017 年全国十大“最美家乡河”的浙江仙居县永安溪旁格外热闹。岸上人头攒动，一群身着白色文化衫的毅行人员一路欢声笑语不断，溪水碧波荡漾、清澈见底。美丽河湖、美好生活——首届浙江省亲水节暨“世界水日”主题宣传活动在这里圆满举行。

今年，浙江省以“凝聚全社会节水合力，构建全覆盖节水格局”为宣传主题，通过亲水毅行和全省百堂节水公开课的形式，让公众认识水、亲近水，切身感受治水成果，引导全社会自觉践行知水、节水、护水、亲水的理念和风尚，进一步推动新时代水生态文明建设。

亲水毅行

用脚步丈量美丽河湖

初春时节的永安溪溪水潺潺，碧波荡漾。

长达上百里的生态绿道，串联起两岸自然风光，描绘出一幅美丽的山水画。上午9时，随着发令枪响，322名身着印有“美丽河湖美好生活”字样文化衫的队伍冲破起跑带，首届浙江省亲水节暨“世界水日”主题宣传活动之一——亲水毅行活动正式启程。

“我们举办这次亲水毅行，是为了让大家感受这些年家乡河的蜕变，以及水利治水的成果。同时呼吁大家从自己开始，从小事做起，一起守护我们人水和谐的美丽浙江。”浙江省水利厅有关负责人强调，当前浙江正在加快建设美丽河湖，助推“大花园”建设，“永安溪就是美丽河湖的一个缩影”。

河流纵横，水网密布，总长13万余公里的河道，犹如巨大的叶脉在浙江大地上延伸。2003年启动“万里清水河道建设”以来，浙江累计治理县乡河道长度2万余公里，水清、流畅、岸绿、景美的美丽河湖初步呈现。

自2008年探索实行河长制至今，浙江不断健全完善省、市、县、乡、村五级河长体系，并延伸到沟、渠、塘等小微水体，全面完善责任落实机制，实现所有水体全覆盖，构建了横向到边、纵向到底的立体管护网络。河湖的长治长美让浙江积蓄了发展动能，赢得了百姓点赞。

2017年，浙江省第十四次党代会提出了建设“六个浙江”的目标以及建设“大湾区”“大花园”“大通道”的部署。2018年省政府工作报告又提出“加快建设美丽河湖”的五年发展目标。

“接下来，我们将积极践行党的十九大精神和省委、省政府战略部署，实施以‘安全、生态、美丽、富民’为目标的‘美丽河湖’行动。”该负责人介绍，2018—2022年，浙江将新启动实施100余条中小流域综合治理，新建加固堤岸4000余公里弥补防洪排涝安全短板，打造覆盖广大城乡的河流安全网，充分融合生态、人文、便民、产业等综合功能，串珠成链，连线成网，以美丽的河湖生态空间串联起国家公园、美丽城镇、美丽乡村和美丽田园，为浙江大花园建设增添水脉底色，让老百姓有更多的获得感。

公益捐步

让你的每一步都充满爱

当天的亲水毅行活动现场，322位毅行参与者还见证了一场特殊的签约仪式：农夫山泉股份有限公司与浙江省爱心事业基金会签署协议，正式在腾讯公益平台上启动“饮水思源心系库区”公益项目。

记者注意到，活动现场的展板和毅行手册上，都印有该公益项目的二维码。当天的行走步数突破1万步后，即可扫描二维码进行捐赠，步数将随机转换为1～2元的金额。在项目捐赠步数的金额达到5万元后，项目结项，农夫山泉股份有限公司将为浙江省内20户库区困难户捐赠5万元，每户2500元。

在终点处，不少参与者还没来得及擦干汗水，便拿出手机扫码，将今日的运动步数悉数捐赠给该公益项目。此举也引来了当地群众的效仿。“我觉得这个环节特别好，把公益与运动结合起来，让我觉得我所走的每一步都充满爱心。”一位参与者说。

“饮水思源心系库区”公益项目是浙江省水情宣传中心和浙江省爱心事业基金会联合发起的公益活动，旨在通过行为公益的形式，帮助库区贫困百姓。“汩汩清泉，离不开库区群众对优质水源的保护。然而放眼浙江大地，很多库区深处还有一些留守老人、生活困难群众。饮水思源，我们应当为他们做些事情。”浙江省水情宣传中心有关负责人强调，“今后当大家到我们美丽的河道边锻炼、散步时，也可以通过腾讯公益将步数捐赠给‘饮水思源心系库区’公益项目，在感受河湖之美的同时，也为库区深处的贫困百姓奉献爱心。”

百堂节水公开课

让节水成为习惯

“用1立方米的水，就会有0.7立方米的污水排放出来。从这个意义上说，节约水资源就是减少污水排放，保护水生态环境。”在亲水毅行结束后，浙江省亲水大使、世界游泳冠军吴鹏在仙居县第四小学，为孩子们上了一堂生动、有趣的节水公开课。

吴鹏说，亲水大使的身份，让他在备受鼓舞的同时也深感责任重大。“虽然从小与水结缘，但是通过准备这堂公开课，我才真正认识到节约水资源的重要性。应当说，我既是这堂节水公开课的老师，也是水资源保护事业的学生。”

他呼吁，每个人都要争做节水护水的倡导者、践行者、捍卫者，从点滴做起，从自己做起，从此刻做起，节约水资源，亲近水环境，爱护水生态，为创建良好的水生态环境贡献自己的力量。

据悉，当天共有40多万观众，通过浙江在线、新蓝网、腾讯网、浙江水利官方微信等平台观看了吴鹏的节水公开课。同时，作为本次亲水节和“世界水日”“中国水周”纪念活动的重要组成部分，3月22日—3月28日“中国水周”期间，浙江省百余名亲水志愿者还将赶赴各地中小学开设节水课堂，并组织开展进社区、进广场的水利普法和水情宣传活动。省水利厅官方微信“浙江水利”还将推出有奖答题活动。“希望通过这种方式，进一步强化水情教育，让节水成为习惯，让节水意识深入人心。”浙江省水情宣传中心有关负责人说。

党的十九大报告提出“推进资源全面节约和循环利用，实施国家节水行动”的要求。近年来，浙江各地以落实最严格水资源管理制度为抓手，牢固树立“节水就是减排、节水促进增效、节水惠及民生”的理念，加快推进节水型社会建设和水生态文明建设，不断提高水资源管理水平，在全国最严格水资源管理考核中取得优秀成绩。

“下一步，我们将按照十九大报告要求，全面实施‘水资源保障行动’，加强全过程严格管理，构建全覆盖节水格局，强化全方位政策支持，培育全链条服务体系，凝聚全社会节水合力，加快推进节水型社会建设。”浙江省水利厅有关负责人强调。

（摘自《中国水利报》2018年3月27日1版）

举办各类活动都会有明确的活动主题，报道此类活动事件一定要紧紧围绕主题，在交代清楚时间、地点、人物等要素的前提下，选取活动中最精彩的部分加以描述展示。本文的首届浙江省亲水节，是一个内容丰富的大型活动，文章采用了事件通讯的体裁，选取了毅行、捐步和公开课三个最重要的部分，分三个章节来介绍，每一个章节都可以单独成篇，逻辑严谨，结构完整。同时，文章大量引用了当事人的话语，使得文章更加生动、可读。

第三节 事件新闻摄影要点

事件新闻拍摄分为突发性事件和可预见性事件拍摄两种。事件发生、发展过程中的现场、人物、情节等，都是拍摄的主要内容。其中，突发性新闻，尤其是重大突发事件是人们关注的重点，也往往比一般新闻更适合用图片的方式进行报道，它承载着读者第一时间“见图见真相”的期待。

一、拍摄准备

事件新闻有其发生、发展、结束的完整过程，要根据事件自身特点预估可能出现的情况和问题，提前做好拍摄准备。其中，突发性新闻由于其不可预见性，有较大的拍摄难度，是对摄影者素质与能力的全面挑战，需要极强的新闻敏感和拍摄意识。工作心态和摄影器材要常备不懈，随时处于待机状态。养成摄影包内器材准备充分、电池电量充足、存储卡及时清理等习惯，确保随时可以拍摄突发事件的状态。对于可预见性事件，则要提前“备课”，预先了解议程安排，或上网浏览相似题材的拍摄方法，在对“规定动作”心中有数的情况下，力争突破与创新。

二、拍摄器材

依据事件性质选用高速连拍机身和200mm及以上的长焦镜头、24～70mm中焦镜头、16～35mm广角镜头。

三、拍摄内容及要点

这里将分别介绍突发性事件和可预见性事件的拍摄内容及要点。

(一) 突发性事件

水利突发性新闻事件一般包括突发自然灾害事件和突发事故灾害事件等，比如洪涝台旱灾害，地震、滑坡、泥石流引发的堰塞湖险情，水库大坝、堤防等水利工程出现管涌、溃坝等。每一类突发事件的拍摄都有其各自的特点，但也有许多共同之处。拍摄内容要着重展现事件破坏力的场景、温情的瞬间、打动人的细节，救助、救援以及灾后重建等场景及人物。可以用单幅或组照的方式进行报道。

1. 保持冷静、清醒

突发性事件现场往往比较混乱，摄影者抵达现场时易被现场的景象、氛围、情绪所带动和影响，较难把握事件发展的主线，极易错过重要的场景和关键的瞬间。因而在突发事件发生的现场，要努力让自己保持清醒的头脑和敏锐的目光，边观察边思考，力求在最短的时间内弄清事态发展的现状和趋势，切忌不分主次盲目乱拍一气，错失时机。

2. 不畏艰险，深入现场

突发性事件的现场往往具有较大的危险性，比如抗洪抢险、地震、滑坡、台风等现场，要在保证自身安全的前提下，尽可能地靠近事件发生的核心地带，尽可能真实准确地报道新闻事件，抓取鲜活、生动的瞬间。

“如果你拍得不够好，是因为你离得不够近。”这句话出自20世纪最伟大的战地摄影师罗伯特·卡帕。到现场去，然后冷静记录下你眼前的景象。

3. 反映破坏力，但要调整视角

洪水、泥石流、水库溃坝等突发性事件，往往伴随巨大的破坏力，给人们的生命、财产安全带来不同程度的损失。读者在得到消息的第一时间往往最先想了解事件的大致情况，尤其是突发性事件造成的破坏程度。摄影者赶到现场后，首要任务是拍摄突发性事件的灾害情况和程度。

2010年8月，甘肃舟曲发生特大泥石流。图为现场全景（李先明　摄）

但在拍摄灾害现场时，采取什么样的角度拍摄却是对摄影人的重要考验。在非典时期，国内著名新闻摄影家贺延光拍摄一幅作品《面对生命》（全国新闻年度最佳照片奖），画面上是一名医生双手叉腰、默然肃立的背影，他面前是一位医治无效过世的患者。图中没有过于刺激的场景，但意味深长，震撼人心，展现出医生面对死亡的无奈，也突显了非典肆虐的严峻形势。这样的方式在灾难现场的拍摄中值得学习。

4. 用细节打动人心

突发性事件发生地的情况是复杂的，有很多现场信息可以用镜头去记录。一些展现小切口、小细节的图片往往浓缩了更多的信息，更容易打动人心，引发思考。1981年荷赛年度最佳照片，一个饥饿孩子的手搭在一个普通人的手上，形成了鲜明对比，展现了非洲历史上最严重的饥荒给乌干达带来的苦难，展现出震撼人心的力量。这样的细节往往可遇而不可求，但一图抵万言，要在拍摄中用心寻找和发现。

5. 定格爱与温情

灾难背景下的爱与温情令人震撼和感动。越是大灾面前，越是有大爱涌动。贺延光说：“面对灾难，我们要传达给读者的，不应只是对死亡的恐惧，还应有对生的信心。”寻找和拍摄富有“人情味”的瞬间是新闻报道不可或缺的重要元素，其价值在于抚慰心灵，引发读者的情感共鸣，让人们在感知苦难的同时，看见爱，看见行动，看见希望，看见人性的善与美。

这一类的场景在灾难现场往往较为集中，现场的救助、救援就可以归入这一类。但忌讳泛泛地、不加选择地拍摄，找到合适人物及拍摄题材后，要用心去感知和发掘，深入跟进，尽力拍摄到蕴含其间的情感力量。

（二）可预见性事件

可预见性事件要跟进拍摄事件进程，注重整体场景、关键环节、重要瞬间等拍摄内容。简要分类介绍如下。

1. 拍摄防汛备汛检查

检查组关注的重点就是拍摄的重点。拍摄时以人物为主体，但要注意交代出主体所处的环境，即检查水库还是堤防，闸门还是泵站，可有意识地转换角度，选择有突出特征的环境作为拍摄背景。

台风“菲特”来袭，梁辉水库管理局所有人员昼夜值守，每两小时巡查一次大堤外观（李先明 摄）

2. 拍摄会见及外事活动

活动开始时，要拍摄双方见面握手寒暄的场面。在室内，这样的动态容易拍虚，可以使用闪光灯。可以选用（M 档）进行拍摄，光圈 5.6 左右，速度控制在 1/250 秒，感光度适当调高，闪光灯格式放在 TTL 上。拍出来的照片光线匀称，人物的脸部饱满，背景明亮。

一般结合背景的陈设，交代会议场所，使用中景多。一些外事活动结束时领导还会与参会人员合影留念，要提前换好广角镜头，缩小光圈，以保证足够的景深。注意，双方互换礼物、热情交流等细节场面也有拍摄价值，不容错过。

3. 拍摄暗访类活动

注意拍摄的隐蔽性，可考虑以手机拍摄为主。考验摄影者的基本功，要熟练掌握手中器材，具备快速构图、对焦、曝光的能力，在敏锐观察后选择合适的时机迅速抓拍。

四、注意事项

（一）单幅

用单幅新闻图片展现新闻事件时，要注意画面的简洁、精练、一目了然。整个新闻事件集中在一幅照片中，要选取典型瞬间，尽量略去次要因素，做到高度概括、高度简洁，以突出主体形象和主题思想。

2010 年 8 月，甘肃舟曲发生特大泥石流，密密麻麻的
大型挖掘机正在清理淤泥（李先明　摄）

（二）组照

用组照展现新闻事件则是一种全面、完整的报道方式，不是素材的简单堆砌。每一幅图片应当独立说明一个问题，表达事物的一个进程或事件的一个侧面、一个情节。要综合运用全景、中景、特写等镜头语言，既有决定性瞬间，也有反映人物关系、事件进程等内容的图片，多角度、多侧面、多瞬间反映事件发展进程，力求全面深入、内容丰富、故事性强。

第五章

人 物 新 闻

第一节　人 物 新 闻 总 述

人物新闻是以消息、通讯等形式报道人物，反映人物的思想和故事的新闻，它通过抓取人物的某个侧面或新鲜的典型事例，反映人物的精神风貌。

人物报道可写一人，也可写群像；可写人的完整一生，也可写一个阶段或某个侧面；可写先进人物、英雄人物、有突出贡献的人物等正面人物，也可写罪犯等反面典型；可写大人物，也可写凡人百姓。

在新闻采访报道中，人物新闻是比较常见的一种形式，也是新闻报道中很重要的类型。对于记者来说，一篇成功的人物报道，不仅能体现出记者的业务水平，同时也是引导舆论和吸引读者眼球的很重要的新闻传播体裁。

新形势下，如何在深入采访的基础上，将那些有思想、有温度、有品质的新闻人物准确生动地刻画出来，讲好新时代的人物故事，提升典型人物报道的感染力，激发受众情感碰撞，是我们需要认真思考的问题。

做好人物报道，总体上我们要把握好以下几个方面。

一要紧扣时代脉搏。每个时代都具有鲜明的时代特质，每个典型人物都有其鲜明的时代精神。不同的时代有不同的时代主题。这便要求在宣传先进典型、提炼报道主题时，准确把握时代发展的思想脉搏，将其放在社会发展和时代进步的大趋势下去审视，突出时代性，把握规律性，展示先进性，唱响时代主旋律。置身自信自强的当代中国，置身于水利改革发展的浪潮中，我们需要越来越多这样的典型人物来讲述精彩的水利故事，为前进中的祖国鼓与呼。

二要倾注真情实感。任何典型人物都有自己丰富、复杂的情感，友情、亲情、爱情……这些典型身上自然流露出来的情感，更能拉近典型与受众的心理距离，激起受众的情感兴奋点。柏拉图说：“谁会讲故事，谁就拥有世界。”记者为什么要讲故事？是因为故事能吸引人，故事有离奇曲折和扣人心弦的情节，跌宕起伏，生动感人，富有吸引力和感染力。记者通过捕捉典型人物身上闪现的人性的温情元素，用每一个带情感温度的表达、每一句流露真情的话语，让受众在感动中受到影响和激励。典型细节特征的捕捉和抓取同样关乎人物报道的成败，注重细节的刻画和渲染，才能生动地刻画出人物的个性特征，传达人物的神韵，增强报道的感染力。

三要还原个性本色。一个典型人物，首先是个活生生的社会人，他有七情六欲，也有常人的悲欢离合，当然也有失败和低潮。还原人物个性本色、生活原态，坚持让事实说话，这样的典型人物报道才能深入人心，富有人情味、感召力。“世界上没有完全相同的两片树叶”。在采写人物报道时，对人物的把握要有自己独特的视角，努力去寻找最鲜活、最有冲击力的素材和事例，赋予典型人物生机与活力。这样表现出来的人物才能是厚重的、立体的、有血有肉的，才不会是轻飘飘的。要展现人物原貌，让人物报道具有强烈的真实感，不刻意拔高，不涂脂抹粉，避免空洞说教的“雕像式”宣传、拔高美化的“神像式”宣传、苍白无力的“蜡像式”宣传，立足共性，着眼个性。这样展现出来的人物才是一个“活生生”的人物，而不是塑造出来的“人物”。

总之，人物报道是新闻作品中最容易出彩和感动人的“拳头”产品，如何更好地写好人物报道，需要我们不断地去感悟和实践。

第二节　人物新闻的采访与写作

一、如何做好人物采访

一名称职的记者，在确定了新闻采访对象后，采访前的准备工作是必不可少的。人物采访过程中，会受到采访双方诸多个体差异等因素影响，从而呈现出不同的结果。有的采访顺利，有的中间受阻，有的“眉毛胡子一把抓”。因此，只有通过合适的采访技巧和方法，才能采写出好的人物报道，才能让人物跃然纸上。

新闻报道很重视采访前期的准备工作，人物采访报道更是需要记者在采访前做大量的了解和素材掌握，做好人物背景资料的收集和分析，尽可能熟悉采访对象的基本情况，包括对其生活、工作等诸多方面都有所了解，有助于短时间内与采访对象形成感情桥梁，充分准备才能胸有成竹。例如，采访对象做了哪些具体事情？他是一个什么样的人？他为什么要这么做？他的潜在动因是什么？他行为的背后有哪些深层社会原因？这些都要在采访前充分了解、准备。素材的掌握，对整个报道的全过程有积极的推动作用，能够很好地帮助记者获得采访机会、迅速进入采访角色和取得采访对象的信任。

对人物采访报道而言，记者想要获得大量的有用信息，就免不了要和采访对象来一次思想的交流，这个过程中记者注意以下几个方面：

（1）通过提问为采访营造一种融洽的气氛，从而拉近记者与采访对象的距离。采访对象千差万别，有的很容易调动情绪，有的却很拘谨，这时可以用拉家常的办法来拉近距离。

（2）好新闻都是“跑”出来的。好新闻要“接地气”，为了“接地气”，记者就要做好采写同一篇稿子、同一个人物需要“跑”很多次的准备。

（3）要善于挖掘故事的细节，深入了解人物的内心世界。采访时，要挖掘人物的故事，多问、多听、多看，有时甚至要亲身体验人物的工作、生活、学习的状态、氛围和环境。人物的故事多多益善，都收集起来。要注意每个故事的完整性，包括故事的人物、时间、地点、情节等要素要齐全，更要注意感人的细节。

（4）记者在遇到采访对象不愿直接回答问题时，可以采取迂回式提问的办法，从侧面切入。

人物采访的技巧还有很多，总而言之，记者采访的目的是为了获得素材，更贴近事实，更好地为采写稿件服务，从这个层面来说，记者所有的采访技巧都应该为这一目的服务。

二、人物新闻写作要注意的问题

人物报道要多角度、全方位展现人物特色，更要从细微处着手，通过刻画人物形象，起到引领新风尚、传递正能量的作用。

（一）写出人物的个性

每个人都有不同的性格和个性，在人物新闻采写中，要多角度、全方位展现人物个性，从细节入手，通过人物的言谈举止、观点等刻画人物形象。人物的内在精神，正是通过其个性化的言语和行动表现出来的。

首先，要刻画人物的典型形象，使其具备具体、可感的特点，给读者以生动的感觉。其次，必须写好细节。细节虽然很小，但很重要，尤其要抓住那些最能表现人物性格的细节，因为它是文章感人因素中的精华。而要写好细节，记者就必须在采访中深入细致地观察，手、眼、耳、口、鼻、脑一起用。同时，还要掌握分寸，就是实事求是地分析、评价，不要人为地拔高。优秀人物是社会的中坚，他们的成长离不开他所依赖的社会大背景，包括改革的机遇、氛围以及政策和舆论的支持等。

就写作手法而言，人物报道力求以小视角刻画大形象。当代新闻记者的杰出代表穆青所写的人物报道堪称不朽的新闻作品，他写的《县委书记的好榜样——焦裕禄》被誉为新闻界的“典型报道”。细读穆青的作品总是被感动，他的作品之所以给人以深刻印象，就是以真实的笔触来记录典型人物的真情实感，发扬典型人物的精神。他的作品没有华丽的辞藻、绚丽的语言，多运用白描手法从平淡无奇中勾勒出典型人物丰满、鲜明、生动的形象。

成功的人物报道需要通过对人物本身性格及事迹的描写，感染受众，从而树立形象，传递精神。无论何种形式的写法，都必须保持真实，以平视视角突出典型人物的典型之处，让人物形象更加丰满，从而拉近典型人物和读者的距离，让读者感到平实、亲切，同时也使报道增强可读性。

（二）精心打磨每一个细节

如果说细致入微的采访是给稿件“备料”，那么如何消化采访内容，去粗取精，将几万字的材料、采访素材“浓缩”成一篇精彩的报道呈现给读者，就是对记者写作能力的考验。来自受访者、读者的评价是对采访者最大的认可，要获得这种认可，离不开对每一个细节的精心打磨。

人们常说“好题一半文”，对标题的反复雕琢既是对采访内容的提炼，也是对记者、编辑能力的一种考验。稿件的写作则考验记者对各种素材的提炼和驾驭能力，这不仅需要长时间的学习积累，不断提高业务能力，做到厚积薄发，也需要在写稿时依据人物的性格特点、行事作风合理调整文风和写作手法。

首先，要学会使用生动活泼有生活气息的话语把事情说清楚、讲明白。走基层的目的是什么？就是要自觉主动深入火热生活，深入普通群众。群众是真正的语言大师，灵活善用他们的话才能写出家常话，写出群众的心声。

其次，一个典型人物身上通常有很多闪光点，这些闪光点归结起来就是一个个故事，记者应该选取典型事迹，写出能打动人心的稿件，杜绝平铺直叙。

同时，还要注意到，还原典型人物身上的闪光之处，离不开对其身边人的采访，这是在主线叙述中穿插的支线情节，“闲来之笔”用得好、用得妙，可以调节作品的叙事节奏，衬托情节，烘托氛围，又可以提高作品的趣味性和可读性。这时，善于采访典型人物的身边人、身边事就是一项不可缺少的能力。

（三）避开人物新闻写作中的“坑”

人物采写也许是件有趣的工作，同样也是件痛苦的工作。有一些在写人物中的忌讳和“坑”，只有成功避免，才能成就一篇成功的人物报道。

忌罗列事迹。人物写作中最大的问题就是只把他的业绩写出来，采访到很多故事，但找不到这些故事和这个人的个性有何关联。不是在表现个性，而是在罗列事迹。

忌人物无个性。每个人的性格都很复杂，都有矛盾。每个人都有很朴素的底色。一个好的人物报道，总是能在有限的篇幅里抓住这个人的底色展开叙述。

忌写成人物小传。写人物报道最易犯的毛病就是把人物报道写成人物小传。他少年时怎样，童年时怎样，就写成了小传。这是我们最常犯的错误。当然，并不是早年的事情不可以写，关键是怎么找到早年发生的事情和今天报道之间的关联，找到与主题的关联。

忌主观论述。一个人的行为和语言构成他的性格。写一个人不能让记者自己出来论述，这是常见的毛病。记者采访时不要老注重他怎么说，要注重他的行为并研究行为，因为行为才能表现出他的个性。

第三节　人物新闻的类型与案例

一、人物消息的写作

人物消息是以消息形式报道新闻人物，反映某个特定人物的思想和事迹的新闻体裁，同样具备消息体裁中导语、主体、背景、结尾等结构特征。它是新闻载体运用比较广泛的一种新闻报道形式。

下面这两篇稿件就是人物消息。

全国劳模蒋志刚和他的家庭档案室

湖北日报讯（记者　黄中朝）　2 月 10 日，正月初六，记者给全国劳模、全国文明家庭、全国道德模范提名奖获得者、孝昌县水务局副局长蒋志刚拜年。

家还是那个家，但一进家门，有焕然一新感觉。记者一眼注意到了门牌上有个“志刚家庭档案室”。走进室内，只见四周放有 2 个档案柜，1 个书柜和 1 个荣誉柜；荣誉墙上张贴3张集体大合影照，这是蒋志刚参加湖北省第九次党代会、第五届全国道德模范表彰大会和第一届全国文明家庭表彰大会的集体照。最后一张照片，蒋志刚就站在习近平总书记身后第三排不远处。

“无尚的荣誉！倍感荣光！我要把这些原始的记录、历史的记忆保存好。”蒋志刚说。

蒋志刚告诉记者，他很早就想建一个家庭荣誉室。2018年9月，家里花9万多元简单装修，他专门从主卧辟出一个近10平方米的空间，作为家庭档案室。孝感市、孝昌县档案局大力支持，指导家庭档案的整理和收集，县档案局送来了档案盒。为方便查找，他还编制了档案号和索引。

蒋志刚介绍，家庭档案室按照省、市、县档案局有关《家庭档案工作方案》通知的标准，结合家庭自然形成情况，以有利于记录历史、保全证据、维护权益、传承家风为基本目标，从8个方面进行资料和实物收集整理，收集了蒋志刚及家庭成员有保存价值的文字、图表、声像、电子实物等历史记录，总计161盒。

记者根据索引，从档案号“7.1.2”盒中，查找到了蒋志刚参加全国劳动模范和先进工作者表彰大会的相关资料；从档案号“1.4.1”盒中，找到了2011年蒋志刚为儿子蒋磊编辑的《成长的轨迹》一书。档案号“1.2.1～1.2.41”，收集的是蒋志刚参加工作以来的200多本水利工作日记。以蒋志刚先进事迹为原型、中华人民共和国成立以来首部水利人故事片《爱在青山绿水间》的电影光盘，自然也在收藏之列。

当天，陈女士参观了蒋志刚家庭档案室后，感慨地说：“全国文明家庭建家庭档案室，彰显正能量，承传好家风，值得称道。”据介绍，省水利厅、孝昌县领导和孝昌县水务局相关人士先后参观了志刚家庭档案室。蒋志刚表示，他将利用业余时间，进一步收集整理完善家庭档案，让家庭档案发挥更大作用。

（摘自《湖北日报》2019年2月11日）

湖南省水利厅副总工程师余元君因公殉职

本报讯（记者　滕红真　王琳）　1月19日下午4时左右，湖南省水利厅副总工程师、省洞庭湖水利工程管理局总工程师余元君同志，在洞庭湖钱粮湖垸分洪闸工程施工现场协调指导工程建设工作时突发疾病，经抢救无效，不幸因公殉职，年仅46岁。湖南省水利厅党组近日下发文件，号召全省水利系统向余元君同志学习，学习余元君同志对党忠诚的优秀品格、干净干事的清廉作风、敢于担当的责任意识、刻苦勤奋的奋斗精神、爱岗敬业的高尚情操和无私奉献的公仆情怀。

余元君同志逝世后，省委、省政府高度重视。省委书记、省人大常委会主任杜家毫，省委副书记、省长许达哲作出指示，省委副书记乌兰，省委常委、省委秘书长谢建辉，副省长隋忠诚等领导表达了哀悼并慰问家属。

省水利厅党组号召全省水利系统向余元君同志学习，引导全省水利系统广大党员干部切实树牢“四个意识”，坚定“四个自信”，坚决做到“两个维护”，激励水利干部新时代新担当新作为，争做新时代治水兴湘的奋斗者。省水利厅党组号召：学习余元君同志对党忠诚的优秀品格、干净干事的清廉作风、敢于担当的责任意识、刻苦勤奋的奋斗精神、爱岗敬业的高尚情操、无私奉献的公仆情怀。

余元君同志短暂而光辉的一生，业绩突出，硕果累累，先后荣获了厅优秀共产党员、省防汛抗旱先进个人、省“芙蓉杯”水利建设竞赛先进个人、省水利科技工作先进个人等荣誉称号，先后记一等功1次、二等功3次、三等功1次，受嘉奖6次。

（摘自《中国水利报》，2019年2月19日1版，有删节）

通过以上两篇人物消息，我们可以看出，人物消息通常将人物的主要特点再现和放大，对人物进行集中突出的描绘。在选材上，则抓取现实生活中人物活动的一两个场面、一两个镜头，充分地展示生活的横剖面，描绘比较细腻，感染力强。在结构上，人物消息遵守消息的一般写作规则，常常用一个概括性的导语开头，点出事实要点。在角度上，往往选择一个特定的角度，仔细观察局部特征，选择一个侧面加以报道。

二、人物通讯的写作

人物通讯，简言之，就是以人为对象、专门写人的通讯。具体来说，人物通讯以通讯的形式报道具有新闻价值的人物，反映其行为、故事和生活，再现其精神境界、人生轨迹和生存状态，从而达到教育启迪，或监督批判、警示社会的目的的通讯。

下面来看看《一公里　一家子　一辈子》这篇基层水利人物报道。

一公里　一家子　一辈子

——记广西北海市合浦水库工程管理局斗鸡管理所黄镜义

本报记者　赵建平

一公里有多长？在广西北海市合浦水库工程管理局斗鸡管理所的职工黄镜义看来，一公里没有尽头，因为他已经行走了26个春秋，未来还将继续。

黄镜义走的一公里路途，位于湖海运河灰木垌支渠至李婆店支渠之间。从合浦六湖水库群流往北海的湖海运河，总长60多公里，是北海市生产生活的主要水源。湖海运河蜿蜒曲折，在斗鸡枢纽进入下游，黄镜义负责运河这一公里的工程管护。

他今年53岁，皮肤粗糙黝黑，是个“库二代”，从父亲那里接过水库建设工作的接力棒至今，他风雨无阻，勤勤恳恳，干着干着自己也快成了老人。

管理所麻雀虽小，五脏俱全，是水管单位的缩影。所里负责16公里的运河工程安全管理，包括33座涵闸，还有灌溉用水调配、防汛抗旱、山界林权管护、水资源保护等工作。任务很多，分摊到十几号职工肩上，担子不可谓不重。

从参加工作的第一天起，黄镜义就住在管理所的宿舍。以前一个人就在这儿住，成家了就一家子都在这儿住，现在孩子们都到外地工作了，就两位老人还在这儿住，老伴去世后，又剩下他一个人。

管理所工作生活条件比较艰苦，原来的宿舍是瓦房，直到4年前才住上这60多平方米的楼房。由于距离县城较远，家庭和工作难以兼顾，他承受着家人的抱怨，始终坚守在管理所。他的坚持带动了家人，一家子索性都跟着他住进了管理所宿舍，这一待就是

26年。

每天清晨，他都准时出现在大堤上，拔草，清理排水沟，沿着防汛公路一遍又一遍地检查，平整路面。日复一日，年复一年，简单而枯燥，但他却不允许自己有一丝一毫的马虎。那种螺丝钉的精神深深地触动着身边同事，让人肃然起敬。

“我们的工作说难不难，说简单也不简单，最难的就是坚持，有时候还要不怕死才行。”他的同事吴光明说。

越是狂风暴雨，黄镜义和他的同事们越是要不分昼夜在大堤值守。泄洪是份危险差事，两吨多重的闸门，以前全靠手摇慢慢提升，两三个人摇20多圈才升高1厘米。这一带又是雷电高发区，露天冒雨作业随时可能遭受雷击。如今闸门升降实现电力控制了，人力摇把依然保留着，一旦断电用来应急。

2008年7月，军牧场坝堤发生塌陷，当时狂风暴雨，塌陷洞口水流很急很猛。最开始是用棉被填塞，用了六床棉被都没有用，一丢下去就被吸进去了，像黑洞一样。大家都很紧张，一直尝试着用各种办法去填补这个漏洞。管理局运来了两大捆彩条布和防汛物资。黄镜义回忆着：“最初的想法就是我跟另外一个同事要下到水里面用彩条布封住洞口。我们两个腰间绑着绳子，三四个人负责在坝上拉住一个人，当时冲力很大，绳子断了或者没拉稳，就会被吸进去。水流太急，好不容易才用彩条布塞住洞口，才过几秒钟，就‘嘭’的一声，破了。”

他们就试着把彩条布叠成三层，再填塞树枝沙包，这下终于塞住了。水流湍急，人很难站稳，还要一直拉扯着彩条布。可是除了要坚持住，根本没有其他的选择。等着坝上的同事们砍树杈，他们再用树杈固定在洞口前，然后垒上沙袋，一层又一层，一直持续到了深夜1点。

险情排除的时候，他们都累得筋疲力尽，但心里是轻松的。因为他们都知道，这不容有任何的闪失，这关乎水库的安全、老百姓的生命财产安全。

黄镜义妻子事后说丈夫“太傻”，老黄憨厚地回答，一百个人里面总得有一两个“傻”的吧，傻人有傻福。

黄镜义不仅甘于吃苦，还是个热心肠。对于群众提出的要求，他总是尽心尽力，二话不说就热心地帮忙解决。无论是什么时候，不管上班还是下班了，只要群众一说需要哪条涵道放水，他就主动向管理所领导汇报，办好用水调水手续，他一手拿起摇杆就走，也不管是不是自己管辖的渠道。

大岭村村委文书周祖国，忘不了2011年的那次台风，他原定10月1日国庆节结婚，但是前一天晚上，黄镜义突然打电话给村委，让公路一侧的20多户人家赶紧转移，当时台风带来的大暴雨已经淹没了水库，黄镜义组织大家填沙包，最后总算顺利挡住洪水，保了村子平安，周祖国也如期举行了婚礼。每次大雨后，黄镜义总要在附近村子了解情况，看看房子有没有塌，他经常帮老人挑水、碾米，自费给老人买生活用品。

现在国家对水资源保护的要求提高了，黄镜义要经常打捞河中的各种漂浮物，不时发现死猪死鸡，打捞起来又臭又脏，黄镜义一边打捞一边要给周边群众宣传水资源保护的知识。

黄镜义高兴地穿着儿子刚从部队带来的军用球鞋，他说，一天到晚走路干活，就是太费鞋。26 年如一日，黄镜义就这样守望着这份曾经不大为人看好的水利事业。

一公里的漫漫长路，他留下的不仅仅有脚印，还有掌印、膝痕，“一蓑烟雨任平生”，那种形象，那种情怀，深深刻在每一个了解他的人心里。

（摘自《中国水利报》2015 年 11 月 17 日 1 版）

社会生活中有很多平凡的劳动者，他们没有轰轰烈烈的业绩，但他们的一事、一语、一情、一思，却有闪光之处。在采写这篇报道过程中，记者深入广西合浦县，在一天多的时间里，和采访对象一起工作和生活，获取了大量的素材，得到了丰富的采访体验。报道选取了主人公工作和生活中的几个典型事例，真实地还原基层水利人的工作生活景象，生动地展现基层水利人的平凡人生和高尚品格。作品刊发后，主人公“献身、负责、求实”的水利精神和平凡而闪光的人生道路得到了很多水利读者的共鸣。

接下来看看新华社记者采写的一篇人物通讯。

王传喜：一个人改变了一个村

新华社记者　萧海川

坐落在山东兰陵县城西南的代村，曾是个名不见经传的城郊村。可如今，代村人已数不清有过多少考察团到这里参观学习。来到代村，人们总会问：为什么一个欠债 380 余万元的穷村、乱村，崛起为产业总值超 20 亿元、村集体收入 1.1 亿元的先进村。

代村人的回答很简单：“就是感谢我们有个好书记——王传喜。”

代村之乱：欠着外债数百万，还要分家想单干

现在的代村，已是兰陵县卞庄街道代村社区，所辖面积 3.6 平方公里，村民 1200 多户 3600 多人，社区居住人口超过 1.1 万人。走进代村，只见一排排单元楼前水泥硬化路铺到楼门口，晚上盏盏路灯点亮人们回家的路。可在 19 年前，代村却几乎散了架。

20 世纪 90 年代初，代村人心散、治安乱、环境差，土地乱圈乱占、违建成风，村委会瘫痪。村民更是分成几帮几派，河西、前圩子、后圩子三个自然村闹着“分家”，都想着多分些集体财产，对村集体债务却是避之不及。

1999 年，村党支部换届选举中，代村全体党员一致推选 30 岁出头的王传喜担任村党支部书记。当时的他，已是兰陵县一家建筑企业的项目经理。下海经商见过世面、业有所成独当一面、年富力强敢于担当，许多年后，代村的老党员这样解释推选王传喜的原因。

村会计郭志国记得，王传喜上任后就组织清理村集体账目。“之前听说村里欠了不少外债，可没想到外债总额达到 386 万元。”郭志国说，这如同天文数字的债务，像一座大山。上任两天后，王传喜就收到了法院的传票。之后的一两年里，王传喜作为被告，先后出庭 100 余次。

怎么办？王传喜要用自己的行动证明，父老乡亲没有看错人。

代村之治：人均耕地患不均，调整土地聚民心

王传喜带着年轻的村委委员们，靠一件件实事推动代村改变。“鲁南战役时，代村曾是临时指挥部；20 世纪 70—80 年代，代村还当过红旗村。只要找对路，不怕困难多。”

王传喜说。

债务压头、官司缠身，王传喜就跟债主说好话、做工作，欠款一次还不清，就东挪一些、西凑一点分期还。同时，王传喜立下了规矩，拖欠了村集体的钱要交，强占了村集体的财产要退。

“新书记上任三把火，王书记先催着跟自己亲近的人补交款项。有人就讲，还没跟王书记沾到便宜，反而被先开刀。”郭志国说。为了能有周转资金，王传喜还以个人名义向当地信用社贷款几十万元，一年光利息就要好几万元。

对代村老百姓来说，耕地分配不均比债务更堵心。由于历史遗留问题，“地多人少”与“人多地少”在代村同时存在。代村共有 11 个生产队，有的生产小组人均耕地近三亩，有的生产小组人均耕地才三分。

土地，在农民眼里是最金贵的。将土地调剂余缺，无异于动了少部分人的“命根子”。村干部们在田里打下的界桩，没两天就不翼而飞。王传喜就带着人再打一遍。有的地块，前后打了三次界桩，村干部在地头搭了窝棚守着才最终保留下来。

调地方案公布后，却没人敢带头执行，少数人还极力阻挠。有的人满腹牢骚找上门来，有的人往院里扔刀子、丢石头以示威胁。王传喜正在上学的孩子被人恐吓。顶着压力，王传喜咬着牙带着一班人完成了土地调整，更让老百姓看到了“敢干事、干成事”的决心。

代村之兴：生活富裕心情美，乡村振兴更可期

盛夏夜的代村，灯火通明。“沂蒙老街”商业街人头攒动，天南地北的美食小吃聚集在此，吸引着来自十里八乡的人们一饱口福。

王传喜上任后不久，一手解近忧，一手谋远略。他制定了代村第一张发展规划图，仔细谋划代村的未来。当周围村庄出让村集体土地、建小工业项目时，任旁人怎样劝，他就是不为所动。

“卖地能挣钱，可钱花完了呢？上工业项目能挣钱，可环境呢？”王传喜 1999 年制定的规划图，在办公室一挂就是 13 年。代村的土地一分不少，老百姓的日子越过越好。

2005 年，王传喜抢抓机遇将全村 2600 亩土地流转归村集体经营。2007 年，又流转周边 5 个村的 7000 多亩土地，高标准建起现代农业示范园。

2010 年，王传喜带领大家规划投资建设了代村商城。凭借现代农业和乡村旅游的新名片，代村商城带动就业超过 6000 人，集体经济收入 4000 多万元。

王传喜用 10 年时间完成了旧村改造，建起了 65 栋居民楼、170 户小康楼。社区医院、小学、幼儿园、老年公寓拔地而起。村民年人均纯收入 6.5 万元，全村有劳动能力的村民实现了人人有工资性收入，家家每年都有村集体“分红”。

从落后到先进、从贫困到富裕，代村用 19 年的时间实现了全面发展。这里的干部群众说，大家希望跟着王传喜再大干二十年，让代村再上一个新台阶。

（新华网 2018 年 6 月 28 日）

王传喜是在深入实施乡村振兴战略、决胜全面建成小康社会进程中涌现出来的时代楷模，是广大基层党员干部中的先锋模范，是懂农业爱农村爱农民的优秀干部代表。记者抓住代村在乡村振兴中面临的突出问题和关键环节，通过治理前后的强烈对比，用有说服力的典型事迹，活灵活现的语言，充分体现了主人公勇于攻坚克难、坚持理想信念的可贵品质。

下面来看一篇人物通讯，看记者如何讲述一个人和一座岛的故事。

用一生，守一岛

记者　胡春艳

仿佛是从大河冲入大海的一块石子，这个在地图上几乎找寻不见的小岛嵌在茫茫大海中，让现代文明的抵达变得越发困难。

这个名叫开山岛的小岛，在相当长一段时间里，不通电也没淡水；小岛仅有两个足球场大小，海风肆虐、怪石嶙峋、草木难生。可这里，始终有一面五星红旗迎着海风猎猎招展，这抹跃动的红色是小岛最生动的色彩。

32 年来，每个清晨，在这个距离祖国心脏——北京天安门 1000 公里以外的边陲孤岛上，守岛人王继才和妻子王仕花都会举行两个人的升旗仪式，风雨无阻。

王继才总说，国旗升起的地方，就是中国的国土，“守岛就是守国，我会一直守到守不动的那天。”今年 7 月 27 日，王继才在岛上执勤时突发急症医治无效去世，生命定格在 58 岁。他兑现了自己的承诺。

“你守着岛、守着国，我守着你、守着家”

布满黑色岩石的开山岛，看上去毫不起眼，可它位于地形险要的灌河口，更像是中国黄海的一个哨兵。1939 年，侵华日军从灌河口登陆，占了开山岛，屠戮了连云港地区万余民众，又在灌河入海口南岸筑一炮楼，至今遗址犹存。

这里是祖国的东大门，中华人民共和国成立初期，开山岛曾由一个连队驻守，修筑了军事设施，后军队撤防。1986 年，在村里当民兵营长的王继才被县人武部老政委找去谈话，这位从来没离开过大陆的 26 岁年轻人成了开山岛“第五代岛主”。而前面的“四代”，最长的只在岛上待了 18 天，最短的当天就跟船走了。没人想到，王继才一守就是 32 年。

王仕花几乎是身边最后一个知道丈夫去守岛的。在王继才离家守岛的第 48 天，王仕花第一次坐船来到这个“鸟不落脚”的小岛上。

从陆地到开山岛，12 海里水路，仿佛把两边割裂成截然不同的世界。“像是回到原始社会，没电没水，满岛只有野草和筷子那么长乱窜的老鼠。”王仕花回忆，“船快靠岛的时候，我看见荒岛上站着一个‘野人’似的人，头发又长又乱，浑身脏兮兮的，胡子拉碴。”那人正是她的丈夫王继才。

她发现，从不抽烟喝酒的丈夫，地上扔了一堆空酒瓶、烟头，房间里脏衣服胡乱堆着……王继才憨笑着告诉她，整个岛上就他一个人，瘆得慌，就想着抽烟解闷儿、喝酒壮胆，但没想到根本就喝不醉。

王仕花的眼泪止不住地往下淌，她求丈夫，“这岛别人都不守，凭啥咱守！走，我们回家！”可王继才只说了一句，“你回去吧，这岛，总是要有人守的。”

眼泪没有说服丈夫，王仕花只得独自坐船离去。可她眼前无时无刻不浮现出丈夫独自一人伫立在岛上的身影，想了几天，她决定辞去小学教师的工作，把女儿托付给婆婆，独自一人去岛上陪伴丈夫。

她记得，给学生们上的最后一课是《我爱北京天安门》，她告诉孩子们，“咱们都爱北京天安门。”“开山岛是海防前哨，老师去守开山岛，就是去保卫天安门。”这句话，说给学生听，也说给她自己听。

多年后，站在王继才守护到生命尽头的小岛上，这位朴素的妇女坦言，自己心里自始至终只有一个最简单的心愿：“既然他要守着岛、守着国，那我就守着他、守着家。”

32 年与寂寞和饥饿为伴 留下一人高的守岛日志

阳光照在海面上反射出刺眼的光亮，裹挟着黄沙的海水翻滚咆哮，海风夹着咸腥味儿一阵阵刮过来。这是开山岛上多年不变的风景，很多人说，在这守岛就好比是“坐水牢”。

岛上的生活比王仕花想象的更加艰难。听说从岛外运水成本很高，王继才向组织提出，“不用送水，我们自己能解决喝水问题。”从此，夫妻俩只能喝雨水窖里的雨水，“他把泥鳅放进去，吃水里的虫子，净化水再喝。”

岛上没有电，只能点煤油灯；吃的一根葱、一棵菜都要托过往的渔船从岛外捎上来。

夏天岛上湿热，蚊虫奇多，夫妻俩只好睡到房顶上；冬天阴冷难忍，两人不得不搬进海风吹不透的山洞里过夜。没过多久，他们都患上了风湿性关节炎和严重的湿疹，硬币大小的白色斑点布满了身上，疼痒难忍，常常半夜里疼醒，只能互相敲打着，度过一个个不眠之夜。

台风来时，船只无法出海，开山岛就真正成了与世隔绝的孤岛。“茫茫大海上只有我们两个人，断粮断水的日子每年都会遇到几回。”王仕花回忆，一次，连续刮了 17 天大风，柴火都用光了，没法做饭，“我们饿得头晕眼花，两腿发软，只能把生米用水泡酥后，捞起来干嚼，像嚼沙子一样，那滋味实在难以接受。一连嚼了 5 天生米，饿得话都说不出来。”

日子虽苦，但王继才夫妇每天雷打不动的工作依旧是：升旗、巡岛、观天象、护航标、写日志……如今守岛日志摞起来有一人多高，32 年间开山岛的每一天都有据可查。

岛上风大湿度大，阳光照射强烈，国旗很容易褪色破损，这些年，王继才夫妻俩自己掏钱买了 300 多面国旗。2012 年元旦，天安门国旗护卫队听说他们的故事后，专门从北京送来一座全钢移动升旗台和不锈钢旗杆，还送给他们一面曾经在天安门广场飘扬过的国旗。

王继才将这面国旗视若珍宝。王仕花记得，有一次因为海上突然刮起大风，王继才生怕把国旗刮破，冒着风雨把国旗收下来抱在怀里，可脚下一滑跌下石阶，“那一次摔断了几根肋骨。”

危险和诱惑都曾出现在王继才面前。有“蛇头”私下上岛找到王继才，当场掏出 10 万元现金要他在岛上留几个“客人”住几天。王继才一口拒绝，“我是民兵，只要我在这个岛，你们休想把这里弄脏！”对方恼羞成怒，以他子女的安全来要挟，甚至还曾对他施以暴力，但因为王继才的坚持不屈而未能得手。最终在王继才的协助下，那些犯罪分子被警方抓获。

最让王仕花揪心的一次，是她和老王沿海边巡逻，突然一个大浪打过来，老王整个人都被卷到海里去了，“我想这下完了，老王命没了！”王仕花拼命往海边跑，发现又一个浪头过来，把浑身湿透的老王打到另一块岩石上，“我赶紧跑过去，一把将他拽上来。”

从那以后，夫妻俩出去巡逻，就多了一根背包绳，拴在两人腰间，万一出现意外，也好相互有个照应。这些年来，这根普普通通的背包绳，把夫妻俩的生命拴在了一起，而且把他们的命运也和开山岛紧紧拴在了一起。

一生无愧于国家 用生命教孩子人生态度

任凭岛上如何困苦，不曾抱怨过一声的王继才，提及亲人儿女的时候，总会红了眼圈。

儿子快出生时，碰巧强台风突然来袭，无法下岛。眼看王仕花就要临产了，老王手足无措，急得团团转。情急之下，只好老王亲自接生，他找来剪刀在火上烤了烤，颤抖着剪断脐带，又撕开身上的背心在开水里烫一下，简单包扎好。当孩子发出第一声啼哭时，老王一下子瘫坐在地上。王仕花说：“当时我特别恨他，如果当时我难产或大出血，那可是两条人命啊！”

老王给儿子取名叫“志国”，他说：“志字上面一个‘士’，下面一个‘心’，就是希望他当一名战士，心中有祖国，立志要报国！”

王志国6岁前一直跟着父母在岛上，如今他对童年最深刻的记忆就是——饿！他承认，自己曾对父亲有怨恨，“我当时想，如果他肯下岛陪我们，赚钱养家，一家人日子该有多好！”

因为父母守岛，大女儿王苏十二三岁便辍学在家，照顾弟弟和妹妹，又负责帮父母采购米和煤等生活物资，再求过往船家往岛上捎东西。王继才的邻居回忆，“有时是夜里十一二点，有时到凌晨两点，她一个女孩子就自己去海边等船家。”

王志国记得，姐姐结婚那天，一心盼着爸爸能给她个惊喜，突然出现在家门口。但那次，爸爸正好执行战备任务，最终没来成，“姐姐化的妆哭花了又补，又哭花了，就这样反反复复好几次。”

他不知道父亲把对子女的爱埋得有多深，直到自己考高中那年，父亲借高利贷给他交上了学费。王志国亲眼见到，为了还这笔钱，父亲冬天在冰冷的水里捡海蛎子。他自己和妈妈只吃腌的芥菜疙瘩和便宜的萝卜、雪里蕻，“我知道，他尽了全力。”

从小到大，他眼见着父亲对岛上的各种仪器设备了如指掌，一旦出现任何破损，父亲都第一时间赶去维护，甚至曾为了修护码头，摔断了手臂一直未愈。王志国曾质问父亲，你忙这些，别人给你什么了？

父亲告诉他，不要管别人怎么对待你，你要对自己做的事有个判断：是不是对国家对社会有用？“我没给你们留下什么钱，但是希望能告诉你们一个生活的态度。”

王继才对生活的态度影响了儿子的人生选择。考上大学又读完研究生后，王志国放弃了高薪岗位，完成了父亲年轻时的理想，入伍成了武警某边检站的一名警官。那是王继才夫妇多年来最高兴的时刻。王仕花说：“看上去这个岛是我们俩在守，但其实，是我们一家人在付出，一起守住了这个岛。”

32年守岛，在王继才夫妇心中，岛就是家。他们从岸上一点一点运来泥土和肥料，在石头缝里种树种菜。如今，100多棵松树、苦楝树在岛上顽强生长，蔬菜瓜果也在岛上生根发芽。王仕花说，今年桃树结了不少桃子，老王摘了一大盆，上岛的人吃了都夸甜，“老王特别开心，他的梦想就是让咱开山岛变成绿树成荫的花果山。”

老王去世后，一棵在岛上生长了30年的苦楝树在台风过后枯死了，那是夫妻俩在岛上种活的第一棵树，王仕花含泪说：“老王走了，不少花草和树都死了，可能它们也想老王吧。”

一起升旗，一起巡逻，一起守岛，当年被乡亲们称作“开山岛夫妻哨”，如今只剩一人。

不久前，王仕花向组织递交申请——继续守岛。她说，刚上岛的时候，我只是想守着老王一辈子，守着一个完整的家。慢慢地才明白，“守岛不仅守的是我们一个小家，更是千家万户的幸福，老王没走完的路，我继续替他走下去。”

（摘自《中国青年报》2018年9月14日）

全国“时代楷模”王继才，守岛卫国32年，在执勤中突发疾病去世，他用无怨无悔的坚守和付出，在平凡的岗位上书写了不平凡的人生华章。通讯用细腻感人的笔触讲述了这32年里一个人和一座岛的故事。爱岗敬业、守岛卫疆、爱国卫国成为贯穿通讯的主线，在一个个平凡而感人的故事中，显露出伟大，彰显出爱国情怀，透露出忠诚担当。

不朽的精魂

——从杨贵到红旗渠精神

本报通讯员　任国战　张遂旺

清明节后不久，他走了。当地数千百姓冒着倾盆大雨参加追思会，无限缅怀。

半个世纪前，他来了，在太行之巅的悬崖峭壁，带领十万人民修建了举世闻名的“人工天河”——红旗渠。

毛泽东主席对兴修水利的他给予莫大赞许。

周恩来总理曾自豪地告诉国际友人，红旗渠是新中国的一大奇迹。

习近平总书记撰文称赞：“红旗渠精神是我们党的性质和宗旨的集中体现，历久弥新，永远不会过时。”

没有他，就没有红旗渠，也就谈不上红旗渠精神。

他，就是杨贵，原林县（今林州市）县委书记。

林州市位于太行山脉东麓，地处豫晋冀三省交界处。受气候、地形及地质条件的影响，土薄石厚、水源奇缺，使得林州历史上“十年九旱”。

据有关史料记载，自明正统元年（1436年）至1949年的500多年间，林州就曾发生旱灾100多次。旱灾频发致使民生凋敝，很多人逃荒。

1954年5月，时年26岁的杨贵被任命为林县县委书记。面对贫瘠的山区，他把百姓装在心中，用情感连着百姓，敢担当，勇作为。

上任初始，杨贵以“功成不必在我”的思想境界，夙夜在公，组织干部翻山越岭、走街串户、访贫问苦，把群众的利益放在心中，“让全县人民真正过上幸福日子”是他的梦想。

用奋斗开创幸福未来。不当“太平官”的杨贵，担着被撤职受处分的风险，排除万难，毅然修建红旗渠……

当时条件十分艰苦：技术人员仅有 28 人，最高学历为中等技术学校毕业；修渠资金不足，只有 300 万元储备金；粮食奇缺，仅有 3000 万斤粮食，很多人是吃着野菜团子开山凿石；没有水准仪，用一脸盆水一根筷子替代；没有住处，山崖石洞安身，露天野宿，薅草当被；没有工具，铁镢、铁锹、小推车都用上；没有石灰，自己烧；没有炸药，自己造。

在杨贵的带领下，林州人逢山凿洞、遇沟架桥，硬是削平了 1250 个山头，架设 152 座渡槽，凿通 211 个隧洞，在太行山间开辟了一条全长 1500 公里的渠道。

一切为了人民，一切依靠人民，杨贵挺身而出，数十万群众逐梦前行，坚持了十年，实现了美好图景。

有人说，红旗渠能够修成，得益于一个字：“敢”。那么，他们又凭什么敢呢？杨贵坦率地说：“我们是为了人民修渠、依靠人民修渠，所以才‘敢想敢干’。只要坚定地依靠群众的力量和智慧，再大的困难也能克服。”

“自力更生、艰苦奋斗、团结协作、无私奉献”的红旗渠精神由此诞生，并逐渐升华为中华民族精神的重要内容。

4 月 10 日，老书记杨贵在北京去世的消息传回林州，太行山悲切，红旗渠呜咽。

当年在红旗渠工地上舍己救人的女英雄李改云悲伤不已：“老书记，您怎么说走就走了呢？尽管离开林州几十年了，您依然牵挂着我受伤的腿，您心中始终装着俺修渠人啊！”

90 岁的任羊成，红旗渠特等劳模，他与杨贵老书记共事的岁月里，两人跟亲兄弟一样。回忆起当年，任羊成老泪纵横：“老书记与民工一起扛石头，脚上磨起杏核一样大的血泡，鞋帮都被鲜血染红了。但老书记却说，群众都在干，咱能不干？咱得跟群众同甘共苦啊！”

4 月 13 日上午，杨贵追思会在红旗渠纪念馆举行。大雨滂沱，挡不住人们缅怀的脚步。林州数千干部群众和学生冒雨会集到这里，深切缅怀老书记，寄托无尽的哀思。

追思会上，任村镇盘阳村党支部书记张玉学动情地说：“没有杨贵老书记，就没有红旗渠，就没有今日富美林州；没有红旗渠，就不会孕育出伟大的红旗渠精神。”

红旗渠渠首在山西省平顺县石城镇白杨坡村，这里留下了杨贵的足迹。4 月 15 日上午 8 时许，这个村的 30 多名群众，自发来到红旗渠渠首，以特有的方式祭奠杨贵书记。村党支部书记岳安龙回忆，十多年前，村里决定建一所希望小学，资金有缺口。老书记在北京得知消息后，主动捐助了 1000 元，消息不胫而走，村民纷纷踊跃捐款。村里为了让后人铭记老书记的恩情，将这所希望小学命名为杨贵小学。

为追忆杨贵在林州工作的艰辛岁月，缅怀老书记的为民情怀，林州市摄影家协会在红旗渠纪念馆举办“追思老书记在林州岁月图片展”，一幅幅照片定格了老书记在林州的点点滴滴。

连日来，不少群众自发地用散文、诗词、方言快板、网上灵堂等方式，寄托对老书记的哀思。每天，成千上万的百姓自发地到红旗渠纪念馆杨贵的灵堂前吊唁。

杨贵，一位执著的共产党人，不忘初心，心系百姓，让一条上千公里的“天河”永远定格在太行山巅，成为时代的不朽丰碑和久经淬火锤炼的民族精魂。

（摘自《中国水利报》2018 月 5 月 17 日 6 版）

林州世代缺水，历史上也不乏有作为的官员，只有中国共产党成为执政党以后，只有共产党的县委书记才会为林州人民彻底解决缺水问题。通讯深切缅怀、致敬杨贵书记，通过追忆他在红旗渠建设过程中的点滴，把我们带回到从前的那段难忘的岁月，让红旗渠精神在新时代更好地传承和弘扬，激励和引领一代代人不屈奋斗，勇往直前。

下面来看一篇关于前水利部部长傅作义的夫人刘芸生的通讯报道。

默默耕耘持夫业　勤劳节俭度平生

——怀念刘芸生老人

本报记者　吴頔　李攀

准时正点，正襟危坐，聚精会神……刘芸生老人的晚年时光，每天晚上 7 点钟，无论春夏秋冬，她都会提前换好正装，坐在电视机前，收看《新闻联播》，了解国家大事，尤其是关注水利方面的重要新闻，哪些地方正面临洪水的威胁，哪个地区在遭受旱魔的侵扰。她总是感叹：“干水利工作不容易啊！”作为共和国第一任水利部部长、著名爱国将领傅作义同志的夫人，刘老对水利有种特殊的情感。尤其在“七下八上”的主汛期，她对全国的汛情更是特别关注。

今年 8 月 10 日，就是全国主汛期的最后一天，这位 106 岁的老人，永远地离开了我们。8 月 18 日上午，北京八宝山殡仪馆气氛凝重，人们眼含热泪前来为她送别，当耄耋老人从轮椅上站起，在别人的搀扶下颤颤巍巍鞠躬的时候，没有人不为之动容。大厅外，天空飘起了细雨，像是在用这种方式表达哀痛。

刘芸生热爱党和国家，参与促进祖国和平统一事业，积极参政议政；她为人谦和，崇尚节俭，心系水利。傅作义在担任水利部部长的 23 年中为水利事业呕心沥血，刘芸生则相夫教子，默默支持。傅作义为水利事业做出的重大贡献，与刘芸生在背后的支持与奉献密不可分。

热爱祖国，参与抗战，积极支持国家建设

刘芸生祖籍安徽，1910 年 6 月出生在天津一个商会家庭。1929 年与傅作义结婚。结婚后不久，傅作义就任绥远省主席，夫妻二人一起到了绥远。

1931 年，“九一八”事变爆发。为了储备力量全力抗日，傅作义学习共产党的经验，开办了乡训所，加强军事训练。刘芸生除了料理家务之外，也帮助乡训所开展图书阅览活动，引导学员阅读进步书刊，并举办文化娱乐活动，全力支持傅作义积极抗战。

1933 年，日本占领热河，向长城各口分路进攻，傅作义提出“宁做战死鬼，不做亡国奴”，砥砺军民共赴国难，并率 59 军前往怀柔，负责独石口防御战。

女儿傅克谨已到耄耋之年，她说：“对于抗战的往事，母亲生前虽然说得不多，但有的故事还是常常提起的。”比如，被称作“最后有力的光荣一战”的那次战役。“那一次，父亲和友军成功地阻击了日军十多次疯狂进攻。母亲则率领女子战地慰问救护团赶到前线，开展慰问和救护工作，全力抢救伤员。”虽然未曾经历，但是母亲的讲述，给傅克谨留下了深刻印象。

抗日战争期间，刘芸生还做了很多工作。1936 年，日军进攻绥远时，傅作义在绥远东部的红格尔图百灵庙阻击敌人。为了让外界了解绥远抗战，刘芸生在红格尔图的玫瑰营举办舞会，招待中外记者，希望他们向全国和全世界传达中国人民抗战到底的决心。后来，傅作义又参加了忻口会战、包头会战、绥西战役、五原战役，与日军展开了殊死战斗，刘芸生则做着力所能及的工作，支持着丈夫。“父亲率军抗日的时候，其实母亲也在忙着做很多事情。我听说，母亲曾率领女子战地救护团通过向战士宣传战争动员法令、散发报纸、教唱抗战歌曲等方式，来鼓舞士气。战争中，她还与战地慰问救护团的姐妹们负责起救护伤员的任务。”抗战时，小儿子傅立还没出生，尽管对那些年母亲的经历了解不多，但和哥哥姐姐们偶尔谈起时，也撷取了一些片段。

抗战胜利后，刘芸生积极参与到促进祖国和平统一的事业中。说到北平和平解放前的故事，傅克谨接过了话题。“那次，母亲带着我们兄妹几个坐飞机去重庆，当时我只有 12 岁。我们当时住在张伯苓（中国著名教育家）的家中，他和我父亲关系很好，我们受到了很好的照顾。”一个甲子过去，傅克谨依然记忆犹新。当时蒋介石希望傅作义率军南撤，傅作义以固守华北名义拒绝执行，刘芸生的这个举动是想消除蒋介石的戒心。处在那个少不经事的年纪，当时的傅克谨觉得这样的经历有些新鲜，可讲起后面的故事，她甚至有些后怕：“在重庆生活了一段时间，我们就跟母亲上了回北京的飞机，结果被扣了下来。被软禁在一个小旅馆中长达一个月之久，外面有人把守，我们都不能出去，只有人送些菜进来。这段时间，我们都是在饥寒交迫中度过的，那时我弟弟才 1 岁多。我当时真的很害怕。但母亲一直鼓励我们要坚持，因为父亲做了一件对国家、对人民都非常了不起的大事。”后来在地下党组织的帮助下，刘芸生和子女们才得以飞往香港，从海上辗转到天津，终于与傅作义团圆。

新中国成立后，刘芸生积极支持国家建设，积极响应党和国家的号召。她参加了由原国民党知名人士的夫人组成的夫人支部，在宋庆龄、何香凝的指导下，认真学习中央文件和时事政治。在抗美援朝时，她和夫人支部的姐妹们夜以继日赶制绢花义卖，捐钱捐物，编织手套及写慰问信送给前方志愿军战士。“那段时间，母亲依旧很忙碌。”傅克谨回忆道，“后来我了解，那时候她主要是协助政府开展扫盲运动、辅导夜校、帮助街道工作，还经常提些建议。”刘芸生在争取女权、婚姻自由，取缔娼妓并帮助其改造和谋出路，收容流浪儿童和改造青少年罪犯等方面提出的不少建议，受到了全国妇联的采纳和表扬。

从 1975 年 1 月开始，刘芸生先后担任第四届、五届、六届、七届全国人大代表，积极参政议政。“这是母亲在一次会议上发言时人家给拍摄的。”谈起参政议政的故事，傅立拿出照片向我们讲述。据儿女回忆，每次参加会议前，刘芸生总是认真准备会议材料，全力做好各项准备工作。会议结束后，她还要捧回一大摞文件，仔细研读到深夜，认真学习会议精神。

1966 年，傅作义与刘芸生商量，希望将家里的存款和部分财产上交国家，支援国家建设，她欣然同意。傅克谨回忆起这件事时，说道：“母亲非常坚决地支持父亲的做法，并且还要我们也积极配合。”于是，傅作义几次致函周总理，言辞真切，态度诚恳。最终，这部分钱被收进国库，用于国家建设。

默默支持，无私奉献，时刻关心水利发展

“目濡耳染，不学以能。”新中国成立后，傅作义担任了第一任水利部部长，刘芸生在背后无私奉献，对水利添了一份关注，多了一份感情。

傅作义从1949年起担任水利部部长，直到1972年，在位长达23年，为新中国水利事业的发展作出了重要贡献。他每年拿出1/4以上时间出差视察各地，长江、黄河、黑龙江、珠江、淮河、海河等许多水利工程，都留下了他的足迹。丈夫每次出差，刘芸生都为会他准备好衣物，对他的工作给予很大支持。此外，她还省吃俭用，自己买毛线，亲手编织了红色的围巾、帽子等，亲自拿到水库工地上，作为礼物送给水利一线职工，表达自己的关爱。年轻时，她还曾到葛洲坝水利枢纽参观，了解当时的水利发展。

“有一次，父亲在出差时突发心脏病，多亏周总理安排心脏病专家黄宛大夫及时前往救治，才让父亲转危为安。母亲也同机前往，对父亲悉心照顾。”女儿傅克谨对那段往事印象深刻，甚至医生的名字都清晰地记得。那是1957年4月，傅作义到黄河三门峡水利枢纽参加开工典礼时发生的故事。那段经历不但让夫妻间的感情更加深厚，也让刘芸生更加关注黄河以及黄河上的水利工程。

繁重的水利工作逐渐压垮了傅作义的身体。1962年年初，中央考虑傅作义的心脏病比较严重，安排他一家到广东休养。傅作义表示，只有让他做些工作，才可以去。中央和广东省委只好同意了他的要求。到广东后，他先后视察了花县水库、新丰江水电站及新会、佛山、高要等地的水利工程。每到一座水库，他都是先服了预防心脏病的硝酸甘油药片，然后再登上坝顶了解情况。刘芸生则每次都为他提前准备好药品。

到了晚年，虽然由于年事已高，听力有所下降，但刘芸生的视力依然很好，每天都要定时收看《新闻联播》。“要是看到哪儿受灾了，她还会双手合十，为灾区灾民祈祷。”老人的真诚和对水利的感情，让二儿媳鞠军平十分感动，“母亲总说，我们国家大江大河多，治理起来特别不容易，一发洪水就需要大量人力物力抢险救灾，所以看到这些场面就会非常揪心。”有一次看到电视里洪水泛滥、冲破圩堤的场面，刘老紧张得颤抖起来，及时服下几片药才镇静下来。

今年的洪涝灾害情况怎样？受损的工程现在是否已经修复了？……直到晚年，每次水利部的同志到家里看望时，刘老都会问起有关水利的问题，而由于与黄河的特殊情愫，每次她都会问及黄河小浪底水利工程的情况。在了解到水利事业不断发展，取得很大成绩，一次次洪水被成功防御，农村饮水安全问题得到解决等好消息时，刘老总是欢欣鼓舞。

抚育子女，勤俭持家，高尚品行影响子女

作为水利部部长的夫人，除了用行动关心、支持水利工作外，留在家中抚育儿女、操持家务是刘芸生多年以来的生活重心。

在子女的教育问题上，刘芸生始终严格要求，在学业上容不得一丝马虎。在她的悉心教育和严格要求下，有六个子女考入名校，其中，四人考入北京大学，两人考入清华大学。“孩子们能取得这样优异的成绩，和刘夫人的严格要求是分不开的。”傅作义的秘书胡逵说道。在子女们参加工作以后，她还经常教育子女认真工作，回报国家，奉献社会。

不仅如此，刘芸生在生活中勤俭持家，乐于助人，先人后己，为人谦和，平易近人，以优良的生活习惯和作风为家人做出表率。身为部长夫人，刘芸生完全可以享受较为优越的生活，但她一生崇尚节俭，最爱穿的是卡其布衬衫，最爱吃的是粗茶淡饭。在刘老的家中，不管是房屋装修还是桌椅板凳，我们都看不到一丝华丽的痕迹，有的家具甚至一用就是几十年。刘老不仅自己节俭，还要求子女省吃俭用。每年，到了时令瓜果上市的季节，照顾刘老生活饮食起居的二儿媳都会买来新鲜的水果让婆婆品尝，每每这时，刘老总会说："水果刚下来，一定很贵，咱们就尝尝鲜，以后别买了。"

虽然对自己十分"吝啬"，但刘老对待别人却十分大方。"妈妈每次在小区里看到捐款通知，总是毫不犹豫前去捐款，每次都要捐几百元。在街上看见遇到困难、乞讨生活的人，她也要掏出钱来，帮助他们。"鞠军平感慨，"帮助别人是她最大的心愿!"

在生活中，不管是对待子女、保姆，还是小区里的保安、清洁员，刘老总是为他人着想，先人后己。别人每次给她端来水果饭菜，她都要先分给对方一半，确认对方吃过了，自己再吃。每逢春节，刘老还会给小区里的工作人员精心挑选礼物，并让子女送到他们手上。

不麻烦别人，是刘老一直奉行的信条。

国家机关事务管理局每年都安排刘老到北京协和医院进行体检，但她从来不愿麻烦别人，经常是几年才去一次。每次家人催促刘老去体检，她总说："我身体很好，不需要体检，不麻烦大家了。"

刘老出门总是自己坐公共汽车。她 80 多岁时，依旧步履轻盈，精神健朗，满面春风；说话时，表情从容、平静，思绪清晰，讲理透彻。

刘老一生热爱劳动，总是把家里收拾得井井有条。在 100 岁之前，生活几乎全部自理，甚至自己动手做家务。"她隔三差五就要对碗筷进行消毒，从烧水到煮碗筷，再到最后的晾晒，整个过程往往要持续两个小时，完全不需要别人帮忙。"傅克谨介绍。不仅如此，刘老还总是自己洗衣做饭，在生活尚能自理的时候，她总是亲力亲为。有人建议她请个保姆，她却说，"活动活动挺好的"。

刘芸生就是这样一个人，为人谦和，崇尚节俭，善待他人，甘愿过普通人的生活。她用高尚的品行影响着子女，以认真的态度对待生活，默默无闻支持水利，辛勤耕耘相夫教子，在平凡中闪耀着光芒。

刘老去世的消息，让广大水利系统的干部职工感到悲痛。部党组第一时间向家属表示了慰问，陈雷部长、刘雅鸣副部长分别到家中抚慰她的家人，并为刘老敬献了花圈。

如今，我们国家愈加繁荣富强，今年的防汛抗洪抢险也取得了决定性胜利，刘芸生老人可以安心了。

（摘自《中国水利报》2016 年 8 月 30 日 5 版）

傅作义为我国水利事业做出了重要贡献，与其夫人刘芸生在背后的支持与奉献密不可分。文章层次分明，描绘了主人公热爱祖国，参与抗战，积极支持国家建设，默默支持，无私奉献，时刻关心水利发展，抚育子女，勤俭持家，高尚品行影响子女，大到对国家民族的爱，小到对家人普通小人物的爱，人物情感丰满。对人物思想的刻画也没有直接评价，而是采用含蓄的手法侧面反映，先定位于站在英雄背后的人，由中国传统妻子持夫业、度平生，到贤内助上得厅堂、下得厨房，再到新时代伟大女性的家国情怀，由小爱到大爱，准确、平实地展示了一个非凡女子的精神世界。

人物是时代的精灵，人物新闻永远是新闻报道的重要类型。有句话说得好："路为纸，地成册；行做笔，心当墨。"我们应该有这种使命与理想——行走大地，情注笔尖，通过对个体人物的精彩描述，来反映我们所在的这个砥砺奋进的伟大时代。

第四节　新闻人物拍摄要点

新闻人物摄影是指摄影人员在新闻现场对人物和事件进行合乎情理的判断、理解，使用现场光或现有光，一般在不干涉被摄对象的条件下，表现新闻人物的内心世界、精神面貌、气质特征的摄影。新闻人物摄影，应该记录真实的人物、情感和环境，传递给人们真实、有价值的信息。

新闻人物摄影既是人物的影像又是关于人物的故事。在拍摄下人物外形特征的同时，也拍下了人物的性格特征。

一、拍摄准备

拍摄前先解决五个问题：他是谁？为什么拍他？什么时间拍？在哪拍？拍他什么？先要通过深入采访，熟悉和了解被拍摄对象，挖掘话题与被拍摄者交流，寻找他们经历中与采访任务相关的部分以及公众感兴趣的部分。

二、拍摄器材

对于人像的拍摄来说，一般优选中长焦镜头、定焦镜头和变焦镜头都可以，只不过中长焦定焦头拍摄的效果更好。85～135mm这个焦段的镜头拍摄效果最为理想。

此外，推荐使用35mm定焦镜头进行拍摄。35mm较之于传统的中长焦人像镜头，能更轻松地记录下人像的环境，同时拍摄距离更近，也能方便与被拍摄者进行交流，让照片更加自然、生动。

用35mm镜头拍摄的广东廉江移民新生活（李先明　摄）

三、拍摄内容及要点

新闻人物摄影属于新闻摄影的范畴，不同于一般意义上的人像摄影，真实性是新闻人物摄影的生命，也是新闻摄影的底线。即便对拍摄对象有所干涉，也要确保真实性。主要原则是关注人物特质，围绕事件特征，力求形神兼备。照片需反映人物的职业特征，体现人物的身份特征，抓住人物的性格特点。

（一）反映人物的职业特征

玛格南图片社著名摄影师斯图尔特·富兰克琳在评判人物摄影作品的价值时说："很多

好的人物摄影作品都给人一种令人难以忘怀的美，而这种美与摄影对象的相貌并没有多大关系。”与相貌关系不大的美，往往来自作品传达的情感及其所展示的思想内涵和社会意义。

水利人虽有共同的称谓，却有不同的专业分工。因此，在拍摄不同的水利人物时，要注重他们各自的专业特征和职业习惯，在环境选取、神态抓取以及姿势动作上竭力加以表现。通过典型环境来烘托人物的职业特点，强化职业个性，这样所表现的新闻人物就显得真实生动。一张好的环境肖像应该交代被摄者与其生存、工作环境的关系，让读者对被报道人物以及其生存状态有更多的了解。

无锡市锡山区安镇镇级河长王琪说，河长制解决了河道管理的责任和协调的问题（李先明　摄）

（二）抓住人物的性格特征

性格是人物个性心理的重要特征之一，或开朗或含蓄，或豪爽或内敛，具有独特性，是区别被摄的新闻人物与其他人物的鲜明特征。及时地发现和抓取反映新闻人物性格特征的动作、姿态和表情，可以生动地刻画人物，使之鲜活真切，跃然纸上。从形态和神态上捕捉被摄人物鲜明、准确而逼真的个性，并把自己的思想融入到画面之中，对于揭示新闻主题就会起到画龙点睛的作用。

在江苏省如皋市焦港的父子水文站里，“测河水流速必须由父子两人配合完成”——小杜操控现代化的仪器，老杜则举着旗子在河边指挥（李先明　摄）

摄影师优素福·卡什的传世摄影名作《愤怒的丘吉尔》，就神形兼备地反映出温斯顿·丘吉尔的性格特征，表现了他坚定沉着、勇猛刚强的精神面貌，形象地反映了第二次世界大战时期英国首相丘吉尔像一头怒吼的雄狮要与希特勒等法西斯决战到底的决心，极大地鼓舞了全世界人民反法西斯战争的斗志，展现了影像的力量。

（三）挖掘背后故事，展现行业精神

著名摄影师威廉·艾伯特·阿拉德对摄影作品的亲和力作了很好诠释：“一张出色的人物摄影作

品有一种表达被摄者内在精神的力量，它会跨越时空和语言文化的障碍，传达出简单而普遍的信息：这是生活在世界上的另外一个人，我希望你能见到他（她）。”

我们费很多心力拍摄的正面的新闻人物，往往代表着我们内心想要弘扬的精神风貌或倡导的价值取向。做人层面“忠诚、干净、担当”，做事层面“科学、求实、创新”——符合新时代水利行业精神的水利人就是我们寻找和聚焦的重点。找到这样的人物，挖掘其对事业的奉献与坚守、对家庭的深情或遗憾缺位、对生活的热爱与无奈，拍摄下人物内心流露的思想情感和姿势动作。尽量在人物所熟悉的工作或生活环境下进行拍摄，抓住人与人、人与环境之间相互关系中带有特征性的典型瞬间，刻画出有血有肉、真实感人的新闻人物，可以更好地为新闻主题服务。

最美迷彩（李先明 摄）

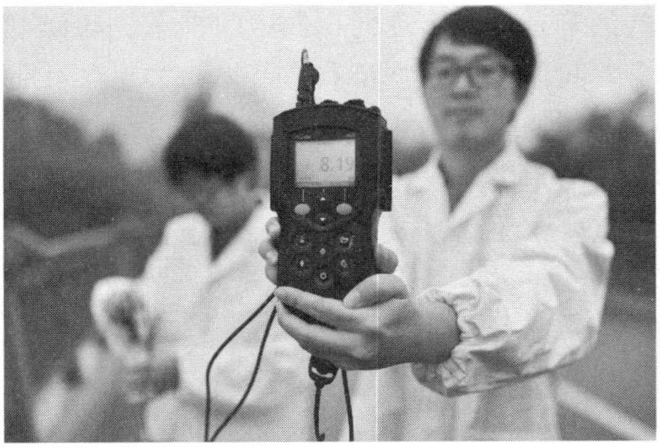

2014年11月6日，浙江省永康市环保部门的监测小组向记者展示水样检测的pH值（李先明 摄）

在江苏省如皋市焦港的父子水文站里，傍晚，“老杜”和老伴都会和儿子在水文站旁的宿舍吃顿简单的晚餐（李先明 摄）

（四）围绕新闻事件的本质特征

作为新闻传播内容核心的新闻事件，在以人为主体的新闻人物摄影中，仍是构成新闻主题的重要因素。有时候，新闻事件是新闻人物报道的背景，而更多的时候，新闻人物是新闻事件的核心，两者相辅相成、互相作用、不可分割。

如果仅作为新闻人物摄影，构图时应将主要的新闻人物放在画面的中心位置或者黄金分割线的位置，做到主体突出；但在强调人物个性化的过程中，必须整体把握与新闻人物紧密相关的新闻事件，抓住事件的本质特征，通过人物的鲜明个性及其与事件的核心关联来传达摄影语言。人物的形神，即表情、神态以及动作举止，应符合环境氛围，反映事物的发展规律，合乎事件的情理。有时，对新闻人物一个典型细节的瞬间刻画，可以使读者联想到情节的全过程，展示新闻人物和新闻事件的内在关系，从而更具有深刻的意义。

2013 年 8 月 16 日，在西藏自治区林周县虎头山水库，
多布杰指着他每天读取水位的地方（李先明　摄）

（五）提升预见性与快速反应能力

摄影的最大特点是它的瞬间性，不仅典型的细节是瞬间出现的，典型的神态、动作也是瞬间出现的。要拍到形神兼备的新闻人物，需要我们根据人物特点、习惯，去想象可能出现的情节过程，预想适当的拍摄位置和时机，并根据事态的实际发展不断加以调整，一旦发现有价值的拍摄对象或瞬间，便立即寻找合适的角度，快速构图，举机拍摄。较强的预见性与快速反应的能力是摄影人员自我培养的重要素质，需要在日常拍摄中不断积累总结，练好基本功。

2013 年 8 月 16 日，记者在西藏自治区林周县虎头山水库采访，
抓拍下一张工作人员飞奔去水库的照片（李先明　摄）

四、注意事项

（1）在拍摄人像时，必须要关注图像的水平状况。被摄人物在镜头里一定要位于一种相对水平的方向之下，图像才具有稳定感。一般情况下拍摄时，镜头与被摄者眼睛保持基

本水平。

(2) 在拍摄人像侧部时，要给人物的视线方向留有空间。例如，人体朝右的情况下，则在右侧的留白需多一点，不要把人物的视线堵住。

(3) 要注意到被摄人物背景对人物形象的干扰，如人们头部位置的树枝、电线杆、花草等，随时调节方位，选择合适的构图，避免头上“长树”“长电线杆”，或者头部被浓重的色块包围，或者人体与背景连在一起引发歧义等现象。

(4) 新闻人物摄影特别是大头照中，要让被摄体的眼睛里出现“眼神光”，这样能够让眼睛看起来有神，从而让整张照片显得有生气和神采。

(5) 手部的动作能够帮助人们表达自己的职业和情感，在拍摄中辅以手部的表现。

廉江和升牧业有限公司，饲养员苏志福
正在给黑山羊喂食（李先明　摄）

(6) 切忌画面从人物的关节处裁剪。

(7) 拍照时机：一是拍摄就绪前的一刻；二是告知拍摄者拍摄完成后的一瞬间，这个时候的人物是最为放松的时刻。

第六章

人　物　专　访

第一节　人物专访总述

人物专访，顾名思义，就是记者面对特定对象、特定问题，通过问答、谈话为主的采访方式来完成的新闻报道。

人物、现场、记者构成了人物专访的三要素。专访的特点在一个“专”字，重点是一个“访”。人物专访既强调新闻性、政治性又要强调其可读性。相对于其他新闻报道形式，人物专访具有很强的可读性、亲和力，为读者所喜闻乐见。

人物专访和人物通讯都属于通讯类人物报道，它们的主要区别在于：前者侧重于展示人物的某一认识、见解和主张，主要使用对话形式，强调现场感；后者则可写人物的生活片段、人生故事和经历等，表现手法更为多样化，侧重于叙述人物工作、学习、生活，特别是不同于一般人的事迹，表现人物精神品格等。因此，人物专访特别注重记者对问题的提炼、凝聚，提问技巧的好坏直接影响人物访谈的质量。

再平凡的个体，也有独特的呼吸；再微渺的细节，也能折射时代的印记。在水利行业，我们专访的对象包括政府部门官员、行业学者、基层水利职工以及在某种特定新闻背景中的人物。做好人物专访，将真实的对话场景呈现在读者面前，让读者了解人物的心路历程、工作历程、主要观点，让读者产生共鸣，是对新闻工作者的挑战。

第二节　人物专访的采访

一、打开采访对象的话匣子

一篇成功的人物专访关键在于采访的成功。采得好采得细，对人物就有较为深刻的了解和认识，就能够把握人物的性格特征，从而发现人物的闪光点和与众不同之处，才能更加准确地提炼主题，写出来的专访文章才能让读者想看、爱看，觉得可信、可亲、可学。采访得好坏，记者提问的技巧尤为重要，问题提得好、提得准有助于打开采访对象的话匣子。

（1）做好案头准备。需要事先搜集采访人的简历、相关的新闻、工作概况等，在对采访人有了一定了解之后再去整理。在采访过程中，记者要确立主题，围绕主题事先精心设计几个问题。一些问题可以现场发挥，但关键的问题一定要做准备。记者在采访前主题明确，既可保证采访有的放矢，也能减少时间浪费。记者必须要有几个直奔主题的问题，事先要有充分的估计，不打无准备之仗。

（2）用内行话提问。行家伸伸手，就知有没有。记者张嘴一问，被采访者就能听出来，你对他的事情了解不了解，你对他的工作认识程度有多高。记者问外行话，很难获得被采访者的认同，也就无从深谈，记者也就难以探寻到被采访者的内心世界。记者要与采访对象交朋友，触及他最敏感的神经，探索其心灵。最容易找的共同语言就是采访对象的行业话题。

（3）在提问时兼顾双方，问受众想知道的问题。记者在采访人物之前总要认真思考。要站在读者的角度想，想读者想知道这个人物的什么，会对他的哪些感兴趣。只有心中想着读者，读者才会喜欢看你写的文章。同样，也要站在采访对象角度考虑：他想要告诉读者些什么，他有什么好的经验和闪光的东西对读者有启迪。只有两方面都想到了，记者提的问题才会让双方都感兴趣。

（4）提问态度要真诚、客观、不带个人倾向。不要提有提示作用的问题，以免诱导或限制对方的回答。提问多用探讨式、商量式而不要用生硬的、审判的口气。提问方式根据不同对象采用正问、反问、引导、激将等。记者与采访对象打交道要时刻记着贫贱不欺、富贵不媚，提问语气要平和，话语要真诚，不能有训斥、嘲笑、蔑视的成分。

（5）提问要开门见山，提问语要简明扼要，易听易懂。提问语要用开放式的，多用怎么样、什么、如何等字眼，给对方以广阔的回答空间。一般情况下，不能像法官审判一样问“是，还是不是?”提问语要注意具体，可把大问题分成几个小问题。

（6）提问语要注意“五不用”：不用长句，不用倒装句，不用否定语气提问，不用有歧义的话提问，在提问时不要生造词语、任意改造专用名词。多用口语、短句来问。

写一篇有血有肉、鲜活的人物专访是采写者的目标，要实现这个目标，做好提问是关键。问题问好了，第一步就走好了，离目标也就近了。

二、做好专访的写作准备

写好人物专访，我们可以按照以下几个步骤来操作。

首先，对录音内容进行真实而完整的记录。要对录音内容进行去口语化处理，这个过程需要补充人物所从事行业的背景资料，因为文中往往涉及很多专业词汇，必要时，需找专业人士帮忙确认。

其次，根据采访者的提问和被采访者的回答，进行问题合并、归纳。这个地方需要注意的是：整理者往往会忽略提问的问题和回答的内容是否相呼应。

再次，组稿，完成采访稿的整理。好的采访稿，并不是你问我答的形式，要有前言、标题、后记。因此，在整理好问题与回答后，还要进行组稿，根据对采访稿的理解及采访目的，合理地添加前言、标题及后记，这样不仅使整篇采访稿结构完整，内容饱满，更有助于读者的理解。

最后，交给采访者和被采访人进行文章确认。毕竟大家站的立场不同，所以对文章的理解也存在分歧，这时要让采访者和被采访者确认一下，以免出现不该有的错误。

在采写人物专访的过程中，还要做好以下几点：

（1）保持原汁原味。通常情况下，采访对象身份、谈话风格、思维方式、性格特征各异。要注意尊重采访对象的个性风格，访问和写作要尽量保留谈话的本来面目，不要主题先行，歪曲对方谈话本意。

（2）放大细节的力量。细节虽小，但很重要，尤其要抓住那些最能表现人物性格特点的细节，因为这会使人物专访具备灵气和神韵，会增强文章感染力。而要写好细节，记者就必须在采访中深入细致地观察，哪怕是转瞬即逝的动作。只有这样做才能在专访中刻画出一个丰满的有血有肉的新闻人物形象。

（3）走进人物内心。如何走进水利人的精神世界，通过对话的形式生动地呈现，坦诚地分享？走进人物的心灵需要时间，因为记者和采访对象之间往往有一堵墙。采访是记者和采访对象之间思想的沟通，感情的交流。

有一句话说得好：记者的思想有多少深度，采访才能达到多少深度；记者有多少激情，稿子写出来就有多少激情。这决定了人物专访的温度。

第三节　人物专访的写作

人物专访的写作主要有三种类型，分述如下。

一、问答整理式专访的写作

问答整理式专访就是实录经过整理后的采访过程，以记者的提问、受访者回答的问答体发表。

下面这篇报道是记者在2008年全国“两会”之际，三八国际妇女节前夕，专访全国人大代表窦希萍的稿件。

儿时梦想、清凉山、提案、河口生态、父亲的叮嘱、泥沙模型、事业与家庭、坚守、女人等，这些关键词交织，最终访谈定位在三个层面，即角色期待、专业探讨、人生领悟，着力梦想的传承、职业和人生思考的接力，为读者呈现了一个真实的水利人物。

记者还专门用手记的形式讲述笔者对于采访后的感受。用细腻的笔触抓住她最初的梦想和现在的职业理想之间的联系，两篇文章能互相呼应。

窦希萍：父与女的梦想接力

记者　赵建平

初做人大代表

感觉现在社会对“两会”代表的关注程度比以前要高得多，要求也高得多，压力也随之而来，我希望我也能当好这个角色。

现代水利周刊： 人大代表是一个很特殊的身份，您的感觉如何？会有压力吗？

窦希萍： 记得我在江苏的一个朋友，她知道我当选上全国人大代表后，就马上给我发短信，得知这个消息后我挺高兴的。我是江苏省政协常委，今年当选了全国人大代表，感到很自豪，同时也感到责任重大。现在社会对人大和政协的关注程度比以前要高得多，要求也高得多，大家觉得人大代表是在替人民行使国家权力，包括制定法律、修改法律等，所以压力也随之而来，我希望我也能当好这个角色。

现代水利周刊：您今年的议案是什么？为什么要关注这个话题？

窦希萍：我带来了一些建议，一个是关于中小学学生减负和创新思维培养的建议。现在对孩子的教育，单方面的灌输较多，自主性学习较少，课业负担太重，自主求知的能力没有得到很好的培植。我建议降低中小学课程的难度，让孩子们有适度的时间和空间，去关注自己真正感兴趣的东西。

还有一个是关于节约纸张的。现在很多政府机关、企事业单位纸张消耗比较大。我十年前在日本待过一段时间，觉得日本人对废纸的利用特别重视，节约资源的意识很强。这次参加人大会议看到用的笔是废报纸做的，记录纸是再生纸，我觉得非常好。但是总的说来，我们在资源节约方面做得还不够，感觉还是比较浪费的，在节约上还是有不小的空间可以去做。

父与女的接力

能帮助父亲完成他没有完成的工作是一个很幸福的事情，是在延续父亲的理想和生命。

现代水利周刊：您生长在一个水利世家，您的父亲窦国仁先生是一位水利大家，在您的印象里，您父亲是个什么样的人？

窦希萍：我觉得父亲是个特别可亲的人，他非常温和，从没有训斥过我。小时候我学习一直不太好，每次考完试，父亲总是先来安慰我，他说考不好没关系，等长大了就会开窍的。正是由于父亲的宽容和鼓励，我才渐渐找到了学习上的自信，性格也变得开朗起来。我一直和父母生活在一起，工作后又和父亲都做泥沙研究工作，可以说，父亲是我生活中的益友，工作上的导师。

这次当选十一届全国人大代表，感觉自己也是在延续父亲的梦想。我父亲是六届、七届、八届全国人大代表，为国家科技发展和科研体制改革提过很多建议。如今我也在努力，做一个像父亲那样能承担社会责任的人。

现代水利周刊：您和您父亲是同行，您如何评价他的成就？

窦希萍：父亲是一个非常刻苦的人。本以为他从院长岗位退下来，可以稍微放缓节奏，不那么辛苦了，但是父亲还和以前一样，不管是上班还是在家，总是在搞他的研究。父亲很喜欢朋友相聚，很多时候聚会结束，朋友们都走了，他又接着做他的工作。

印象很深的是，父亲总是想搞点新的东西出来。比如他 1960 年提出了泥沙起动公式，在此后 30 年他一直在考虑如何去完善它，直到 1999 年他才推导出更能反映泥沙运动规律的起动公式来。父亲总在不断研究，他不觉得累，因为他非常热爱他的工作，享受着研究带来的乐趣。我经常感慨，我说爸爸你无论做哪一行都会成功的。

父亲也是个很有天赋的人，记忆力非常好。他 19 岁去苏联读大学，受到很严格的基础理论训练，9 年后拿到苏联的科学技术博士。水利研究有很大的经验性，而父亲总是能在很散乱的实验数据或实测资料中得到一个统一规律，很多经验公式要么符合这种情况但是不符合另一种情况，但是他给出的理论公式却能很好地统一起来，在这一点上我觉得自己远远不如父亲。我现在时常感叹自己小时候没有打下一个很好的数学基础，在提炼更高一层的研究成果时总是感到力不从心，这也是我自己的一个遗憾吧。

现代水利周刊：您如何看待自己的专业，从开始就喜欢吗？

窦希萍：报考大学是父亲指定的。如果从当时的兴趣来说，不考虑父亲的意见，我会选择生物。记得考完大学后，父亲对我说，不管你考多高的分数，你就报考华东水利学院（现在的河海大学），父亲很希望我和他学一样的专业。我当时还不太能够接受，我想我的分数可以上南京大学生物系啊。但是现在回想起来，我一点都不后悔。我和父亲一起工作这么久，真的是受益很多。他有很多想法和梦想，我在其中成为一个执行者，能够把父亲的想法转化成现实，能够帮助父亲完成他没有来得及完成的工作是一件很幸福的事情，是在延续父亲的理想和生命。

让态度先行

我们和自然必须建立一种平衡，那就是在对待自然的问题上如何把索取和保护很好地兼顾起来。找到这个平衡点，经济社会才能可持续发展。

现代水利周刊：您如何看待中国河口的生态，有人说看一条河流是否健康看看河口就知道了，是这样的吗？

窦希萍：我想这是为了强调河口的重要性才这么说的。河口是海陆的纽带，是从内河到海洋、海洋到内河的必经之地。美国的纽约也好，荷兰的阿姆斯特丹也好，中国的上海、天津也好，都是在河口地区，人们傍水而居，良好的水利条件带来了发达的经济和稠密的人口，所以人们对河口需求也会更多。就像上海，城市发展需要土地，所以崇明岛在围垦，南汇东滩在围垦；还需要建港口，发展航运，开辟深水航道；还需要淡水，还要发展包括养殖业在内的其他经济形式。所以河口地区的矛盾会更加突出，需求和环境保护之间的矛盾也会更激烈。如果往上游走，人口相对少一些的地方，这个矛盾也许会不那么突出。我想说，一条健康的河流应该是从上游到河口都是健康的，应该把它看成一个整体。

现代水利周刊：现在国家把生态文明提高到战略的高度，您怎样看待这样的转变？

窦希萍：过去我们强调征服自然，但是人类在征服自然的同时，所受到的反作用力是不容忽视的，报复的结果是惊人的。人类为了生存，首先是考虑人的需求，可是到了一定的时候我们会发现人类的需求大自然会满足不了。河脏了，水臭了，像一些河口，遭遇咸水倒灌，湿地丧失，生态也遭到破坏，这个时候我们才觉得应该去保护自然，才觉得应该为我们的子孙后代留下生存的空间。

所以，我们和自然之间必须建立一种平衡关系，那就是如何把索取和保护很好地兼顾起来。找到这个平衡点，经济社会才能可持续发展。这些年，我国经济发展速度非常快，同时对自然带来的破坏和影响也很明显，像这次太湖蓝藻暴发，污染物的过度排放，最后水都无法饮用，这个时候大家都意识到问题的严重性。这就是一个认识的过程，如果只是一味地索取，那最后必然会付出代价的。确实，生态文明的提出是一个重大转变，表明了我国在发展理念上更趋于理性和科学，也表明这个时代是在进步的，大家的意识和观念是在进步的，这是一个可喜的现象。

现代水利周刊：您对待科学的态度是什么？

窦希萍：我觉得对待科学的态度应该是认真求实和坚韧不拔，不应急功近利。前些时候看到电视上说西门子公司非常重视研发，有一项研究花了近30年，一个企业能让科研人员花这么长时间进行研究，让人敬佩。科研本身是一个长期积累的过程，考核科研人员不能仅仅用数量来衡量，更应该看重质量。我个人认为，应该创造一个相对宽松的环境，让科研人员能够静下心来，踏踏实实地去做研究。

一半餐桌，一半书桌

一个人不能指望样样都能得到，自己选择的道路就要好好走下去，无怨无悔。

现代水利周刊：您曾被评为“江苏科技创新十大女杰”，这是一个很高的荣誉，能说说当时的心情吗?

窦希萍：得到这份荣誉我也很惊讶，当时一点没有想到，在这之前我得过江苏省先进工作者的荣誉。当时我记得在报纸上登出来的候选人有20个，让社会投票，结果没想到我的名字还是第一个出现。当时和一些很优秀的女性聚集在一起，我在她们身上很容易看到属于女性的光辉，我们在一起交流，让我受益匪浅。

现代水利周刊：是什么支持您一直从事这项工作?没有过孤独或者彷徨的时候吗?

窦希萍：可以说我现在的工作已经完全融入了我的生活，我也越来越喜爱和依赖这份工作，因为它已经和我密不可分。

我们家的桌子很大，可以坐十二三个人，桌子一头当饭桌，另一头就是我的书桌，电脑、书籍和资料占了大部分，吃完饭我就从饭桌挪到书桌，很快就进入工作状态。我很喜欢现在的工作，当然我还很喜欢运动，三年前我就开始打羽毛球，如果有空，每个星期和同事打两次，星期天再陪女儿打一个小时，我觉得挺快乐的。

做科研有时是孤独的，不顺利的时候很多，有时候都会觉得坚持不下去了，特别是在天气又阴又冷的时候，一个人工作到后半夜，会有一丝凄凉的感觉涌上心头，但与完成任务后的喜悦相比，这些又都算不了什么，我以我的工作为荣，这些辛苦和孤独是我必须面对和承受的。

现代水利周刊：您怎样理解一个女人的事业，和家庭相比呢?

窦希萍：每个人都有自己想要的生活方式，我在想如果我不从事现在的工作，而是一位全职太太，有很多的时间陪家人，陪女儿，感受女儿健康快乐的成长，也是很幸福的。我知道追求的目标越高，付出的代价越大，但是我的个性会让我去追求一种“忙”的状态，有时候稍微闲下来，就会觉得不对劲，又开始想去干下一个事情，当然这样对家庭肯定是有影响的。我想一个人不能指望样样都能得到，自己选择的道路就要好好走下去，无怨无悔。

现代水利周刊：您如何看待一个人的成功?

窦希萍：过去我认为成功就是指一个人在他所在的领域做到极致，但是我现在想想所谓的成功也不仅仅是这样。如果你是一位普通的家庭妇女，把家里所有的事情安排得井井有条，那也是一种成功；当一个人回首他的一生，觉得做过一些有益的事情，有满足感，这也是一种成功。我现在更愿意用多样性去理解成功。只要尽力把自己范围内的事情做到最好，把自己在社会或家庭里的角色担当好，你就是一个成功的人。

现代水利周刊：在三八国际妇女节来临之际，您想对女性这个群体说点什么?

窦希萍：说一句共勉的话吧，在努力工作的同时，别忘了享受生活的乐趣。

记者手记：清凉山之梦

记者　赵建平

窦希萍当初的梦，很简单，只想做一名汽车售票员。

她笑着对记者说："我小时候的理想，是想做一名公交车上的售票员。因为可以站得很高很神气，当时我真的很向往这份职业。"直到大学毕业以后，窦希萍的这种情怀依然没有泯灭。在南京清凉山边，从单位到家每天要坐车，她会和售票员拉上关系，和人家混得很熟。有一位售票员很喜欢文学，很喜欢写东西，有时候窦希萍下班后就坐他的车帮他卖票，让他在旁边写点东西，转一大圈再回家。

她想了想说："我要去做一件事情，一定不会嫌不好，我一定会很认真地去做好它。"

现在的窦希萍是南京水利科学研究院的副总工，她获得了很多的荣誉，可她对当年那个并不难实现的梦想却还念念不忘。

她的父亲是水利大家、中国科学院院士窦国仁先生。窦老对窦希萍的影响已经深深地烙在她的骨子里，虽然窦老已经故去，但在窦希萍的心中，父亲永远是偶像，很多教诲让她受用终生。就在前些天晚上，窦希萍突然迷迷糊糊地听到父亲在喊她的名字，很急促的声音，感觉她父亲依然在她身边。有时候科研上有些问题，急得不行，会在夜晚的梦境里听到她父亲在说，你这条路走不通，那条路也走不通，何不想想中间一条路呢。第二天窦希萍就想，我不能钻到死胡同里，应该想想中间的路，这时候就会有豁然开朗的感觉。窦希萍感到父亲在冥冥之中还在帮助她，还在关心她。

在很多人的眼里，窦希萍不是一个称职的妈妈。她平常科研很忙，很少陪女儿，她几乎没有在女儿旁边陪她做作业超过 5 分钟。她对女儿说："你有你的事情，我有我的事情，我们都把自己的事情做好。"当然不陪女儿读书并不表示窦希萍在忽视女儿，如果没有出差，她每天早上六点会准时为她准备早饭，会尽量陪她上学，尽量拿出时间和她在一起。好在女儿非常理解她，现在女儿的动手能力、解决问题的能力都很强。如今女儿 15 岁了，有时候反过来主动关心和照顾妈妈，嘘寒问暖，母女情深，窦希萍会觉得这有着和工作不一样的幸福感，是更强烈的那种。

窦希萍的生活半径就在南京清凉山一公里范围内，她先生曾开玩笑讲，"你就没有离开过这座山头"。说的也是，她的幼儿园、小学、中学、大学、工作单位都在清凉山附近，惊人的巧合，像是一种命运的安排。采访窦希萍是在 3 月 8 日，正值国际妇女节。在她住的酒店里，一大束鲜花、一台笔记本电脑、一件特意为节日准备的中式上衣，构成了一副难忘的画面，我相信任何一个采访者看到都会记忆犹新。

（摘自《中国水利报》2008 年 3 月 20 日 5 版，有删节）

二、隐性问答式专访的写作

隐性问答式专访摆脱了一问一答的模式，记者可根据专访报道的需要自由取舍问答的内容，并灵活地运用描写、议论、抒情等手法，穿插叙述访问的情景、过程或者勾画被采访者的形象、性格等。

下面这两篇人物专访就隐去了问答模式，将多种表现手法灵活地穿插在文中，生动地展现了专家对长江防洪的观点和看法。

一个国家必须要有水利支撑

——访全国人大代表凌解放（二月河）

记者 李先明 陈静 毕鹏飞 通讯员 王延荣

"二月河，这个笔名本身含水量就很高。'二月河'里的河，指的就是黄河，我喜欢水！"3月7日，全国人大代表、从小在黄河边长大的知名作家凌解放接受本报记者专访时，笑得很是憨厚。

出于对水的特殊感情，凌解放对水利人格外亲切。谈起对水利的认识，这位曾在撰写其鸿篇巨制《康熙大帝》《雍正皇帝》《乾隆皇帝》时对国家发展与水利建设做过一番深入研究的历史文化名人，十分肯定地说："一个国家必须要有水利支撑！"他补充说："每一次的政府工作报告中都能感受到党和政府对水利的高度重视。"

"水不仅是一个地区或者一个范围内的经济问题，更是国民经济之大要，是国家和人民所拥有的最宝贵的经济资源、社会生活资源、民生资源和文化发展资源，是关系到人类幸福指数最核心的东西。"

凌解放从历史源头对水利地位给出深度佐证。"中国是自给自足的农业国家。这种情况下，治国理政最重要的是什么？一是历法，一是水利。历史上，中国贫富区域的划分，主要取决于水利设施的完善程度。政府官员如果注重农田水利，注重水利基础设施，注重水资源管理和保护，就会受到人民群众的拥护和爱戴。李冰修筑都江堰就是一个例子。康熙皇帝也如此，成功治理多年的黄河水患，是他能够拥有和平盛世和稳固江山的重要原因。"

谈到治黄，曾在其著作中用大量笔墨描写黄河和治黄历程的凌解放，见解之深刻不输专家："治黄实际上是治沙。在古代，疏通黄河不只是水利问题，也是全国性的政治任务。"他还颇为认同明代治河大师潘季驯提出的"束水攻沙"治河理念以及清朝治黄时在上游地区加强植被、培育湿地等涵养水源的做法："没有湿地，留不住水土。我最近一次去看黄河是在冬天，枯水期。但我看到了湿地和白天鹅。无形中有一种感觉，黄河将来可能变成一个大的湿地群。丰水期可能流量大，可以发挥航运效益。而枯水期，就是一个湿地生态链条，恰如一串闪亮的珍珠。"

"我们将看到一条飘散着青春气息，流向更加灿烂前景的美丽的河。"凌解放动情地评说如今的黄河。

回忆起儿时的黄河，凌解放眼里闪烁着温暖的光。"小时候整夜都可以听到黄河的咆哮声。那时黄河同时肩负着航运任务。我曾写文章专门比较过伏尔加河上的纤夫和黄河上的纤夫。伏尔加河上的纤夫像知识分子，脸色苍白，神情忧郁。黄河上的纤夫总是油光光的，漫天晚霞照在身上，亮晶晶的，喊着完全听不懂的号子。"这一番深情而极富画面感的话语，流露出他对母亲河的赤诚眷恋，正如黄河二月冰凌初开时，浮冰之下河水奔流的激情涌动。

如今，凌解放依然住在离这条母亲河不远的城市，他从不掩饰自己对以黄河为代表的中华文明的热爱："黄河除了是自然河，还是人文河，是中华民族的命根子。如果黄河消失了，那将是我们民族的悲哀。"

被美国一家机构评为"海外最受欢迎中国作家"的凌解放，曾郑重地写下了这样几句话："中国人文之因根，不从地迁，不分时易，不随物化，不以域异，光华神圣永远被之四海。"他后来解释说，这个"因根"就是黄河文化。

谈及水与文化的关系，凌解放也以自己生活的南阳市举例。"在西汉以前，南阳其实主要是冶炼基地，属于工业城市。从西汉后逐步因为兴修水利而闻名天下。单纯有冶铁、有工业，南阳称不上是文化城市。只有有了水，城市才成其为文化城市。因为我们的经济生活以水为基调，相应的精神生活也因水得到提升和发展。"

任何一个国家、民族、城市都离不开水的滋养。凌解放由此谈到将与南阳以"一渠清水"相连的北京，谈到目前世界上最大的水利工程——南水北调。

"北方城市缺水问题突出。中国人经过反复论证和不懈努力，实施南水北调，就是为了解决北方地区缺水问题。这种调度是具有战略意义的，是关系华夏民族的一件大事。不仅仅是北京，沿途各个省、市老百姓都将从中受益，可以说圆了北方人民群众半个多世纪的梦想。当前整个国家都处于水资源匮乏状态。水资源管理和高效利用，应该是整个民族忧虑的问题，要从政策、机制多方面着手研究。"凌解放呼吁实行严格水资源管理制度。

凌解放曾说过："读我的书，你能读出两个字——黄河，我的书里都是黄河的味道。"短短40分钟的采访，记者充分感受到他对水利国计民生的认识，对治黄事业的关注，对治水兴水的期盼。正如他的笔名一样，这位拥有无数荣誉和耀眼成就的作家，心中流淌的是对黄河、对水简单却执著的依恋。

（摘自《中国水利报》2012年3月9日1版）

水库联合调度让长江防洪更加主动

——访长江防总秘书长、长江委总工程师金兴平

记者　李先明　石珊珊　郑爽　杨莹

"水库群联合调度是长江委作为流域机构进行防汛抗旱工作最重要的抓手之一。有了水库群联合调度，就有了更多主动作为的余地。通过监测预报、科学调度，可以主动调节洪水，减轻洪水的影响和造成的灾害。"长江防总秘书长、长江委总工程师金兴平接受记者采访时语气中透露出一股坚定和自信。

"长江委开展水库群联合调度已经有近10年时间了。2010年是联合调度长江上游的10座水库，充分发挥水库群的作用，实现所谓的'1＋1＞2'的效果。去年是28座，今年正在研究进一步发展到40座水库的联合调度。"

"最早的10座水库都是长江上游的，后来的21座也主要是长江上游的。从去年开始就是28座，延伸到了城陵矶控制断面以上。去年洞庭湖发生大洪水，洪水主要来自洞庭

湖地区，这28座水库通过联合调度产生了非常好的效果。今年正在研究的40座水库联合调度方案，将调度范围进一步延伸到湖口控制断面以上，包括鄱阳五河水系和汉江流域。现在初步方案已经出来了，经过讨论咨询修改完善后，将上报国家防总，由国家防总最后批复。”

“从技术层面上讲，水库群的联合调度非常复杂，因为面临的是多水库多目标，技术难度非常大。对我们来说也是一个挑战，特别是今年汉江进来后，压力很大。”

“不过近几年我们也取得了一些突破，由长江委联合创建的‘长江水库群防洪兴利综合调度关键技术研究及应用’项目，获得了2017年度湖北省科学技术进步特等奖。这个项目一方面加强技术基础的研究，另一方面是通过这几年的实践，逐步完善体制机制。比如把跟防汛调度相关部门都逐步纳入到防汛指挥体系当中，如国家电网公司、南方电网公司等，还有航运及气象部门等。”提起这个由长江委、武汉大学、华中科技大学、三峡集团公司等联合攻关的水库群调度项目，金兴平总工程师如数家珍。

“这个项目的主要突破点一个是在预测预报上做到了水文和气象结合，以前水利部门更多的是降雨以后根据模型预测未来的来水量，这样不足以满足联合调度的需求。现在从气象上来拓展，从降雨预报来预测未来的降雨量，并预测最后降雨落地到河流当中的水位与流量，解决了水库群调度中一个比较大的难题。”

“另外一个突破是在调度上，联合调度实际上是多水库、多目标的，就好比建方程的话，多水库、单目标的方程好建立，或者单水库、多目标也相对容易，但如果是多水库、多目标，它的难度就不是倍数的关系，而是呈几何级数增加！”

“当然，我们在进行水库群联合调度时，不仅发挥水库群的防洪作用，同时也加强生态调度试验。在三峡水库，已经利用水库调度为四大家鱼制造一个促进自然繁殖的水文过程，就是俗称的‘人造洪峰’。”

“从去年开始，我们也在做分层取水方面的试验。因为高坝大库会影响到水温的变化，水温变化会对水生生物的生存环境带来一定影响，采用分层取水的办法，可以尽量减轻水库对于水温的影响。”

“这几年水库群联合调度的运行效率非常高，长江委所有的调度决策和指令都能够得到有效执行。在2016年、2017年发生大洪水期间，通过水库群联合调度，水库群发挥了很好的防洪作用。”

联合调度实现了在洪水来临时水库群的“统一作战”，避免“各自为战”，充分发挥了水库群的综合效益，为战胜洪魔增添了底气。

2018年是贯彻党的十九大精神的开局之年，也是国家机构改革的关键年。在进行长江防汛检查期间，部长鄂竟平以“特殊意义、特殊形势、特殊要求”概括做好今年防汛抗旱工作的重要性，并就长江防汛工作提出了明确要求。

“长江委按照国家防总和水利部的要求，特别是鄂部长这次长江防汛检查的要求，做到‘思想不乱、工作不断、队伍不散、干劲不减’。之前马建华主任也提出‘思想不乱、干劲不松、担当作为、确保安澜’的要求。不管机构怎么变，我们都要做到这些。”金兴平语气十分坚定。

（摘自《中国水利报》2018年5月9日1版）

三、口述实录式专访的写作

口述实录式人物专访就是集中记录被访者的口述，把现场的记者和记者所提的问题都删除掉或者淡化处理。

下面这篇报道就是采用这种形式。

谭继和：大禹历史记忆与华夏精神家园教育

大禹兴于西羌，西羌是大禹故里，这是司马迁《史记》记录下来的先秦古羌一系流传下来的口述史，是有关夏后氏与大禹发祥地的真实历史记忆。这一代代相传了几千年的历史记忆，在今天有着重大的民族精神家园教育的意义。今天，以历史文脉的传承进行华夏精神家园教育，需要讲清楚大禹治水、战胜民族大灾大难、创造华夏国家文明的民族精神；讲清楚大禹文化是助推民族命运与共、心灵契合进程的精神纽带；讲清楚古羌石纽的历史记忆传承四千年、羌人守护大禹故里文化、坚守大禹建设的华夏民族精神家园的历史意义和现实意义。

讲清楚大禹创造华夏国家文明的民族精神

首先，大禹是中华治水兴农的先师，是创造华夏国家文明的始祖，是中华民族命运共同体的奠基者，是大九州山水综合治理的第一人，这就是大禹的历史地位。可从下列四方面分别说明：一是大禹是继五帝之后治水救灾、以水兴农的第一人，为中华农耕水利文明做出了奠基性的贡献。二是五帝时代已有多种人文发明。大禹是在五帝人文发明基础上，祖述黄帝，肇继五帝，创造夏商周国家文明广域共同体的始祖，是创造华夏国家文明的始祖。三是大禹是中华民族从局部发展到全面发展以至多民族大融合、大一统，形成为中华民族命运共同体的奠基者。四是水润中华。水是文明之母，文明因水而兴。中华文明是上善若水、崇尚自然的文明，是“田蚕织作”的高级农耕文明，其首要条件是道法自然，顺水之性，综合治理山山水水。大禹是中华大九州山水综合治理的第一人。

其次，大禹对中华民族的形成，统一的多民族国家的建立，民族精神家园的最高认同，做出了奠基性的三个伟大贡献：一是大禹为扩展中国人生存地域的空间和版图，做出了继炎黄之后的最大贡献。二是大禹为把华夏文明的终极核心价值提升到“中华大一统”的“国家意识”层面，做出了最早的贡献。三是大禹治水还为推进炎黄开启的以中原文化为中心地标的民族凝聚与文化向心的发展走向，做出了奠基性的贡献。

讲清楚大禹文化是灾后重建家园的精神财富，是促进民族命运与共、心灵契合的精神纽带

大禹出生的西羌地区，即今天的岷山、龙门山区域，属地震断裂带，历史上曾多发“地崩山摧壮士死”的震灾和水灾。在这个多灾多难的区域，本地区的羌族和各个族群学习大禹治理灾害的精神，一次又一次地再生和重建，把大禹故里建设成为了青片钟灵、生态复兴的锦绣家园。这里有大禹治水留下的顺天道之自然，应民心之待望，尊重天地自然，和谐处理天地人关系的哲理原则与“岷山导江、东别为沱”的历史经验；这里有大禹以水利建设大工程为纽带，统一规划指挥，协和万邦力量，实现民族大团结，应对大灾难的历史经验；这里还有大禹应对灾难中体现出来的“与子同袍”的血肉亲情和家园情怀；同时也有大禹劳身焦思，民生第一，清白为官，严以修身，自强不息，实事求是，朴实无华的民族道德精神与创造精神的展示。

讲清楚古羌石纽的历史记忆，守护大禹故里文化，坚守大禹建设的华夏民族精神家园

“禹生石纽”衍生出的各种故事，是先秦时期蜀人所传，是高阳颛顼集团自成一系的传说，是羌人、夏人与蜀人三支文化交会于岷山，宛然石纽一样紧密纽结、长期联盟的信仰标志。大禹文化的西兴东渐，从岷山开始，故祖先用“石纽”作为西兴东渐源头的精神标志，以便保存和传承历史记忆和历史信息。“禹生石纽”，体现了夏、蜀、羌部族历代后人对于生于斯、长于斯、活动于斯的夏后氏祖先故里的神圣追忆，是华夏民族文化精神传承的活态基因。华夏民族历史文脉几千年，其中包含着大禹故里的古羌人与今羌族对以大禹为代表的民族精神家园的几千年坚守。近年来在云阳县旧县坪发掘出土的景云碑，记载了东汉巴郡朐忍县令景云的祖先，夏代伯杼遵循“术禹石纽汶川之会”的遗训，由中原返蜀祭祀大禹的故事，证明石纽祭祀习俗的坚守和历史脉络的流传。祭祀石纽的习俗，体现了历代羌人对祖先筚路褴褛创业发迹的敬畏之心，体现了几千年坚守大禹故里、坚守华夏民族精神故园的血脉亲情传统。今天羌族分布的岷山弧形带区域内的几个石纽标志，是大禹出生地标的完整降生文化的精神链条，是一笔无与伦比的宝贵的活态记忆基因的非物质遗产资源，是今天构建大禹故里文化圈和大小九环旅游圈的历史依据。

所以，讲清楚古羌有关大禹石纽的神圣记忆，对于坚守华夏民族精神家园有着重要的意义。

（谭继和系四川省历史学会会长）

（摘自《中国水利报》2016 年 5 月 5 日 5 版）

应当说一篇优秀的人物专访的诞生并非一件容易的事，新闻稿件要求的是以真实为生命，客观为载体。而采访的过程则又是一个从访前的准备到采访直到后期撰写，完全是一个互动式串联的动态过程。而这诸多的环节中，每个环节的得失都影响到稿件最终成形的效果。所以说，一篇成功的人物专访就是对一名新闻工作者综合素养的磨砺。

第七章

防 汛 抗 洪 新 闻

第一节　防汛抗洪新闻总述

水旱灾害防御是水利中心工作之一，防汛抗洪新闻可以说是最常见、最重要的水利新闻类型之一。

本章所要回答的主要问题是：防汛抗洪新闻有何特点？怎样掌握防汛抗洪新闻的采访与写作要点？

一、防汛抗洪新闻的作用

（一）防汛抗洪新闻宣传本身就是灾害防御的重要组成部分

做好防汛抗洪宣传报道，是各级决策指挥者在部署防汛抗洪工作时突出强调的重要工作。如 2016 年 7 月 20 日，正在宁夏考察的习近平总书记专门就做好防汛抗洪抢险救灾工作发表重要讲话，指出："要加强对防汛抗洪抢险救灾的宣传报道，向全社会广泛宣传第一线涌现出来的英雄模范和先进典型，对表现突出的集体和个人要予以表彰和嘉奖，弘扬正能量，激励广大干部群众把各项工作做好，确保经济社会发展良好势头，确保社会大局稳定"（《人民日报》2016 年 7 月 21 日 1 版）。同年 7 月 29 日，李克强总理到国家防总检查指导时也明确指出，要"深入开展防灾减灾知识普及和宣传教育，不断提高广大群众的防灾避险意识和自救互救能力"（中国政府网《李克强在国务院防汛工作专题会议上的讲话》）。

随着时间、事件的推进，以事实为根基的防汛抗洪新闻也在不断推进。生动鲜活的抗洪新闻宣传，是决策者和公众的纽带和连接，是决策落地、安全避险的信息通道，也是增强公众避险意识、自救互救能力的重要手段，决定了它本身就是灾害防御链条的重要组成部分。

（二）防汛抗洪新闻宣传可以凝聚灾害防御的强大合力

习近平总书记在 2016 年 2 月 19 日党的新闻舆论工作座谈会上指出，"做好党的新闻舆论工作，事关旗帜和道路，事关贯彻落实党的理论和路线方针政策，事关顺利推进党和国家各项事业，事关全党全国各族人民凝聚力和向心力，事关党和国家前途命运"。对这项工作，"不能天真、不能大意、不能退缩"。

防汛抗洪新闻宣传是党的新闻舆论工作的一部分。在生死攸关的抗洪战场上，做好防汛抗洪新闻宣传，可以弘扬主旋律，传播正能量，可以激发全社会团结奋进、共御洪水的强大力量。

（三）防汛抗洪新闻宣传是疏导公众情绪的重要手段

灾害性事件容易引发较高关注，也容易引起负面舆情，不利于防灾救灾的顺利开展，甚至影响到社会稳定。做好防汛抗洪新闻宣传，发出权威声音，剖析事实根源，展现动态进展，正面、主动回应社会关切，才是答疑解惑、疏导情绪的良策。如 2013 年台风“菲特”重创浙江多地，降水云团长时间滞留余姚上空，造成余姚受灾严重。浙江省防指、省水利厅第一时间召开新闻发布会通报情况，介绍余姚及周边水库拦洪削峰重要作用，实事求是，正面回应，突出导向。

二、防汛抗洪新闻的特点

防汛抗洪新闻遵循新闻的一般特点，如公开性、真实性、针对性、时效性、准确性、显著性等。但在水利新闻范畴中，与典型经验、建设成就等报道相比，防汛抗洪新闻更具突发性，更强调时效性，也更需要人文关怀。

（一）动态性

防汛抗洪事关百姓安危，抢险救援更是“生死时速”的考验。这决定了抗洪新闻尤为看重时效性，其价值也体现在这分秒必争之中。尤其遇到突发、重大灾害，时间就是生命，防汛抗洪新闻报道必须紧跟最新变化，突出最新进展。1998 年长江流域发生的大水，既是我国灾害防御史上的一个重大事件，也是我国新闻报道的一次演进。

九江段 4 号闸附近决堤 30 米

本报江西九江 8 月 7 日 16 时 5 分电（记者　贺延光）　今天 13 时左右，长江九江段 4 号闸与 5 号闸之间决堤 30 米左右。洪水滔滔，局面一时无法控制。现在，洪水正向九江市区蔓延。市区内满街都是人。靠近决堤口的市民被迫向楼房转移。

本报江西九江 8 月 7 日 16 时 35 分电（记者　贺延光）　现在大水已漫到九瑞公路。据悉，决堤时，一些居民还在睡午觉。现在在堤坝上被洪水围困的抢险人员大约上千人。

本报江西九江 8 月 7 日 17 时 5 分电（记者　贺延光）　国家防汛总指挥部的有关专家正在查看缺口。专家们决定用装满煤炭的船沉底的办法堵缺口。

本报江西九江 8 月 7 日 17 时 15 分电（记者　贺延光）　记者已赶到缺口处。汹涌的江水正从 30 米宽的缺口涌向市区。南京军区两个团正在国家防总、省防总有关专家的指挥下现场抢险。现在有一条 100 多米长的船无法靠近缺口，抢险队正在想办法。

本报江西九江 8 月 7 日 17 时 40 分电（记者　贺延光）　专家们拟定了三套抢险方案：1. 将低洼处的市民转移到安全地带；2. 市区内的军队、民兵组成一道防洪线；3. 全力以赴堵住缺口。现在，一条大船装满煤，正由北向南岸靠近，准备堵缺口。

本报江西九江 8 月 7 日 22 时 5 分电（记者　贺延光）　截至记者 21 时撤离时，决堤口还没有堵上。一条装满煤炭的百米长的大船已横在距决堤口 20 米处，在其两侧，三条 60 米长的船已先后沉底。数千军民正在沉船附近向江里抛石料。水势稍有缓解。

目前，留在决堤处抢险人员总计有2000多人。防汛指挥部组织抢险人员正在市区的龙开河垒筑第二道防线。

据悉，市中心距决堤处的直线距离约5公里。市区内目前还未进水。记者赶回市区时看到，一些店铺还在营业。市民们的情绪较下午平稳了一些。

路上，出租车司机告诉记者，市政府已在电视上发出紧急通知，告诫市民，凡家住低于24米水位的住户，要迁到更高的楼上。

本报江西九江8月8日零时15分电（记者　贺延光）　记者刚刚与前线指挥人员通话：现在沉船部位上端水流有所减弱，但船下的漏洞水流仍然很急，缺口处洪水不见缓解。抗洪军民仍在连夜奋战。

本报江西九江8月8日零时45分电（记者　贺延光）　记者刚刚得到消息，从昨天下午4点开始，万余名解放军战士正在龙开河连夜奋战，构筑一道10公里长、5米宽的拦水坝，作为市区的最后防线。至发稿时止，仍有大批军车赶往此地。

（摘自《中国青年报》1998年8月8日1版）

这则获得1998年中国新闻奖特等奖的报道作品，全面体现了新闻报道“新鲜、快速与简短”的力量，也推动改进了灾情新闻的报道尺度，有力发挥了媒体新闻报道的作用。

（二）突发性

突发性事件指事先无法预知、突然发生的事件，多数遵循“先简后详”的原则，先用消息抢先报道，将灾难的大致情况告诉读者，继而再采写详细的事件通讯，将消息中的“如何”以及“为何”要素一一展开，对事件的原因进行探索。抗洪报道一般属于此类报道。

值得一提的是，防汛抗洪报道大多伴随着灾害损失，这要求我们在采访报道时，务必注意真实准确，同时注意把握好尺度，把握好时机，不能渲染灾情，造成社会恐慌。1998年长江大水时，就有媒体错把生产围堤漫堤当作长江大堤决口，造成了不必要的恐慌。甚至在2016年仍有媒体错把生产围堤漫堤当作长江大堤决口报道，造成极不好的影响，也损害了媒体的自身形象。我们建议，水利防汛抗洪工作突发性强，必要时可与防汛指挥部门取得联系，核实信息。

（三）人文关怀

防汛抗洪新闻来源于水旱灾害，灾害天然具有的负面性，决定了这类报道更需要、更应该凸显正面影响、人文关怀。既要使公众了解灾情，更要使公众增强战胜灾难的信心，既要客观描述灾害的过程，也要突出防灾减灾的措施、公众自救互救的行动等，如科学调度水利工程，军民合力转移避险等，进一步凝聚人心、鼓舞士气。

第二节　防汛抗洪新闻的采访与写作

防汛抗洪无小事，与百姓生命财产安全直接相关。这决定了防汛抗洪新闻天然具有较高的新闻价值，但另一方面，这类新闻的采访与写作也具有一定的难度。

面对突发事件，如何克服困难高质量完成采访写作任务？年年都有类似灾害，怎样由浅及深写出新意？备受关注的重大舆情事件，怎样正面引导凝心聚力？

结合防汛抗洪新闻常见稿件类型，本章从采访与写作的关键环节入手，着重介绍防汛抗洪消息及防汛抗洪通讯的写作要点。

一、防汛抗洪新闻采访

从采访环节看，首先是要明确采访目的、报道思想；其次做好采访准备，列出采访大纲，明确采访重点，进而开始现场采访；最后整理素材，提炼主题；此外，要注重“查漏补缺”，及时补采重要信息。

从采访方式看，常见的采访方式包括口头采访、现场观察、采集资料、体验感受等，均适用于抗洪新闻采访。

结合汛期不同阶段，采访的要求和特点也不尽相同。我们从汛前、汛期、汛后这三个阶段来谈谈防汛抗洪新闻采访。

（一）汛前采访

主要围绕防汛备汛展开，目的是了解有关地区、单位防汛备汛的措施、亮点等，采访时易于接近采访现场、核心人物，便于实现采访意图。

（二）汛期采访

我国一般于三四月份开始自南向北陆续入汛，北方地区五六月份进入汛期。一般七八月份进入主汛期，特别是7月下半月8月上半月，也就是我们常说的“七下八上”，是公认的主汛期，也是防汛抗洪新闻报道的高潮阶段。这个阶段的采访主要结合汛情的发展，采访汛情紧急地区防御措施、成功经验、关键人物等，及时、动态跟进社会关注热点。但也因汛情紧急、形势复杂多变，采访也存在不易抵达第一现场、直接采访难度较大等问题，需要瞄准核心和意图，“迂回”采访关键人物再现现场，甚至通过一些从一线回来的水利工作者带回的影像、图片等资料来了解现场。

（三）汛后采访

这是汛情趋于平缓、最艰难的防汛战役已经结束的阶段，采访主要是总结经验教训，对年度或者阶段性的防御情况进行梳理回顾，进行全景式呈现。采访主要围绕综合掌握这些信息的关键人物、典型事件展开。

二、防汛抗洪新闻写作的主题

新闻报道的主题，可以说是新闻作品的“灵魂”，是写作过程中的“指明灯”。它承载着报道的价值、立意，也决定着报道的质量和作用。正如前文所介绍过的，防汛抗洪新闻所具有的一系列特点和重要意义，这类新闻的主题确立也十分重要，决定了选材、呈现，决定了取什么、舍什么。

（一）跟踪进展，体现行动

这类写作主题主要着眼于部署、进展、行动，多采用消息体裁。比如2018年10月10日《中国水利报》头版的这则消息：

国家防总部署国庆前后防汛防台工作（节选）

本报讯（记者 石珊珊 席晶 吴頔 李旸 尤珍 徐鹤群 张志杰 通讯员 章震宇） 受今年第25号超强台风“康妮”影响，10月4—6日，我国东海、黄海南部先后出现10～12级大风，浙江沿海、上海、江苏南部沿海地区出现中雨，局部大雨。9月30日、10月2日和4日，国家防总副总指挥、水利部部长鄂竟平连续多次主持召开会商会，分析当前雨情水情和台风发展情况，安排部署国庆期间防汛防台风及巡查值守等工作。

鄂竟平强调，汛期尚未结束，各级防指必须始终绷紧防汛保安这根弦，加强防范意识，进一步强化责任落实和巡查值守，高度戒备、毫不松懈地抓好防汛防台风工作，尽最大努力确保人民群众安心过节、平安度假，保障人民生命财产安全，维护社会稳定。一要切实抓好台风防御工作；二要继续加强黄河上游巡查防守工作；三要重点防范山洪地质灾害；四要着力抓好隐患排查整改落实；五要严格落实假期巡查值守。

9月30日，国家防总向各省（自治区、直辖市）防指和流域防总发出通知，要求进一步加强值班值守，切实做好国庆假日防汛防台风工作。10月2日，国家防总发出预警通知，要求福建、浙江、上海、江苏等省（直辖市）和太湖防总密切关注台风动向，强化节假日期间应急值守和监测预报预警，特别要做好出海船只及海上养殖等作业人员避风避险工作，防范强降雨可能引发的山洪、泥石流等灾害，加强旅游景区、施工场所等人员密集区防汛措施落实，确保人民群众生命安全，最大程度减少灾害损失。10月4日，国家防办向交通运输部、农业农村部传达了台风“康妮”动向及防御工作重点，并致电浙江、上海、福建、江苏等有关省（直辖市），要求密切关注台风动向，做好应急值守和监测预警，尤其是做好海上船只及沿海养殖等作业人员避风避险工作，确保人民群众生命安全。

10月3日下午，太湖防总召开会商会，分析研判流域水雨情和台风发展态势，进一步安排部署台风防御工作。太湖防总要求继续加强监测预报预警，继续加强与地方联系，继续密切关注台风对杭嘉湖地区和上海可能带来的风雨影响，继续关注太湖、太浦河等水源地水质，发现问题及时应对。

10月4日17时，上海市防指启动防汛防台Ⅳ级响应行动。各级防汛部门和有关单位按照国家防总和市委书记李强的指示要求，根据副市长时光辉4日在全市防汛视频会议上的工作部署，全面落实各项防御措施。市防指派出5个工作督查组，分别赴崇明、浦东、奉贤、金山和宝山5个沿江沿海区对台风防御工作开展督导检查。截至5日，全市已经转移安置1702人，共组织各项检查1万余项/次。6日6时，市防指终止防汛防台应急响应。

这则消息主要围绕国家防总、水利部、流域防总及各地防指的部署行动展开，介绍了各级责任、措施等的落实情况，便于读者掌握最新进展。

（二）回应热点，答疑解惑

这类报道主要着眼于解答社会关注的热点、疑点和难点，可采用消息、通讯等各类题材。比如《人民日报》2018年8月8日14版刊发的这则稿件：

防汛盯紧关键环节（节选）

进入8月，防汛仍处在关键阶段。防汛形势依然严峻：北方河流进入洪水多发期，8、9月是台风高发期，防汛防台风任务重。近日，水利部还就小型水库开展专项督查，发现一些小水库存在防汛隐患。针对这些关键环节，如何做好相关工作，确保江河湖库安全度汛？

黄河、海河流域可能发生较大洪水

5日以来，东北南部、华北中部北部自西向东正经历一次移动性强降雨过程，受其影响，北京潮白河、河北滦河、辽宁太子河和浑江、吉林松花江和图们江等将出现涨水过程，暴雨区内部分中小河流可能发生超警洪水。国家防总办公室新闻发言人张家团介绍，这一阶段北方雨带可能发生在西南北部、西北中部以及华北和东北局部，黄河、海河流域可能会发生较大洪水。

黄河防总预测，8月黄河上中游地区降雨量较常年同期偏多两成。黄河防总相关负责人表示，会根据黄河上游来水情况实时调度干流龙羊峡、万家寨、小浪底水库等，确保黄河安全度汛。特别是局地强降雨易导致中小水库、淤地坝出现险情，山洪、滑坡、泥石流等次生灾害易发。

针对今年海河流域降雨多、可能发生较大洪水的情况，国家防总、海河防总以海河流域为重点，有针对性地组织大量预测预报、洪水调度、应急抢险等检查和演练。截至目前，今年海河流域已数次出现暴雨，累计转移群众6800多人，没有人员伤亡。

“中小河流防汛形势严峻。”张家团说，目前主要江河洪水防御体系基本建立，但中小河流防汛工程措施相对薄弱。北方中小河流还有特殊之处，有的平时没水，河道被生活生产垃圾、临时建筑等占据，若不及时清理，一旦遭遇较大洪水，河道行洪能力将大大受限。

以河北省为例，河北省流域面积在50平方公里以上的河道有1300多条，中小河流防汛点多面广。河北省水利厅相关负责人介绍，受地形地势影响，各河上游山高坡陡，进入平原地带后，水流骤然变缓，洪水流速大，十几小时甚至几小时就可进入平原河道，预见期短、突发性强。加之有些河道工程先天不足、老化失修，防守抢护困难。

国家防总、水利部要求密切监视雨情、水情、汛情，强化骨干水利工程科学运用和安全管理，统筹安排“拦、分、蓄、滞、排”各项措施，全力确保江河湖库的防洪安全。

同时，“北方汛情值得重视，南方防汛工作不能松懈”。水利部信息中心副主任刘志雨说，据预测，南方主雨带分布在江南东南部和西南部分地区，长江上游、汉江上游以及西南局部地方河流有可能发生洪水。

此外，目前台风处于多发期，不能存在松懈侥幸心理。

小水库是相对薄弱环节，防止小水大灾

溢洪道堵塞，大坝坝脚被挖出、破坏，超汛限水位运行，应急预案落实不到位……近日，水利部就小型水库开展专项督查，发现一些小水库存在防汛隐患。

其中，北京多座水库行政责任人和技术责任人履职情况差，溢洪道存在度汛安全风险；河北、辽宁、山东三省不同程度存在“三个责任人”（即水库行政责任人、技术责任人和巡查责任人）和“三个重点环节”（即水库预测预报、调度运用、应急预案）落实不力以及度汛安全等问题。对此，水利部以“一省一单”的方式通报，约谈北京、山东、辽宁和河北相关负责人，要求限时整改到位，对相关责任单位和责任人严肃追责问责。

“这一阶段，应强化小水库防汛措施，加强督查整改，防止小水大灾。”张家团说。我国目前已建成水库 9.8 万座，其中小型水库 9.3 万座。防汛人员把小水库比为头顶“一盆水”，一旦遭遇险情，水库存积的水倾盆而下，极易导致人员伤亡。

为何小水库是防汛薄弱环节？据统计，大多数小型水库建于 20 世纪 50—70 年代，因历史条件限制，建设标准不高。张家团介绍，为提升小水库防洪能力，近些年国家组织开展大规模水库除险加固工作，每年汛期各地还开展水库度汛隐患排查。

“小水库看管维护责任存在盲点。”北京师范大学风险治理创新研究中心主任张强说，不少小水库位于农村地区，一方面基层技术人员应急处置能力较弱；另一方面责任落实不到位，甚至存在“无人看”的问题。

为确保小水库安全度汛，国家防总要求，加强水库雨情水情监测，确保每一座水库都处在监控之中，遇到暴雨洪水等恶劣情况，要想尽一切办法及时发送、接收、传播预警信息，预警发布宁可提前、不能滞后。

张家团介绍，小型水库虽然难防守，但只要落实责任、加强管护巡查，即便洪水超过设防标准，按照应急预案转移群众，就可避免群众伤亡。因此，要严格落实转移避险责任，水库安全度汛行政责任人对应急转移避险工作负总责，技术责任人要及时提出转移避险建议。

面对社会公众对机构改革阶段防汛抗洪工作如何开展的高度关注，以及防汛抗洪关节时期的重点和难点，文章对热点和难点一一作了解答。

又如 2018 年 10 月 12 日《中国水利报》刊发的这则消息：

国家防总水利部安排部署金沙江山体滑坡事件处置工作

本报讯（记者　席晶　成怡昕）　10 月 11 日凌晨，西藏自治区昌都市江达县波罗乡发生山体滑坡，阻断金沙江干流形成堰塞湖。11 日 11 时，金沙江岗托站（位于堰塞体上游约 90 公里）流量 1320 立方米每秒，叶巴滩电站（位于堰塞体下游约 70 公里）流量由 10 日 20 时 1900 立方米每秒降至 200 立方米每秒。国家防总高度重视金沙江山体滑坡事件，国家防总副总指挥、水利部部长鄂竟平立即作出安排部署，要求抓紧了解有关情况，及时转移受威胁群众。国家防总秘书长、水利部副部长兼应急管理部副部长叶建春主持会商，分析研判滑坡体和堰塞湖风险，对受威胁区群众转移、信息共享、人员安全等工作作出安排。

国家防总及时向国家能源局和华电等电站业主通报有关情况。会后国家防总向西藏、四川两省（自治区）防指和国家能源局发出通知，要求切实做好人员转移、信息共享和水电站调度工作，确保人员安全和水电站安全运行。国家防总已派出工作组赶赴一线指导地方做好相关工作。

险情发生后西藏自治区、四川省防指高度重视。四川省防指同西藏防指、长江委水文局上游分局建立信息沟通机制，紧急派出水文队伍加密监测上下游水情。同时，向影响范围内的有关市、县以及沿江水电站发出紧急通知，要求果断组织沿岸受影响低洼地区群众紧急转移，相关水库电站做好预泄腾库准备。西藏自治区防指要求江达、贡觉、芒康县做好监测预警并撤离沿岸群众。江达县启动防汛抗旱Ⅲ级应急响应，贡觉县防指计划启动Ⅰ级应急响应，克日、沙东、罗麦、敏都、木协等5乡已组织沿岸地势低洼群众进行有序撤离，并要求叶巴滩和拉哇水电站做好避险工作。初步统计，西藏江达县波罗乡已紧急转移群众、学生300余人。

金沙江堰塞湖险情备受社会关注，堰塞体位置何在？现场情况如何？抢险救灾进展怎样？后续措施怎么推进？消息对这些问题一一进行解答，及时回应，引导舆论。

（三）总结规律，推广经验

这类报道主题着眼于总结并推广成功经验，多采用通讯体裁。如2018年8月10日《中国水利报》刊发的文章《暴雨连袭，天府何以无恙?》，文章介绍了四川面对入汛以来多年罕见、持续频发的强降雨过程，各级防汛部门突围困境、书写零死亡传奇的经验，从《协同作战以快为先》《预警转移以人为本》《排查隐患以防为主》等部分展开。

（四）监督警示，亮明立场

这类报道主要是为了对错误的现象及行为进行批判，加强监督警示，督促整改落实，多见于评论体裁。比如在2018年水利部开展小型水库安全运行专项督查的关键时期，《中国水利报》刊发的这篇评论员文章：

小水库安全运行：十次动员不如一次问责

本报评论员

8月1日，正值“七下八上”主汛期，水利部就小型水库专项督查发现的问题约谈北京市和辽冀鲁三省，责令限时整改，要求追责问责。这种约谈问责，释放出了对小型水库安全运行管理失职追责的强烈信号，充分体现了水利部真抓严查确保小型水库安全运行的决心和力度。此举在被约谈单位中产生的影响是震撼的，也必将在整个水利行业乃至全社会引起广泛关注和高度重视，甚至成为确保小型水库安全运行的实招、硬招、绝招。

水库是兴水利、除水害的基础设施，在汛期可以拦洪削峰发挥无可替代的抗洪作用，在非汛期可以储蓄宝贵的水资源实现供水、发电等保障生活生产的目标，兴利造福。但是，水库如何确保安全运行却是一个永恒的话题，也是一个世界性的难题——水库一旦失事，大量的水倾盆而下，极易导致人员伤亡，甚至群死群伤事件发生，造成巨大的负面社会政治影响和严重经济损失，后果不堪设想。

我国已经建成的水库有9.8万多座，其中小型水库9.3万座，绝大多数建于20世纪50—70年代，普遍存在建设标准低、工程缺陷多等问题，虽然国家组织开展过大规模的水库除险加固，但目前全国仍有不少病险水库，必须加强管护、合理使用、科学调度才能确保安全运行。必须正视的一个现实是，小型水库运行主要由最基层的乡镇和村庄负责管理，人员专业技术水平参差不齐，技能不足。长期以来一些水库存在运行工况差、水库管理责任落实难、水库防汛应急处置能力弱等问题，近几年来发生溃坝的多为小型水库，防洪安全隐患突出。

面对数量大、基础差、管理弱的现实，如何才能确保小型水库的安全运行呢？水利部部长鄂竟平在5月10日召开的2018年全国水库安全度汛视频会议上作出部署，明确提出在5月底前落实水库行政责任、技术责任和巡查责任“三个责任人”，落实水库预测预报、调度运用、应急预案“三个重点环节”。应该说，明确责任、落实重点环节，正是确保小型水库安全运行的实招、硬招。从已经发生溃坝的案例来看，其实只要落实责任、加强管护，在暴雨洪水来临之际，是完全可以避免重大灾害的，即便出现超过设防标准的洪水，只要及时巡查发现汛情，按照预案及时转移群众，完全可以避免群死群伤发生。

一分部署，九分落实。再好的高招，关键还在于落实。最近一个时期水利部以“四不两直”方式开展了小型水库专项督查，鄂竟平部长还两次率队“飞检”暗访。但督查结果却并不尽如人意，“三个责任人”不落实的有之，“三个重点环节”不落实的有之，责任人不履职的有之，超汛限水位运行的有之，溢洪道被堵塞、大坝坝脚被挖除破坏等存在严重隐患的有之……如此置若罔闻，如此懒政怠政不作为，如何能在大汛当前的时候确保小型水库安全运行?!

十次动员不如一次问责。约谈本身就是问责。本次约谈是上级水行政主管部门约谈下级水行政主管部门，开启了责任传导的第一节链条，还需要层层传导压力，落实责任。立即整改、限时整改，就是要在当前马上解决问题，就是要即查即改限时落实到位。追责问责，就是避免大事化小、小事化了，最终不了了之，就是要让责任人真正担起职责，让失职失责的行为得到应有的惩罚。《中华人民共和国防洪法》明确规定，防洪实行行政首长负责制，小型水库的第一责任人还是行政责任人。追责问责，关键还在行政责任人到位履职担责，关键还在首先问责行政责任人。

失责必究，闻者足戒。水利部这次约谈问责，是一个开始，接下来将是层层问责，追责到底。这次约谈问责，同时也敲响了一个警钟，在水库安全面前，怠政、懒政、不作为就是置人民生命财产安全于不顾，就是失职失责，就必须得到法规制度的惩罚。真抓严查，只是手段，追责问责，不是目的。我们相信，履职尽责是所有水库责任人的光荣使命。党和国家把水库影响区的人民群众生命财产安全交由责任人负责，特别是在当前防汛关键期，不正是需要全体水库责任人切实上岗到位、担起责任、确保水库安全运行的时候吗?

2018年8月1日下午，水利部首次就小型水库专项督查发现的问题分别约谈北京市水务局主要负责人等，明确要求对相关责任单位和责任人严肃追责问责。这次约谈打破我国水利工程长期重建轻管的局面，是我国水利工程管理，特别是数量众多的小型水库管理改革的标志性事件。作者敏锐地意识到这次约谈问责体现了新一届水利部党组真抓严查确保小型水库安全运行的决心和力度，对小型水库安全运行管理具有重要的历史转折意义，于是在采写约谈消息的同时，抢抓时间连夜写了这篇评论文章。

文章讲清了数量庞大的小型水库的重要作用，分析了长期缺乏管理存在的隐患和失事造成的严重危害，指出了小型水库安全运行关键在于落实管护责任道理，深刻阐明了十次动员不如一次问责的道理。

这则评论紧扣主题，亮明失责、懒政的严重后果和恶劣影响，表明坚决履职尽责、确保水库安全的鲜明态度，有效发挥了舆论监督作用，为问责、追责、整改提供舆论支撑。

第三节　防汛抗洪消息写作要点

消息这一简洁、快速的体裁，适用于动态性进展过程中的抗洪新闻报道。常用倒金字塔式结构，包含导语、主体、背景材料等内容构成，这些消息的一贯特性均适用于抗洪新闻。我们主要结合抗洪新闻的不同内容来进行简要的划分，介绍几种常见的抗洪消息写作类型及其写作要点。

（一）直述类

直接叙述事实，类似于“纯客观”表达的一类消息。

黄委推进后汛期防汛工作

本报讯（通讯员　徐啸）　黄河水利委员会组织青海、甘肃、宁夏、陕西、新疆5个督察组，自9月3日出发以来，连续奋战，9月13日圆满完成了水库安全度汛、山洪灾害防御和河道防洪各项督察任务，推进黄河流域（片）后汛期防汛工作平稳有序进行。

黄委贯彻落实水利部部长鄂竟平关于“打一场歼灭战，向小水库隐患、山洪预警疏漏、河道乱占乱建等问题说‘不’，用实际行动彻底排查消除三大隐患”的指示精神，迅速组织由副局级干部带队的督察组，分赴五省区流域（片）开展工作。5个督察组严格采取“四不两直”方式，克服时间紧、任务重、三项督察交织等困难，通过查、看、问、访、核，或直面“三个责任人”，或督察现场，或查阅资料，或电话了解，查有关责任人履职情况，看调度、应急（安全）、抢险等预案落实情况，对存在的问题现场取证，准确定性。新疆组还对塔城地区乌苏市和新疆生产建设兵团第八师一四三团个别水库进行“回头看”，追踪前期水利部通报小型水库的整改情况。

截至督察工作结束，黄委共督察5省（自治区）21个地市29个县区的39座小型水库、107条河道，调查走访存在山洪灾害风险的村庄108个。15日，黄河防总对督察发现的问题，按“一省一单”的方式，向各省（自治区）防指发出了整改通知。

（摘自《中国水利报》2018年9月21日1版）

这则消息围绕黄委推进后汛期防汛工作的实际展开，注重用事实、用数字说话，对暗访督查情况做了全面介绍。这类消息平实、客观，简洁明了，真实可信，也更具有史料价值；不足是相对比较枯燥乏味，可读性差。

又如：

福建全面开启“迎汛”模式

本报讯（记者　张智杰）　4 月 10 日，记者从福建省防指召开的新闻发布会获悉，今年福建防汛总体形势不容乐观，闽江可能发生区域性较大洪水，并有 1～2 个台风可能登陆或严重影响。目前，福建各地已全面启动 24 小时防汛值班，全力做好各项迎汛准备。

汛前，福建全省上下认真贯彻落实党中央、国务院决策部署，未雨绸缪、及早行动，强责任、抓培训、修预案、查隐患、备物资、整队伍、搞演练，扎扎实实开展各项防汛备汛工作。目前，全省各地迎汛准备已基本就绪。全省共完成 1.5 万多个行政村村级防汛应急预案的修订和 23.8 万乡村危险区域转移人员建档立卡数据的更新；储备了一线、二线防汛抢险物资价值达 2.23 亿元；各地各部门按属地和部门职责开展防汛安全大检查，共检查各类防洪工程 1.80 万处，完成水毁工程修复 1862 处；2 月下旬以来，已有效应对 7 场暴雨过程。

福建省防指表示，将以习近平总书记关于防范化解重大风险、提高自然灾害防治能力的重要讲话精神为指导，立足于防大汛、抗强台、抢大险、救大灾，做好预报预警、指挥调度、隐患排除、重点防范，把防汛防台风抗旱各项工作落细、落小、落实，奋力夺取今年防汛防台风抗旱的全面胜利。

（摘自《中国水利报》2019 年 4 月 16 日 1 版）

这则消息客观介绍了福建省 2019 年的防汛形势以及省防指已经采取和将要采取的一系列防御措施，客观描述，直观呈现，主题清晰。

（二）引述类

引用别人的话语来实现表达意图，巧妙又客观地代表了作者本身的观点和看法。

水库群调度技术让 40 座水库共奏“长江大合唱”

本报讯（通讯员　李佳　龙华　夏克俭　丘剑山　记者　杨莹）　今年，长江联合调度水库将增至约 40 座，齐奏防洪最强音。其科学支撑源于“长江水库群防洪兴利综合调度关键技术研究及应用”的成果。该成果明显提升了湖北省境内长江中游干流防洪能力，将联调 40 座水库共奏“长江大合唱”，有力保障长江中下游防洪安全和长江经济带发展。

“长江流域已建水库 5.2 万座，防洪库容 770 亿立方米，防洪保护对象涉及 10 个省（自治市）4 亿多人口，是世界上规模最大的水库群。”水利部长江水利委员会防汛抗旱办公室巡视员陈桂亚介绍，要将它们综合调度起来，也是一项世界性难题。

长江防总办公室副主任、长江委水文局局长王俊介绍，该项目涉及国家电网、发电企业、水利部门、各省防办以及国土、航运、气象等多个单位或部门。“第一步解决坐在一起的问题”，明确水库调度权限，实施分级管理，各水库统筹协同；第二步实现信息共享，通过卫星、遥感、地形测量等手段，大规模收集地理信息资料，共享气象、水文、水库运行等实时信息；第三步构建模型，研发气象、水文、防洪及风险评估模型，将多种模型有机融合，并开发防洪兴利调度系统。“浩大工程花了10余年，近5年飞速发展，这与互联网十息息相关。”王俊说。

据介绍，洪水来时，综合调度平台能实时预报洪水，洪水预报预见期由1到3天延长至3到7天，短期洪水预报准确率提高至90%以上，并通过水库群联合调度实施拦洪、削峰、错峰。2016年，长江中下游发生了区域性大洪水，水库群实施防洪调度，降低了武汉市洪峰水位约0.4米；2017年长江中游发生了区域性大洪水，1号洪水期间，通过上中游水库群联合拦蓄，降低武汉水位约1米。

据介绍，今年联调水库将增至40座，拓展至陕西省和江西等省，涉及汉江、鄱阳湖水系。

水库联调项目还得到了“为鱼儿代言”的鱼类研究专家曹文宣院士的点赞。据介绍，从2011年开始，每年五六月份，在长江四大家鱼产卵时期，三峡水库持续增加放水量，人为调度形成江水持续上涨过程，持续一周左右时间，可以达到为长江主要渔业资源四大家鱼创造产卵条件的目的。

（摘自《中国水利报》2018年4月18日1版）

引述长江防总有关负责人的话，介绍水库群联合调度的机制、作用等，从专家的角度进行详细解读。

（三）组合类

这种主要是新闻事实和新闻事实或者背景材料的组合，对所描述的对象有一个历时性、关联性的介绍和呈现。

长江防总首次印发《乌江洪水调度方案》

明确乌江梯级水库联调方式

本报讯（记者 杨莹） 长江防总近日印发《乌江洪水调度方案》（以下简称《方案》），明确了乌江干流乌江渡、构皮滩、思林、沙沱、彭水等水库的防洪任务、洪水调度方案，提出了对乌江中下游防洪和配合三峡水库对长江中下游防洪的梯级水库联合调度方式。

该《方案》是长江防总首次针对乌江流域组织制定并印发的洪水调度方案，是指导乌江洪水调度工作的重要依据。《方案》包括防洪体系建设、设计洪水、洪水调度原则与目标、洪水调度、洪水资源利用、信息共享和调度权限等内容。

乌江是长江上游右岸最大支流，流经贵州、重庆两省（直辖市），流域面积8.792万平方公里，干流全长1037公里，年径流量505亿立方米。据了解，乌江干流及其支流是典型的山区型河流，历史上洪水灾害频繁且严重。经过几十年的防洪体系建设，乌江流域已基本形成了以沿江主要城区堤防和护岸工程为基础，乌江渡、构皮滩、思林、沙沱、彭水等控制性水库为主体，非工程措施相结合的综合防洪减灾体系。

（摘自《中国水利报》2018年8月1日1版）

这则消息就是新闻事实与背景材料的相互结合，在陈述“长江防总近日印发《乌江洪水调度方案》”这一事实的基础上，还对乌江的基本情况、乌江流域防洪减灾体系等进行背景介绍。

第四节　防汛抗洪通讯写作要点

相较于防汛抗洪消息稿件，防汛抗洪通讯的写作更考验功力、阅历和知识积淀等，也写更容易出现生动活泼、可读性强、独具一格的稿件。采写这样的稿件，需要把握哪些要点呢？

一、瞄准可读性——再现现场

丰富的细节可以有效地提升新闻报道的可读性。抗洪新闻有必要记录并再现防汛抗洪历程中的一个个经典画面，这正是写好防汛抗洪新闻的有利一面。正如新闻界学者建议，“用再现场景说话”。来看一则报道：

风雨同舟访余姚（节选）

本报记者　陈萌　李先明　谢根能　邱军

2013 年 10 月 7 日。浙江，余姚。

“菲特”来袭，风急雨狂。洪水滚滚，沟满河溢。

降水云团长时间滞留余姚上空，短短四天时间，余姚过程降雨量高达 533 毫米，降水总量 7.5 亿立方米，相当于 68 个西湖的水量。洪水直泻而下，远远超出了余姚城区段 50 年一遇的防洪标准。洪水无情地越过防洪堤，悄然爬进市区，钻进低洼地区的家家户户。

一时间，所有的目光投向余姚。这个连续三年获得“中国最具幸福感城市”的小城，面临着前所未有的巨大挑战。

10 日 11 时 40 分，记者来到梁辉水库。“以前可以在平台上查水尺测水位，现在观测平台已经淹没了。”水库管理局局长戴泗君指着水尺的位置，向记者介绍水库情况，“水位现在还是超警，历史上从来没超警这么多。”据戴泗君介绍，当前汛情严峻，水库管理局所有人员昼夜值守，采用人工巡查和自动化监测相结合的方式进行大坝安全监控。用水准仪每天测一次大坝水平位移，每两小时巡查一次大堤外观。“巡查的时候，主要是查看坝坡、坝脚等部位是否有裂缝、变形等情况。”戴泗君说道。

梁辉水库，总库容 3152 万立方米，属中型水库，1999 年建成。在本次强降雨过程中，已拦蓄洪水约 2000 万立方米。站在绝对高度 35 米的大坝上，不远处的余姚城区清晰可见，楼房林立，树木掩映。

戴泗君带记者来到大坝自动化安全监测机房，电脑上显示着主坝安全监测系统测点布置图。戴泗君控制摇杆，敲打几下键盘，监测屏上的画面从水库溢洪道转到大坝全景。“主要看监测数据是否有突变，如果发生突变，系统会自动报警。但现在水位太高，我们需要人工复核！”几乎 5 天 5 夜没休息的戴泗君说道，“大水已经进了城区，水库的安全格外重要，我放心不下啊！”

12 时 30 分，记者来到余姚城区南雷南路路口，这里已实行交通管制，街上一片汪洋。在余姚市水利局党委书记、副局长孙文氫的帮助下，记者换乘水利局的吉普车，继续蹚水前行。途中可见一些蹚水的行人，卷起裤腿，缓慢移动。临时公交线路已经启用，公车上的人们神情平静。还有些军用卡车来来往往，载着民众或物资。许多车辆抛锚，停靠在路边，车里空空荡荡。

经过南雷南路，拐向磨刀桥路，吉普车车头一扬，余姚市水利局到了。车辆进门掀起不小的水花，记者正欲下车，发现脚下已是没过脚踝的水，差点湿了裤脚。

水利局一楼大厅门前，停着许多军用卡车、橡皮艇，有武警战士把守，一些工作人员和武警官兵在进出忙碌。“整个市政府都快搬到我们水利局来办公了。”

“我们要步行爬到九楼!”孙文氫说着已经迈开雨靴，步伐轻快，全然看不出他已好几天不眠不休。附近电路大多已中断，以防发生漏电事故，而水利局这条供防汛抢险所用的线路，成了余姚防汛指挥的“生命线”。记者发现有人正在楼梯上忙着清理垃圾，孙文氫告诉记者，这些都是水利局的职工，城区水深，保洁人员过不来。

爬上九楼市防汛抗旱指挥部，记者已是气喘吁吁。指挥部里人头攒动，偌大的会议室里，宁波、余姚两级市的市委、市政府的领导正在紧张地讨论。还有一些工作人员和记者在忙着各自的工作。大屏幕上实时播放着新闻信息。会商室里，工作人员各忙一摊，电话声、讨论声此起彼伏。

13 时 30 分，水利局二楼楼道里，许多武警官兵席地而坐，正在吃盒饭。在一间活动室里，一些官兵席地而睡。“我们主要是运送防汛物资和食品。”驻姚某部吴团长告诉记者，“战士上午已经向下游乡镇送了两三趟东西，现在正利用午饭间歇休息。”

“从没碰到这么大的雨，这次过程降雨量达到 533 毫米，而余姚市多年平均年降雨量也才 1500 多毫米。”14 时，记者来到水利局副局长毛洪翔办公室内，从事水利工作 30 多年的他，对这次强降雨深有感触。刚刚经历了夏季严重干旱，又迎来秋季强台风造成的强降雨。

（摘自《中国水利报》2013 年 10 月 15 日）

这篇特写充分运用了场景再现的手法，记者现场目击，所见即所述。地点、人物、事件等要素，顺着时间脉络向前推进，一系列细节、场景串联，让读者置身于各个现场，感受到“风雨同舟　众志成城”的抗洪工作及其精神力量。

再比如 2018 年中国水利报社组织的“‘汛来问江河’记者行”系列报道，其中采访长江流域防汛备汛情况的几篇稿件，均体现了再现现场的魅力。

江来荆楚向东流（节选）

本报记者　李先明　石珊珊　郑爽

风雨送春归。一场紧似一场的春雨，拉开了全国各地防汛备汛的大幕。

水利部部长鄂竟平率领国家防总工作组检查长江防汛抗旱工作不过一周，4 月 25 日，“‘汛来问江河’记者行”长江采访组抵达湖北，走荆州，转武汉，实地采访湖北防汛备汛情况。

洪湖蓄滞洪区

——筑牢备用“水袋子”

长江中游，荆州。这里刚经历了20—23日的持续强降雨，天气仍显阴沉。

顺着泥泞的车辙走上东荆河大堤，厚约2米的崭新土层格外显眼，大堤之上，左侧两行各色彩旗伸向远方，右侧堤坡新旧土层接合处竖立着两块展板。

湖北省洪湖分蓄洪区工程管理局堤防建办主任孙宏飞告诉记者，东荆河堤防加固是洪湖东分块蓄滞洪区蓄洪工程建设的主体工程，完工后将与洪湖监利长江干堤、新建的25.57公里腰口隔堤及加固后的12.5公里洪湖主隔堤等多道堤防，共同形成洪湖东分块蓄滞洪区的“封闭圈”，届时可蓄滞约60亿立方米的洪水。

吞江吐河自有序（节选）

本报记者　李先明　石珊珊　郑爽

“水情天下冠，治水天下难”。作为水利大省，湖南省境内河湖水系复杂，水利工程众多，水情是湖南最重要的省情，水患是湖南最大的忧患。

面对严峻的防汛抗洪形势，今年湖南省的防汛备汛情况如何？4月26日，本报“‘汛来问江河’记者行”采访组前往湖南展开采访。

湘江、浏阳河防洪工程——筑牢城市“安全墙”

清晨，细雨蒙蒙，记者来到了此次湖南之行的第一站——长沙市湘江、浏阳河防洪综合整治工程。

这项占地200公顷的防洪综合整治工程地处长沙市中心城区北侧新河垸，西邻湘江，北抵浏阳河口，堤防长2900米，属于长沙市主城区河东片防洪保护圈。记者看到，整个堤身坡面已经全部被草皮覆盖，沿着堤坡上的石砌台阶下去，就是一道平整开阔的亲水平台。市民们三三两两，或沿岸步行，或凭栏观赏，雨中的浏阳河别有一番风味。在捍卫城市安全的同时，防洪工程也为民众提供了休闲娱乐的好去处。

据长沙市开福区防办主任谭猛介绍，实际上，这里的堤防工程早已于9年前就完工了，景观及附属设施也已于3年前完工。通过堤防加高培厚、土石方填筑、抛石护脚、浆砌护堤、格宾雷诺护垫护堤等一系列综合措施，新河三角洲的防洪标准由原来的30年一遇提高到了200年一遇，防洪能力大大提升。

一路步行至浏阳河口，长沙市图书馆、博物馆、规划馆等一座座地标性建筑物鳞次栉比伫立在岸旁。长沙市充分利用这里两水交汇的滨水景观和三面环路的良好交通条件，将其打造为承载部分城市公共服务功能的高品质社区，给这座古老的楚汉名城增添了一道亮丽的“新名片”。

二、巧妙选用素材——体现表达意图

通讯写作，主题呈现，抓人眼球，更考验着作者的“取舍”。怎样避免一系列材料堆砌，避免没有特点的“面面俱到”？

一切以人民为中心（节选）

本报记者 郑盈盈 徐鹤群

浙江伴海而生，防风而立。

台风在6000多公里海岸线上留下的一个个创伤，不断宣示着自然的力量；全球气候变化，又在不断考问着防御的智慧与能力。

“不死人、少伤人、少损失！”2003年以来，按照习近平总书记在浙江确立的防汛防台风总目标，浙江人在防御洪水台风的实践中砥砺前行，不断摸索建立起一张覆盖城乡的安全网。

2018年汛期，依靠这张不断成长的安全网，浙江交上了一张优异的防汛防台成绩单：经历多达8个台风的接连考验，无一人因洪涝台风灾害伤亡，直接经济损失仅有近15年平均值的10%，为2003年以来最小……

人员零伤亡和最少经济损失背后，是一个更为振奋人心的事实——在水利强大支撑下，沿着“八八战略”的指引，浙江在高质量发展道路上的脚步愈发稳健，15年来全省GDP和人均GDP增长均达到4倍以上，经济社会发展取得了历史性成就！

各级党委政府高度重视

不麻痹 不侥幸 不轻敌

7月，副高如锅盖一般“盖”在我国华北、东北、黄淮等地上空，处于其南侧边缘的浙江，接连“中招”。仅仅一个多月的时间里，第8号台风“玛莉亚”、第10号台风“安比”、第12号台风“云雀”、第14号台风“摩羯”和第18号台风“温比亚”接踵而至，平均每8天一个，历史罕见。

台风连续，路径多变，时段集中……面对罕见情形，浙江的防御工作却有条不紊，其底气来源于各级党委政府的高度重视和抓早抓实。

去年汛期一结束，浙江省防指就认真总结经验教训，查找问题和薄弱环节，组织分析防汛抗旱防台风形势和重要江河、重点区域防御能力，研究对策措施，并结合各设区市特点，对2018年防御工作进行针对性部署。

今年入汛前一周，浙江省防指就召集水利、气象、水文等部门专题研究防汛工作；入汛第二天，省防指召开省、市、县三级防指成员视频会议，全面部署防汛抗旱防台风工作。与此同时，修订预案，补充物资，宣传演练……浙江各地厉兵秣马！

（省略）

基层防汛防台风体系落地生根

纵向到底 横向到边 不留死角

“防汛防台风工作基础在基层，主体是群众，特别是乡镇、村一级如何发挥好组织的作用，切实做到‘乡自为战、村自为战’。”习近平总书记当年在浙江的嘱托，深深嵌在浙江防汛防台风实践中。

7月10日，强台风“玛莉亚”登陆前一晚，浙江省丽水市莲都区峰源乡“四个平台”综合指挥室接到信息：“巡查发现，毛山村叶山头自然村村民方忠道现住房屋存在倒塌风险，方忠道下肢瘫痪，无法自行转移！”

乡党委书记第一时间要求通知乡防汛防台应急小组、毛山村网格长和村委、村转移工作组，组织应急小组，连夜赶赴处置。

毛山村叶山头自然村是莲都区最偏远的村庄，村内唯一一条通车的道路状况极差。应急小组星夜兼程，驱车到达毛山村后，就着手电筒的光亮，攀爬了一段崎岖的乡间小道后，终于到达。

在基层防汛责任人的配合下，11 日凌晨 4 时 30 分左右，应急小组成功将方忠道转移到毛山村一户居民家中安置。不多久，天空便下起了大雨。当天下午，叶山头村巡查员发现方忠道原住房已倒塌。

好险！从方忠道及时转移到房屋倒塌仅仅间隔 8 小时，一起因台风可能引发的人员伤亡事件，在乡村两级防汛责任人的尽职履责下得以幸免。

这样的场景，只是今年基层防汛防台风体系发挥有力作用的一个缩影。“每年防汛防台风应急期间，各地基层责任人按预案及时上岗，各尽其职，有效避免了因灾人员伤亡事件的发生和财产损失的扩大。”浙江省防办有关负责人说。

（省略）

水库安全度汛专项行动保驾护航

压实责任　整改隐患　长效运行

（省略）

5 月中旬，宁波余姚四明湖水库传来一个好消息：水库下游河道整治工程余姚段顺利通过了完工验收，河道过流能力从 20 立方米每秒提升到 80 立方米每秒。“工程的完工，打通了四明湖水库至上姚江的排水瓶颈，缓解下游河道两岸经常受淹的实际困难，减轻余姚城区的防洪压力。”水库管理局负责人说。

“硬件”的改造，为水库安全度汛夯实了基础；“软件”的提升，则增加了另一道“保险”。按照“三项重点措施、三个责任人”工作要求，四明湖水库管理局紧绷防汛安全弦，因地制宜，落实了安全度汛行政、技术和巡查“三个责任人”，修订完善了各类应急预案；同时，对洪水预报、水雨情测报、大坝监测系统和标准化管理平台进行升级改造，水雨情测报和洪水预报能力得到进一步提高。

然而，隐患不除，安全度汛的“靴子”仍然不能落地。9 月初，按照国家防总要求，全省各级防指又出动 10.1 万人次，对全省 4 万余个水利工程和村庄开展了“地毯式”督查排查，重点排查水库山塘、山洪防御、河道行洪等的防汛防台风隐患。对发现的问题，各地按照“清单式”管理要求，动态跟踪问题隐患整改情况，逐项“销号”或落实保安措施。

（省略）

坚持以人民为中心，毫不松懈抓好防汛防台风各项工作，实现人员零伤亡，浙江打赢了又一场防灾减灾硬仗！

（摘自《中国水利报》2018 年 11 月 8 日 1 版）

这篇稿件总结 2018 年浙江省防汛实现“人员零伤亡和最少经济损失”可贵成绩背后的经验做法，文章从指导思想、思路理念推开，抓住了责任落实、转移避险、水库安全这几个关键环节，而非铺开大摊子一一详述。文章点面结合，虚实结合，突出了重点，强化了主题。

三、活跃文字生命——熟练运用新闻笔法

让文字活跃跳动起来，吸引读者视线，带领读者观察，会赋予文章独特的生命力，赋予文章独特的风格。而做到这一点，关键是要熟练运用各种新闻笔法。

一般常用的新闻笔法包括：简笔，即用最简要的线条和语言来勾勒事物；粗笔，使用概括力强的笔触；跳笔，不必过分注意文字上的连贯和上下文的衔接，使用存在较大跳跃性的文字，短句子，短段落，断裂式行文；跨笔，比如在时间上或空间上的跨度。

我们来看《中国水利报》2016 年 4 月 29 日的一则报道：

长江：抗洪有底　防汛有序

本报记者　李先明　陈萌　杨莹

从海拔 6000 多米的沱沱河源起，在通天河、金沙江汇流蓄力，过四川宜宾之后正式成为浩浩荡荡的长江，再经过川渝纳水壮大，冲出三峡的长江已呈雷霆万钧之势。中游宜昌至鄱阳湖湖口，先有湖南湘资沅澧四水合力洞庭湖横冲，再有江西赣抚信饶修五水集中鄱阳湖直撞，中间还有最大支流汉江加入。这里正是长江防汛抗洪的主战场。

正常年份，来水不多，长江波澜不惊，偶有局部大水，稍作错峰调度，可以有惊无险，若遇极端天气，流域普降大雨，上游来水与洞庭湖、鄱阳湖大水恶劣组合，长江防汛抗洪形势那就严峻了！

受超强厄尔尼诺事件影响，今年长江预测有大水，而现实是入汛早、来水多，城陵矶、汉口水位已超历史同期极值。相似的厄尔尼诺事件背景，相似的罕见冬汛，更早更猛的春汛，无不让人想起惊心动魄的 1998 年大洪水。

时隔 18 年，流域性大洪水可能将至，长江能否化险为夷？

今非昔比的工程体系——管控洪水的钢铁力量

“1998 年以前，长江干流堤防未达设计标准，还没有控制性的水利工程，对大洪水可谓‘束手无策’。1998 年之后，经过这么多年的治理和建设，沿江堤防、工程都已经‘面貌一新’。”长江防总办公室副主任沈华中说。

水利工程是管控洪水的钢铁力量，调度得当可以有效地拦洪削峰，让行洪能力有限的河道错峰排洪，让惊涛骇浪始终在大堤防御标准之内，从而有效保障防洪安全。1998 年流域性大洪水过后，国家投入大量人力物力财力，加固长江堤防，修建控制枢纽，治理中小河流，除险重点水库。

记者现场查看了位于汉江汇入长江处的武汉龙王庙“险段”，这里经过扩展口门、加固整治，已然河势顺畅、岸墙牢固；来到了万里长江险在荆江的荆江大堤，这里经过艰苦的隐蔽工程施工和高标准的堤防建设，已经成为当地一道亮丽的风景线；踏上了北扼长江、南临洞庭的湖南岳阳君山垸堤防，这里经过堤基防渗、边坡加护，已经让当地百姓心里踏踏实实了……

长江委主任刘雅鸣告诉记者，经过多年努力，长江流域已基本形成了以堤防为基础，以三峡水库为骨干，其他干支流水库、蓄滞洪区、河道整治工程相配套的防汛抗旱工程体系。长江流域在干支流上已建成大中小型水库5万多座，总库容3500多亿立方米。自2012年起长江上游相继有21座水库纳入联合调度序列，防洪库容可达360亿立方米。

如果说大大小小的水库大坝是长江防洪的安全堡垒，那么坚固的堤防就是护卫防洪安全的“水上长城”。这些年来，我国对长江中下游干堤进行了全面加高加固，又逐步开展了荆江大堤综合整治、荆南四河堤防加固等工程建设，并加高加固了部分支流、洞庭湖区和鄱阳湖区重点垸等堤防，形成了长江流域6.4万公里的堤防，可绕地球赤道一圈半还多。

长江防洪还有“安全气囊”。长江中下游42处蓄滞洪区，有效蓄洪容积近600亿立方米，特别是1998年大水过后，在“平垸行洪、退田还湖、移民建镇”科学理念的指导下，洞庭鄱阳两湖平退圩垸1461个，恢复调蓄容积约130亿立方米，媒体甚至惊呼洞庭湖“长大了”五分之一。

沈华中说：“如果再遇1998年洪水，利用三峡及上游已建的溪洛渡和向家坝等控制性水库拦洪蓄峰，并充分利用城陵矶附近长江干堤已按超高增加0.5米加高加固的条件，适当抬高城陵矶河段运行水位等措施，可保障长江中下游干流防洪安全。”

日新月异的科学技术——指挥调度的有力武器

八百里洞庭出水口道，超过百岁的城陵矶水文站静静伫立。它持续监测着洞庭湖及长江干流的水情变化，是反映长江汛情的“晴雨表”。

57岁的彭艳明已干了25年水文测报工作，现在负责城陵矶水文站水位、水温、流量、泥沙等信息的整编初制。他说：“1998年那时候，测流一次大概需要两到三个小时，汛情紧急时候一天测两次，需要花费大量的时间！”

记者在水文测船上全程感受了城陵矶断面运用ADCP测流操作，整个过程只需大约半个小时，测流的数据瞬间就能同步显示在长江防总和国家防总值班室的大屏幕上。

在长江委，在武汉，在南昌，记者都真实感受到了科技的快速、便捷，大到卫星云图、工程布局，中到水利工程运行状况、实时水情，小到闸门启闭、道路积水情况等等，清清楚楚，一目了然。

及时获取信息，提前了解趋势，准备才能更充分，应对才能更从容。从会商研判到决策指挥，从预报预警到信息共享，从精准定位到实时监控，相较于过去，防汛的重点环节和部位都得以升级完善。

长江上游实行联合调度的水库与长江防总之间已建成了网络专线，可实现信息的推送、交换和共享。技术手段的进步，不仅为防汛指挥决策提供支撑，也提升了防汛的信息化水平，使工作更高效，行动更有力。

升级改进、全新武装，同样体现在物资储备上。从中央到省、市、县、乡，再到防汛现场，物料准备更加充分，设施性能更加完善。

记者走进了紧靠洞庭湖大桥的中央防汛抗旱物资岳阳仓库，也查看了江西南昌地方防汛物资仓库。这两个仓库都是1998年之后建成的，储备着新型冲锋舟、指挥船、潜水泵、发电机组等各类应急抢险物资。

日新月异的技术进步，使科学调度水利工程成为现实，使管理洪水的梦想成为可能，也推动着防洪理念的不断升级。从人定胜天到人水和谐，从控制洪水到洪水管理，从人水争地到注重给洪水以出路，理念指导着行动，科学调度已经成为常态，海绵城市建设、雨洪资源利用正在推动现代防洪“与时俱进”。

更加健全的体制机制——防汛抗洪的强大支撑

“严格落实主体责任，强化行政首长负责制，建立党政同责、一岗双责的责任体系，逐级分解任务，层层落实责任主体。各级领导干部，特别是主要领导同志在汛情发生时，要深入一线，靠前指挥。”长江防总总指挥、湖北省省长王国生部署防汛要求十分明确。“换届不换防，换届不换责”是湖北省委省政府的鲜明态度。

不仅仅是湖北，长江沿线各地都已经形成了成熟的责任机制，防汛责任从省长、市长层层传导到县长、乡长各级防汛责任人，将责任明确到具体岗位、具体工程、具体人员，实现责任从上到下、从面到点的全覆盖。

责任制是落实防汛工作行之有效的办法，它就像一根巨大的发条，一下子激活了全部链条的每一个环节，让防汛的每一项工作扎实有序运转起来。

防汛检查是一个非常管用的抓手，排查隐患，发现问题，指导方法，落实措施，都往往始于防汛检查。刘雅鸣告诉记者：“今年春节刚过，长江委 7 个专家组就带着问题去各地督导检查，回来后进行分析，‘一省一单’要求整改，包括责任落实、预案准备、组织保障等各方面。”

防洪预案是临危不乱的成功经验。湖南省防办主任罗毅君说：“省防指已批复下达 22 座大型水库、80 座重点中型水库汛期控制运用方案，对病险水库、在建涉水工程、山洪灾害隐患点，实行‘一库一案、一点一案’。”

防汛值守是必要的保障。江西省防办主任徐卫明告诉记者：“现在我们严格执行汛期 24 小时值班制度，切实履行职责，及时报告防汛信息，还加大了对下级防汛机构的值班检查力度。”

团结抗洪是抢险救灾的必然要求。武汉市水务局副局长丁心红告诉记者：“汛前我们已经与部队加强了交流联系，讨论研判汛期各项防御工作，并进行实地考察和演练，强化组织和队伍保障。”

以责任制为核心，长江流域汛前有监督检查、预案准备等机制，汛期有岗位值守、灾害预警、应急抢险等机制，防汛的每一个动作、每一个环节都有章可循，保障着防汛抢险救灾有力有序有效。

从长江委、沿江各省防指到沿线市县防办，从荆江大堤到九江堤防，从洞庭湖到鄱阳湖，记者一路走一路看，可以肯定的是，长江防汛工程措施今非昔比，科技手段日新月异，体制机制健全成熟，那么，长江防汛是不是高枕无忧了呢?

非也!

刘雅鸣告诉记者：“长江防汛挑战主要有三个方面：思想麻痹是最大挑战；新建工程没有经过大洪水检验；地方换届新官员对防汛工作不熟悉。”

专家分析，长江中下游河道安全泄量与长江洪水峰高量大这一主要矛盾仍然突出，遇 1954 年型大洪水，中下游干流仍需运用蓄滞洪区分蓄超额洪水，但蓄滞洪区建设长期严重滞后，分洪难度大。不少重要支流和湖泊堤防还没有加固，一些连江支堤与长江干堤没有形成封闭保护圈，大多数中小河流防洪能力偏低；还有不少中小型水库需要除险加固，山洪灾害防御难度大；部分城市内涝问题凸显；非工程措施还很不完善，灾害预警水平还不高。此外，长江中下游干流局部河段仍有崩岸险情……

"长江防汛是天大的事"。抗洪硬件，短期难有大作为，近期可以修补；防汛软件，只能加强不能削弱。4月25日至26日，国家防总副总指挥、水利部部长陈雷亲临长江调研指导迎汛备战工作，主持召开推进长江崩岸治理和应急度汛现场会，就长江防汛工作作出进一步部署。

多年的工程建设和最新的科技发展让长江防汛更有底气，成熟的体制机制正在有序推进长江防汛各项工作。我们相信，长江人一定能够用智慧和汗水迎接挑战，经受住可能发生的大洪水考验，把滚滚洪流顺利送出吴淞口，为长江安澜交上经得住历史检验的满意答卷。

（摘自《中国水利报》2016年4月29日1版）

文章开头顺着长江的脉络推进，在空间上不断跨越，落脚于长江防汛的"主战场"。又运用跳笔，转入紧张感强的现实——与1998年相似的汛情，结果将如何？全文巧妙起承转合，各种笔法衔接自然，语言风格多样，提升了文章的可读性。

在《今非昔比的工程体系》部分，先从长江防总办公室有关负责人的介绍切入，穿插背景介绍、险工段现场查看等内容，最后又回到了该负责人的介绍。在《日新月异的科学技术》部分，从城陵矶水文站的现场入手，人物亮相，细节呈现，转而又带出武汉、南昌等各个地点的情况，从现代化信息化技术的展现又转入整体科学调度的"与时俱进"。在《更加健全的体制机制》部分，则是围绕责任落实、汛前检查、防汛值守等关键环节展开，在全面呈现扎实备汛的基础上，继而话锋一转，点出："长江防汛是不是高枕无忧了呢？""非也！"进而介绍了长江防汛面临的一些难点，也体现了即使防汛备汛手段多样、工程联合调度有力有效、硬件软件皆今非昔比，依然不可掉以轻心，必须始终如履薄冰对待防汛工作的立场和态度。

新闻语言的笔法在通讯题材中可以有广阔的空间。事实上，也正是粗笔与细笔的搭配，才会有文章的详略得当，正是跳笔与跨笔的应用，才能使文章有着更为丰富的跌宕起伏。这些笔法的应用，需要有意识地训练、实践，才能得心应手。

第五节 抗洪新闻摄影要点

抗洪新闻是突发性新闻事件的一种，遵循着突发性新闻事件拍摄的普遍规律，但又独具特色。洪水的规模、量级、影响、破坏力等是这一类突发性事件的最大变量。要真实记录下洪水本身及其对人民生产生活造成的影响与破坏，展现广大军民在抗洪抢险斗争中万众一心、众志成城，不怕困难、顽强拼搏，坚韧不拔、敢于胜利的伟大精神。

一、拍摄准备

接到任务后，迅速了解当地洪水的现状、实时雨水情和未来的降水预测，了解当地洪水的特征、以往最大洪水的量级及其影响等背景信息。迅速做好自身防雨、安全等准备，带足防水、保暖的衣物、鞋子，做好投入抗洪战斗的各项准备。

二、拍摄器材

带上防雨的相机包、镜头清洁工具、防雨罩。视个人情况至少背上相机与一只长焦镜头、一只中焦镜头。建议带上 70～200mm 长焦镜头、24～70mm 中焦镜头、16～35mm 广角镜头。如体力允许，可以带上 35mm 定焦镜头用于环境人像拍摄。

三、拍摄内容及要点

拍摄的主要内容及场景包括会商部署，洪灾场景，水利人现场查勘、开展水文监测，群众转移避险，抗洪抢险救灾，灾后重建等。拍摄手法各有千秋，还要根据实际做出调整。本节着重关注在这样复杂的情况下拍什么。

（一）拍摄防汛指挥会商

拍摄防汛会商的现场、异地视频连线等场景照片以及主要领导部署工作的特写照片，拍摄防汛抗洪指挥办公室里紧张忙碌的场景等。

台风“菲特”来袭，余姚市防汛抗旱指挥部里
人头攒动，异常繁忙（李先明　摄）

（二）展现洪灾现场

发生洪灾的现场是什么样子？给当地群众的生活造成了什么样的影响？这是公众第一时间想要了解的内容，也是摄影人员抵达现场后首先要拍摄的。

拍摄洪水的场面。展现总体灾情时，可用全景照片，尽量找到当地的标志性建筑，并摄入画面之中，增加照片的信息量。可以通过拍摄水面与建筑物的关系、与植物的关系交代洪水的淹没情况；在洪流的转弯撞击处拍摄洪水的汹涌湍急。拍摄洪流袭来的巨大场景，洪水肆虐时的汹涌澎湃、横冲直撞，洪水退去后家园的泥沙遍布、一地狼藉等，展现防汛抗洪的紧张气氛、抗洪工作难度等。

滚滚而来的白龙江水（李先明　摄）

台风来袭（李先明　摄）

夜战舟曲（李先明　摄）

拍摄洪水对人类的影响。灾害面前，处境不同，心境不同。拍摄中要客观反映居民受灾的伤痛、哭泣的脸庞或是乐观的心态，不煽情，不渲染，冷静、真实地进行拍摄和记录。可以拍摄浸泡在洪水中的田地、暖棚、厂房等，拍摄洪水对农作物、家禽家畜的冲击、伤害，拍摄洪水对人的居住、交通、生活等造成的不便与影响等。

（三）拍摄水利人现场查勘、监测等

洪灾现场必然有水利人的身影。水利专家冒险踏勘，查实情，出良策，解难题；水文人开展应急监测，设水尺，察水位，测流量……拍下他们不畏艰险，现场踏勘、研讨、测量等工作的场景，还可以用特写镜头拍下他们沾满泥巴的雨靴、水汗交织的面庞以及果敢坚毅的神情等，展现他们的专业担当与为民情怀。

水利专家踏勘舟曲堰塞湖（李先明　摄）

水文尖兵在舟曲堰塞湖取水样（李先明　摄）

（四）拍摄群众转移避险

群众转移避险的镜头总体分为两大类：一类是在转移过程中的；一类是到达安置点后的。

转移过程中，重点拍摄发布预警信息（中景或特写）、敲门动员转移（中景）、群众有序转移（全景）、帮助老人或孩子转移（中景）、利用救生物品逃生（中景或全景皆可）。

到达安置点后，重点拍摄安置房或救灾帐篷的吃住条件及群众的情绪状态、精神面貌。可以拍摄分发食物或群众吃饭的场景，群众交流、休闲、谈笑等场景，儿童读书、追逐嬉戏等场景，还可将镜头对准安置点的志愿者、干警、医护人员等，反映来自政府和社会各界人士的关怀、慰问、抚慰，营造安定、平稳、从容、乐观的氛围。

2013 年 10 月，台风“菲特”来袭，部队官兵在浙江余姚
搬运救援食品（李先明　摄）

（五）拍摄抗洪抢险救灾

抗洪抢险救灾的场景是整个抗洪过程中最为震撼人心和引人关注的。定格那些危险的、有力的、团结的、温暖的，温情涌动的、众志成城的、感人至深的瞬间，表现人们在洪水中的顽强精神和无畏品质是摄影人的神圣使命。

选取正能量的视角，将镜头对准人，拍下洪水激流中人对人或动物的救助、帮扶，人与人之间的情感，展现大灾中的大爱，以期影响和感染更多人。可以通过图片直观地表现部队官兵在洪水漫溢的村庄中搜救被困群众，用冲锋舟救援被围困居民，干部群众运用水桶、水盆等救生物品开展自救，抗洪军民连夜奋战、舍生忘死、徒手救援以及疲累轮休等场景。拍摄堤防发生局部垮塌、散浸、管涌、脱坡等险情后，军民齐心坚守大堤，紧急排除险情的场景；拍摄发生决口时，抗洪军民堵口、沉船、抛石等场景。

2016年6月24日12时4分，经过近47小时昼夜无休的封堵工作，
江西省鄱阳县向阳圩顺利合龙（安天杭　摄）

2010年8月，奋战舟曲的官兵在铅丝笼上吃午餐（李先明　摄）

（六）拍摄水利工程发挥的重大作用

水利工程是真正的抗洪神器，在危难之际展现水利建设的巨大成就，可以鼓舞人心、稳定民心。选取不同视角，拍摄水库、堤防、蓄滞洪区等水利工程在拦洪、蓄洪、滞洪、泄洪、错峰、调峰等方面发挥的重要作用。比如，拍摄水库泄洪场景，可以站在大坝中间，用广角镜头俯拍；可以站在侧面，让奔腾的洪水成为画面的主体，将工程框在背景之中；可以站在工程附近较高的山上拍摄工程全景，画面中既有水库上游蓄洪的静态场景，又有下游泄洪的动态场景，动静相宜。拍摄和展示水利工程在抗洪中的重要作用是水利摄影人义不容辞的责任。

2013 年 10 月 11 日，浙江嘉善虹桥圩区
花神鹿港北口闸站正在全力排涝（李先明 摄）

（七）拍摄灾后重建

灾后重建的过程相对漫长，不是短期内能拍好的，可以专题跟进，拍摄灾区日新月异的变化。工程的水毁修复、家园的修整重建、社会秩序的恢复、受伤心灵的重构等都是可以关注和拍摄的内容。这一过程的视觉表达要体现众志成城、团结一心、乐观奋进的基调。关注当地的生产自救，也关注八方支持的身影和行动。

舟曲灾后重建前后对比图（治理前）（李先明 摄）

四、注意事项

（1）洪水无情。摄影人在肆虐的洪水面前同样面临着生死的考验，要时刻谨记保护好自身与设备的安全。

（2）坚守初心。不能为了拍摄出震撼的效果，而选取极特殊的视角，造成视觉欺骗或夸大事实，引发不必要的恐慌。不符合客观事实的图片，即便取得暂时的轰动，也终究经不起历史的检验。

（3）提升立意。必要的常规拍摄后，尝试选取能够反映环境保护和生态平衡、人类对于洪水的态度等的角度进行拍摄，引发人们对灾害、对人与自然的关系的思考。

舟曲灾后重建前后对比图（治理后）（李先明　摄）

第八章

水利工程建设新闻

第一节　水利工程建设新闻总述

水利工程是用于控制和调配自然界的地表水和地下水，达到除害兴利目的而修建的工程，也称为水工程。水利工程建设新闻是对有关水利工程建设各方面新近发生的事实的报道，是水利新闻的重要组成部分。

按照水利工程的分类，防洪、除涝、灌溉、发电、供水、围垦、水土保持、移民、水资源保护等工程（包括新建、扩建、改建、加固、修复）及其配套和附属工程，都是水利工程建设新闻报道的对象。

按照“水利工程补短板”的要求，我国部分区域、领域防洪减灾和供水保障体系尚不完善，部分大江大河控制性工程不足、堤防不达标，近 2 万座水库存在病险问题，有防洪任务的中小河流尚有 7 万多公里未经治理，西南等地区工程型缺水严重。这些完善水利工程体系，提高防洪、供水、生态等综合保障能力的水利工作重点，也是水利工程建设新闻跟踪的要点。

水利工程建设新闻常见的报道主题有工程建设、运行管理、成果效益、技术难点、投融资体制机制、移民迁建、监督检查等。

做好水利工程建设新闻，要做到对重点报道内容心中有数。

重大水利工程一直是关注的焦点。长江三峡、南水北调、黄河小浪底水利枢纽工程、浙东引水工程、曹娥江大闸，以及正在建设的大藤峡、引汉济渭等 172 项节水供水重大水利工程等，一直以来都是报道的重点。

重点水利工程建设情况是跟踪的要点。近年来，水利部重点聚焦防洪工程、供水工程、生态修复工程、信息化工程等。各项工程的建设推进情况是水利工程建设新闻的重要信息来源。

新时代水利工程推进重点是聚焦的方向。2019 年全国水利工作会议明确要在工程建设水平上提档升级，主要体现在重大水利工程建设、防汛抗旱水利提升工程建设、农村水利建设、水土保持生态建设、工程建设现代化等方面。这些都是记者可以挖掘新闻的重点领域。

第二节　水利工程建设新闻的采访

崇山峻岭，深沟峡谷，田间地头，是大多数水利工程分布之处。到现场去，才能最大程度地发挥记者的新闻敏锐性；到一线去，才能锻炼记者的采访技巧。采访水平的高低对新闻作品质量有直接影响。

一、常见采访对象

常见采访对象有政府机关代表、项目法人、施工企业代表、技术专家、建设工人、监理方代表和受影响百姓等。

二、基本采访方法

好的新闻写作一定是建立在大量、深入的采访基础上。不论是呈现工程本身，还是挖掘施工人物、还原工程现场等，只有采访“到家”，文章才能“到位”。

有效信息可以通过问、听、看，还可以通过现场感受获得，记者在采访过程中需全身心投入，做到心到、眼到、情到，同时通过自己的思考，将文章呈现给读者。

针对水利工程建设的特点，基本的采访方法如下。

（一）安全为上，遵守管理规范

水利工程的工作条件较为复杂。采访水利工程，尤其是正在建设施工中的工程，记者一定要严格遵守工程安全管理规范的各项要求，时刻强化安全意识。

除了正确佩戴安全帽等基本要求外，记者应与工程建设单位沟通，明确哪些现场可以深入、哪些设施可以拍照、哪些设备可以参观等。针对异常环境，如隧道或水下等特殊建设场景，记者更应提前了解环境条件，配足安全设备，做好各项采访准备。例如可根据施工现场的温度、亮度、噪声环境等，做好相机、录音笔等设备配备、保护和设置等准备工作。

（二）任务为先，明确采访意图

水利工程一般规模大、技术复杂、工期较长。一项工程往往涉及诸多参建单位和不同岗位工作人员。采访一篇人物通讯与采访一篇简短消息、一篇特写有很大区别，需要记者分配不同精力、采用不同方法获取有效信息。只有明确采访任务，确定报道主题、题材，才能省去诸多环节，达到事半功倍的效果。

采访前，记者要根据采访任务，提前了解工程总体情况、自然环境条件、建设背景与目标等，做好基础性工作，做到“胸中有大局”。同时，通过研读材料、文件，从中挖掘与主题相关的素材。尤其要对工程的技术难点、专业词汇等做先期了解，帮助后期采访时消除知识盲点，减少沟通障碍。

（三）灵活提问，捕捉鲜活素材

良好的沟通交流是新闻采访获取信息资源的重要保障，学会提问是记者的必修课。针对不同的受访者，应设置不同的采访问题，采访语言的使用上也要灵活多变。采访技术专家同采访普通工人，应在专业对话和接地气采访的切换中游刃有余。

采访水利工程建设新闻，将接触大量正在忙碌的施工者、指挥者、监理者，接地气的采访不仅能使记者捞到“活鱼”、开掘“富矿”，也使新闻报道更有温度，有真情，多了“人气”。

不过，施工现场常常遇到不善言辞的采访对象。如何在有限的采访时间内完成相关的采访任务，需要记者在采访方法上下功夫。体现在选择合理的话题切入点、注意提问的方式、注重平等交流等。

（四）提炼主题，发现新闻事实

不同类型的水利工程，有区别也有相似之处。从采访前的准备、设置采访问题，到进行现场采访，都需要记者带着特定的报道主题走工地、进现场。但是主题并非一成不变，要根据现场所获信息，及时调整主题，反复提炼主题，提升新闻报道的价值。只有这样，才能时刻掌握采访的主动权。

记者要注意区别“新闻事实”和“普遍事实”。捕捉到的事实不一定是新闻事实，要注意从了解面上问题开始，并在此基础上，发现点上具有新闻价值的信息，抓取工程建设中有特点的部分，紧盯工程建设中的关键节点。开工建设、下闸蓄水、竣工验收、创新管理等，都可以是采访的突破口。

下面是一篇有关宁波市姚江二通道（慈江）工程二标段的报道。记者在施工现场捕捉到了第三方担保机制的新闻线索，由此为引子，探索第三方担保机制在宁波水利建设工程中的应用及效果，并在文末扩至水库工程管理综合保险试点的探索，将主题升华，写就《一张小保单撬动企业“融资高山”》。

宁波创新水利建设工程第三方担保机制

一张小保单撬动企业“融资高山”

本报通讯员 胡章 记者 郑爽

“第三方担保机制帮助企业节省了工程融资成本，企业的利润有了保障，我们就可以专心抓工程质量、安全和进度，这不仅对施工单位，对参建各方都是好事。”记者近日走进浙江省重点水利工程——宁波市姚江二通道（慈江）工程二标段施工场地，二标段承建单位浙江正邦水电建设有限公司项目经理贺志贞高兴地说。在这次承建项目中，他享受到了宁波市新推出的水利建设工程第三方担保机制的红利，仅凭借一张 4 万元的保单，就免除了 406 万元的水利保证金。

一张小小的保单，竟能释放数百万元的现金流？2017 年 11 月，宁波在国内首创水利工程建设企业第三方担保机制，即企业凭一张保险公司的保单，就能免除数额庞大的水利工程建设保证金。此举一经推出，受到众多水利工程建设主体的热烈欢迎。据统计，截至 2018 年年底，宁波市水利建设工程担保已出具保险保单 694 单，累计释放了 2.9 亿元保证金，实行第三方担保机制一年就为水利施工企业直接减负 2000 万元，成功撬动了企业的“融资高山”。

“融资高山”下的新突破

资金是企业运行的“血液”。供给充足、正常流通的资金“血液”，保障着企业的生存与发展。但对于水利施工企业特别是中小型企业来说，长期以来却面临着流动资金压力大，融资难、融资贵的窘境，这已成为束缚水利企业稳健发展以及参与市场竞争的“高山”。

众所周知，水利工程是关乎国计民生的重要基础性工程，普遍具有造价高、工期长、施工复杂等特点。“由于这些特殊性，一项水利工程从招标投标阶段到质量缺陷保证期结束，工程建设的各项保证金能占到中标价的 10% 至 20%，数额巨大且返还周期长，工程尾款需要工程竣工验收后才能支付。这些数额庞大的沉淀资金削弱了企业的市场竞争力。”

宁波市水利局局长劳可军告诉记者。

就以姚江二通道（慈江）工程二标段为例，贺志贞给记者算了笔账：工程造价5800万元，建设合同履约保证金、建设工程质量保证金、民工工资支付保证金就高达406万元。“按照规定，这些保证金要在工程完工一年后才能返还给企业”。由于工程工期长达18个月，也就意味着这406万元要在银行沉睡两年半。

如何唤醒沉睡的资金，以减轻实体经济负担，释放企业现金流，进一步增强企业的市场竞争力？2017年11月，借助宁波市创建国家保险创新综合试验区这一“东风”，以水利部《关于促进市场公平竞争维护水利建设市场正常秩序的实施意见》等文件精神为依据，宁波市水利局联合发改、金融、保监等部门联合印发了《宁波市水利建设工程担保管理办法（试行）》（以下简称《管理办法》），在国内首创水利工程建设企业第三方担保机制，即企业凭一张保险公司的保单，就能免除数额庞大的水利工程建设保证金。

根据《管理办法》，宁波市水利建设工程综合保险试点以投标保证保险、施工合同履约保证保险、质量保证保险3个险种为突破口，保险责任涵盖从工程招标起至工程竣工的全生命周期，各项保险在使用流程上与原保证金、银行保函等保持一致，全市水利施工企业可自愿选择担保方式。在投保上述险种后，无需另行缴纳其他保证金即可参与工程投标和承包。“以工程投标环节为例，企业只需缴纳一两千元的保险费就能顺利参与投标，可以免去几十万元的保证金支出，解决了传统投标保证金缴纳手续繁杂、占用资金额度大、人力和财务成本高等突出问题。”宁波市水利局建管处处长吴学文介绍。

为浙江正邦水电建设有限公司开具保单的太平洋保险宁波分公司建设工程综合保险服务中心主任施淑莲告诉记者，他们会对申请担保的水利工程施工企业进行信用评估，以此确定是否给予担保以及保费的高低。对通过信用评估的企业开具保单，担保责任将涵盖从施工工程招标至工程竣工、缺陷责任期结束的全周期。

“1元保费能释放保证金130元”十用心“服务企业”

“经统计，在《管理办法》实施后，截至2018年年底，宁波市水利建设工程担保已出具保险保单694单，累计为224家水利施工企业释放了2.9亿元保证金，资金杠杆效应放大约130倍，也就是1元保费可释放保证金130元。按企业财务融资成本平均8%的年化利息计算，扣减保费支出后，一年试点期已为水利施工企业直接减负2000万元。”宁波市水利工程管理协会副秘书长金羽说，由于建设工程综合保险的直观减负效果显著，很快受到了水利施工企业，特别是融资相对困难的中小企业的热烈欢迎。

第三方担保机制之所以受到水利工程建设主体的纷纷点赞，除了直接减负这一显性优势，劳可军进一步向记者解释，此举具有三个方面的显著意义。

从服务企业的角度，第三方担保机制促进了工程担保体系的进一步完善。相较其他担保方式，银行保函通常需要企业以现金形式缴纳一定的担保费用，且需提供房产、土地等抵押手续，挤占了企业流动资金，增加了交易成本。而担保公司一旦超自身能力担保，容易发生资金链断裂。保险介入水利工程担保领域，具有公信力强、资金充足、费率低和手续便利等优势，有利于减轻企业流动资金负担。

此举还创新了水利工程风险管理服务。保险责任完全覆盖从工程招标起至缺陷责任期结束的全生命周期，保险公司作为独立第三方参与工程质量管理，提供风险评估、防灾防损等增值服务，并对项目风控流程设计提供指导和咨询。同时，利用保险费率的定价浮动区间，可促进施工企业更为重视工程质量管理，推动水利工程行业的长远健康发展。

此外，从政府角度，这一机制还完善了水利工程市场信用体系。保险公司可依托逐步完善的管理信息化系统，加强保险行业和水利工程行业的信息数据共享，并为政府主管部门提供承保理赔的大数据服务，从而减轻政府监管压力。

今年政府工作报告提出，要精准有效支持实体经济发展，着力解决小微企业融资难、融资贵等问题。“宁波将在创新水利建设工程第三方担保机制的基础上，继续全面推进水利工程综合保险，为搬走水利企业‘融资高山’作出最大努力。同时，宁波水利部门将积极探索创新水库工程管理综合保险试点，力争尽快形成水库防洪超蓄责任保险的‘宁波样本’。”劳可军说。

（摘自《中国水利报》2019 年 4 月 3 日 1 版）

文章从一张小小的保单释放数百万元现金流写起，揭示宁波在国内首创水利工程建设企业第三方担保机制的创新举措。通过介绍融资背景、具体实施办法，将创新机制较为翔实地呈现给读者。但文章并未停留于此，而是继续挖掘机制的创新意义，将主题进一步深入。

除了免除数额庞大的水利工程建设保证金这一显性优势外，文章还从服务企业角度、创新水利工程风险管理服务及完善水利工程市场信用体系等入手，分析第三方担保机制的重要作用。最后提出积极探索创新水库工程管理综合保险试点。

围绕第三方担保机制这一主题，记者进行多侧面挖掘。随着采访的不断深入，新闻价值不断凸显，文章也越发有厚度。

（五）观察体验，真情感引共鸣

工程建设现场的作业环境、施工者的工作状态、后方指挥部的住宿餐饮条件等都是记者可以挖掘的新闻富矿，记者要“用眼睛采访”。

对人、对事、对物、对现场作业环境的直接观察和亲身体验，有时会使记者“触景生情”，获得真切的具象感受，得到真实、生动的新闻写作材料。这样的报道往往能以真挚的情感打动读者，让受众仿佛亲临工程现场一般。

记者要多观察、多感受，尽管观察、感受到的情节不一定都用到稿子中，但便于拉近记者与采访对象的距离，帮助记者更好地理解新闻事实，把所获二手材料、三手材料变为一手材料。

我们来看看《走进秦岭之心》这篇记者手记。

走进秦岭之心

本报记者　席晶

潮湿，闷热，嘈杂。

当我坐进铁皮小火车，向着引汉济渭工程岭南 TBM（硬岩掘进机）施工隧洞深处进发的时候，便开始慢慢理解那些善意的劝阻：“施工环境太艰苦了，建议你们别去了，特别是女同志。”

可我是一名女记者。

洞里的施工条件究竟严苛到什么程度？TBM掘进机怎样切割硬岩，掘进施工？工程进展如何？工人们在高温、高湿、高强度的环境下是什么样的状态？这些问题强烈吸引着我去寻求答案。

资料显示，引汉济渭工程的综合难度在我国水利史上堪称第一，其中，“洞穿”秦岭是它最大的难点。总长98.3公里的地下输水隧洞，最大埋深2000米，大部分只能靠人工钻爆法掘进；而穿越秦岭主脊的39公里隧洞，由于地质构造复杂，则依靠有着“穿山甲”之称的“TBM硬岩掘进机”施工。

我脚下走过的这段路，将是未来汉江水蓄力流转、洞穿秦岭、滋润关中的必经通道。总量15亿立方米的优质水资源将集结北上，造福1400多万百姓，陕南汉江流域水患也将进一步缓解。

随着施工“掌子面”的临近，温度越来越高，基岩的温度加上机器运转散发的热量，蒸发着岩石涌水和施工用水，使人仿佛置身于桑拿房内。

滚轮撞击铁轨的声音，夹杂在呼啸的轰鸣中，好似铁匠抡着大锤在耳边敲打；借着不时闪过的灯光望去，隧洞的一侧是粗细不同的进排水管，另一侧是连续运转的出渣皮带机。

陪同的中铁隧道公司引汉济渭项目部党支部书记吴传林拿出准备好的盒饭和水：“就在火车上凑合吃一口吧，进去就没时间了。”湿气、颠簸和噪声让人提不起胃口，光线太暗，吃进嘴才分辨出是豆角炒肉。

小火车停靠在TBM尾端。向深处望去，TBM仿佛是一条盘踞洞中的钢铁巨龙，局部看则更像工厂的车间，集刀盘、驱动、支撑、出渣、支护等多项功能于一体。工人们头戴安全帽，分布在“车间”的各个楼层，各有分工，时有合作，一切井然有序。

沿着设备桥爬上爬下，镜头记录下工人们拆卸水管、清理岩渣、转运材料、灌浆支护、检修设备等一个个瞬间。有时被施工人员发现，还能收获一份质朴的笑容。

午饭时间，工人们拎着饭盒爬到高处接近通风管的地方坐下来，我也跟着爬上去，感受到流动的风，呼吸都畅快了许多。

在35摄氏度高温、90%湿度的施工隧洞内，风显得格外珍贵。通风管直径2.2米，紧贴洞顶，风力强劲，是解决TBM长距离独头通风与除尘、降温的重要设施。目前独头通风距离已达到13公里，在国内极为少见。

往前再走200米左右，终于抵达TBM掘进施工的作业面。这里埋深1000多米，透过钢筋支护网清晰可见破碎、崩裂的岩石，那便是岩爆过后的现场。

后退，向下爬，再前行，又从TBM底层迂回到作业面。正是检修时段，可以靠得更近，看得更真切。一名工人站在没过脚踝的废水里，扯动滑轮吊下报废的刀头。

背着相机，顺着运送刀具的洞口爬上去，进入刀盘区。扑面而来的高温蒸汽和局促的空间瞬时令我窒息，这是更高阶的“桑拿房”，温度高于40摄氏度，大量雾气在空气中弥漫。一名工人背对着我，汗和泥混流成浆。顺着他视线的方向，看到另一名工友缩在近半米的刀槽里修理刀具，焊花飞溅。待他叼着手电从闭塞的孔洞中爬上来，我才看清他的面孔——精瘦而刚劲。

这里就是TBM最前端。当状似莲蓬的刀盘“恢复元气”旋转起来，便如锋利的牙齿，把最坚硬的花岗岩、石英岩碾压、剪碎成为石渣，由铲斗齿拾起，送入主机皮带并运往洞外。

岩爆、涌水、高温、硬岩……引汉济渭建设者在这洞中攻坚克难，一心只为打造质量优良的民生工程。

返程的路，因为少了期待而变得更为漫长。汗水浸透了衣衫，噪声声声刺耳，小火车的颠簸让人心烦意乱。

忍耐，等待。

大约40分钟，小火车停下来。向同行的工人们挥一挥手，坐上汽车向洞口飞驰，又是半个小时。

洞外，微凉的空气夹着细密的雨丝，让人神情为之一爽。5个小时的现场体验，仅对建设者的日常窥之一二，已是筋疲力尽。

印象最深的，是建设者脸上、身上肆意流淌的汗水，专注的神情和质朴而乐观的笑容。也许他们只是一个个为生计而奔波的平凡个体，但他们聚在一起，却创造着洞穿秦岭、引汉济渭的奇迹。他们的每一份隐忍和坚持，每一点突破与创新，都在书写曲折而壮丽的历史。

点赞，致敬！

（摘自《中国水利报》2018年6月27日1版）

本文记录了记者进入引汉济渭工程岭南TBM（硬岩掘进机）施工隧洞深处后，感受施工人员的工作环境和工作状态，并由此引发思考，表达所思所想。文章运用散文笔法，短句子，短段落，简洁有力，现场感强，跳动感强，感情真挚细腻。

作者体验式采访之后的所见所闻，特别是对高温、高湿、强噪的施工环境进行了细节刻画，生动可读，亲切富有感染力。读者仿佛与记者一同在现场感受，文章魅力显现。

（六）搜集细节，增强文章质感

如果工程建设类稿件都是大而化之的描述，文章的可读性就会变弱，质感也会变得很差。

新闻报道中，尤其是人物采访、通讯写作、特写等需要很多细节描写，服务文章主题。这些细节可从采访中获得。与记者直接观察、主观体验不同的是，这部分细节往往淡化记者，强调微小事实。它们是看似无关紧要的信息，但堆积起来可集中服务于某一主题，发挥巨大张力，使文章生动、具体。

细节细至纤毫，有利于人物形象的性格塑造，新闻场景也容易活起来。一篇好的报道，如果读完没有一个让读者印象深刻的细节，那么这篇报道注定是失败的。

下面这则《拼在黑河峡谷之门——探访172项节水供水重大水利工程项目之一黑河黄藏寺水利枢纽》报道，用到多处细节描写，引人入胜。

蓝天白云下，施工正在有序进行。9个标段、千余建设者，在高海拔战线上竞赛，共同推动工程向目标冲刺。

隧道深处，探照灯下，路面泥泞，空气中弥漫着尘屑和搅拌水泥的味道。尽头是暗红色的山体，工人们站在十几米高的架子上，面对山体反复丈量，选择爆破钻眼点位。旁边的指挥者只穿一件薄棉衣，厚外套早已脱下拿在手上，戴着安全帽的额头不断流汗：“这里面的温度要比外面高得多。”狭窄的作业面里，EPC负责人和监理、建设代表围拢在一起，站着开了个短会，就当天的进度交换意见，根据地质现状确定了此次爆破的强度。

即将钻眼爆破，洞内只留下专业人员。不久，“轰轰”的巨响从洞穴深处传来，装运渣土的装载机已在隧道口待命。爆破是隧道掘进的第一道工序，随后除渣、支护……各工种工人24小时不间断施工，每天可掘进3～4米。现场负责人、副总工李臻浩说：“目前建设不会停工，几个班组轮流作业。我们坚持打造精品工程，对质量的控制是严之又严。”

拼在黑河峡谷之门的建设者将为世人奉献一座蓄泄兼筹、丰枯调剂、调控自如的黄藏寺水利枢纽工程。

（摘自《中国水利报》2017年2月15日1版　作者　黄峰　焦伟　蔡士祥）

9个标段、千余建设者，厚外套早已脱下拿在手上，站着开了个短会，装载机已在隧道口待命，随后除渣、支护，各工种工人24小时不间断施工，每天可掘进3～4米……记者并没有对工程现场一带而过，而是写到了很多不易察觉的细节，正是这些具体的数字、现场工作的状态、建设的程序，让文章更充盈，更具有说服力和可读性。

（七）多方挖掘，获得全面信息

水利工程有很强的系统性和综合性。单项水利工程是同一流域、同一地区内水利工程的有机组成部分。单项水利工程自身往往也是综合性的，各服务目标之间既紧密联系，又相互矛盾。记者采访中要掌握多方素材，了解多方信息，准确还原工程情况。

值得注意的是，水利工程往往投资较多，涉及不同利益方，他们有时站在同一面，有时站在对立面。此时更需要记者多面挖掘，不能仅听一家之言，要全面采访，了解多方观点，做到报道准确真实。

采访中遇到对立、矛盾时，记者应保持新闻敏感，因为这些对立、矛盾背后隐藏着巨大的新闻价值，常常推进采访深入，同时避免采访片面化、不自觉陷入规定话题等。

下面是《莽山模式：PPP的探索范本》报道的节选。

莽山模式：PPP的探索范本（节选）

磨合　权衡利益共同推进

PPP模式是在政府和社会主体间构筑起“利益共享、风险共担、全程合作”的共同体关系，以减轻政府财政负担，降低社会主体投资风险。

莽山水库在推进PPP模式建设的起始阶段，便遭遇政企“联姻”的“下马威”。这源于工程面临的第一个难题：拿什么来吸引社会资本？

莽山水库是一座以防洪、灌溉为主，兼顾城镇供水与发电等综合利用的水利枢纽工程。总库容1.33亿立方米，设计灌溉面积31.2万亩，是珠江流域湖南境内唯一的大型水库。不过，其设计城镇年平均供水量仅为 2227 万立方米，电站装机仅有 1.8 万千瓦，水库社会效益显著，经济效益较差，投资回报期长，社会资本参与热情并不高。

2013 年 1 月，宜章县正式启动了项目法人招标工作。此后的一年多时间里，经历了 4 次流标。残酷的现实迫使宜章重新审视招标投标门槛，力求在法律法规允许范围内提供更多优惠政策。

县政协党组副书记、副主席张利海说，“兜底式”收益保障机制打消了社会资本对政府资本到位慢，影响成本回收及获取合理利润的顾虑，为顺利招标带来希望。县政府弥补城镇供水、农业灌溉出库水费收入不足的部分，确保项目法人年收入达到设计要求的 5000 万元。同时，将 40 年的水库库区旅游开发权授予项目法人，并在县城规划区划出 500 亩土地作为灌区工程融资的担保。

橄榄枝一抛出，便引来企业报名投标。2014 年 9 月，历时近两年先后进行 5 次招标投标的莽山水库，最终招标成功。广东水电二局股份有限公司、深圳市金群园林实业发展有限公司、郴州市坤之源矿业有限公司组建的投标联合体被确定为社会资本方，并成立特许经营项目公司——莽山水库开发建设有限公司。

按照国家发改委对莽山水库项目可研阶段批复的总投资 16.137 亿元，中央预算内投资 45%，约 7.26 亿元，剩余 55%的投资则需由地方配套和社会融资渠道解决。张利海向记者介绍，经专业测算，在保证项目法人合理收益，并综合考虑特许经营权 44 年（含建设期 4 年）的前提下，项目法人以 4.2 亿元成功竞标，约占总投资的 26%。省市县地方财政配套 4.68 亿元，约占总投资的 29%。

明确的资金来源和结构为项目建设搭建了基础框架。至此，一波五折的招标工作尘埃落定，政府栽下的“梧桐树”真正引来了“金凤凰”。

不过，由于可资借鉴的经验少、没有正规合同文本等原因，政府和社会资本真正的博弈其实才刚刚开始。

在政企合作中，双方有共同的“三怕”：怕对方违约影响协议履行，怕国家政策变化影响项目收益，怕内部矛盾影响项目建设经营。除了共同的担忧外，各自面临的现实问题也愈发突出：成本控制、质量监督等问题使政府参建人员背负压力；政府强力监管，手续层层传导使习惯市场化操作的项目法人不得不重新适应“游戏规则”。

“合作是为了减少政府投资，分散风险。”张利海说，尽管项目法人投入不少，但县财政配套压力仍然较大，特别是灌溉、供水还需要长期“兜底”。此外，按照招标文件，项目法人出资不变，政府还将承担工程调整概算的巨大压力。

对于政府来说，规避投资风险势在必行。县政府要求加强合同及计划管理，项目法人需严格控制工程进度款支付比例，并按要求进行主要材料、机电设备、金属结构的招标工作；同时，考虑到莽山水库工程承包方是参与投资的广东水电二局，为增加透明度、强化监督，水库建设监理和设计均由政府组织招标，以增强对项目建设进度、资金、质量的保障。

相对而言，项目法人关心的则是政府承诺政策的兑现。“政策、物价有变化的可能，莽山水库在长达 40 年的特许经营期内，政府能否兑现承诺，将直接影响收益情况。”广东水电二局派驻项目现场的技术负责人黄祖成说，“政府在强力监管的同时，也应给项目法人留有自主权和灵活性，不能以权力压制企业经营决策。”

如今，政企双方在不断探索中交锋磨合，在利益权衡中共同推进。双方约定了风险防范分担机制，完善了各类资金管理使用办法，并从顶层设计上构建了沟通协调机制。除政府直接派员作为项目公司监事外，还成立了“六人运营协调委员会”的最高议事机构，双方各出三人，统筹各项事务。

任何一种新生事物总是在面对挑战中前行。在多方关注下，莽山水库进展顺利，喜讯频传。截至11月11日，中央、省、县以及项目法人今年计划资金4亿元已全部到位；11月27日，在第一批移民过渡期搬迁协议全部签订后，莽山水库枢纽工程成功截流。

（摘自《中国水利报》2015年12月16日1版　记者　董自刚　刘耀祥　滕红真　熊云科　王琳）

文章对政府和社会资本方各自的权利和义务进行了交代。在写明政府抛出橄榄枝后，并没有默认社会资本方欣然接受，而是将社会资本方的疑虑直接抛出，坦白对政府承诺的政策兑现存有疑虑、对是否能收益存有顾虑。

多方采访、多角度挖掘，将PPP模式在莽山水库中的应用分析清楚，将不同利益方的交锋与磨合写得贴切、到位。最终文章点出风险防范分担机制、完善各类资金管理使用办法等，为PPP模式在水利工程中的运用提供了有益示范，使文章主题得到升华，文章深度增加。

（八）沉淀思想，增加广度厚度

每一次采访都是对下一次采访的积累，记者永远在路上，积累的资料越多，越有助于了解事物的本质，掌握规律和必然性。多思多想可以让记者的采访更有分量。

如果受制于自身的认识产生惰性，记者在采写中就会获取许多无增量的信息，甚至错过很多有价值的线索。

同类型工程具有相似性，采访次数多后，容易导致采访中得到的答案大同小异。通过自身积累进行多维度思考，将有关水利工程的信息进行纵向、横向比对，可以更清晰地认识采访对象，更快速地挖掘本次所采访的工程建设的特殊之处。同时，能让记者更懂得如何取舍材料、如何呈现令读者耳目一新的文本，无形中增加文章的广度与厚度。

第三节　水利工程建设新闻写作——消息

消息是水利工程建设新闻常用的体裁，篇幅较短，一般只有几百字，最长的也不过千字。消息旨在报道概貌而不讲述详细的经过和细节，以简明的文字迅速及时地报道最新事实。

水利工程建设新闻消息体裁的写作要注意以下几个方面。

一、抓事实

建设开工、攻坚提速、下闸蓄水、竣工验收、运行管护与成就效益等，都可以成为工程建设新闻报道的事实。按照重要性、时效性等要求，记者在写作前应选好报道事实，并围绕事实展开写作。

不同工程在不同时间段有不同的特点，要找准切入点，用事实说话，切忌新闻公文化倾向。

重庆观景口水利枢纽工程3号隧洞贯通时，发布了一则新闻消息。这则消息抓住了新闻事实中最具新闻价值的部分，即创造隧洞工程同类型硬岩顶管施工世界纪录，进行了报道。

重庆观景口水利枢纽工程3号隧洞贯通

创造隧洞工程同类型硬岩顶管施工世界纪录

本报讯（记者　周振）　3月20日，国家172项节水供水重大工程重庆观景口水利枢纽工程输水线路的关键控制性工程3号无压隧洞顺利贯通。这是我国首次采用长距离硬岩微盾构顶管施工技术建设的最长输水隧洞，其成功贯通不仅为如期实现工程总工期目标迈出了坚实的一步，还创造了隧洞工程同类型硬岩顶管施工的世界纪录。

观景口水利枢纽工程位于重庆巴南区东温泉镇，主体工程包括大坝枢纽和输水线路，水库总库容1.52亿立方米，输水线路总长21.89公里，其中隧洞长16.15公里（此次贯通的3号隧洞全长3224米）。工程建成通水后，可满足重庆江南新城日益紧张的供水需求，同时承担重庆主城中心城区380万人的生活应急供水任务。

据悉，按照工程初步设计方案，输水隧洞全部采用常规钻爆法施工，批复总工期为45个月。但即使在地质情况较理想的情况下，传统钻爆法一天也只能掘进3米左右。考虑到开挖隧洞山体多为硬岩地，施工方改用世界先进的微盾构顶管施工技术，其单台机械施工日进度可达15～25米，施工效率提高了5倍，可有效缩短工期。除了掘进速度快、施工安全可靠，该项施工技术的机械振动很小，对环境的干扰、影响小。

（摘自《中国水利报》2019年3月27日1版）

二、抓结构

消息类稿件结构最常见的是倒金字塔式，最重要的东西放在前面说，按照重要程度依次往后放，格局一般是前边重、后边轻，上头大、下头小。消息开头的一段称为“导语”，工程建设消息中最具新闻价值的事实、最新鲜的事实或读者最感兴趣的内容都需放在导语里。导语的提炼和写作最为关键。

接下来是新闻主体或新闻背景，二者前后顺序不定。新闻主体，即消息所报道的工程建设的重要新闻事实，段落数不定。新闻背景包括工程建设的政策环境、历史背景、作用影响等。

我们看看《三峡升船机具备正式通航条件》这篇报道。

三峡升船机具备正式通航条件

本报讯（通讯员　李思远）　被誉为三峡工程“最后谜底”的三峡升船机工程目前已经具备正式通航条件。

三峡升船机是目前世界上技术难度最高、规模最大的升船机，也是世界最大水利枢纽三峡工程的最后一个建设项目，由上游引航道、上闸首、承船厢、下闸首和下游引航道组成。其中承船厢是核心部分，最大过船规模为3000吨级。

作为三峡工程的收官之作，三峡升船机大幅度刷新了升船机的世界纪录。较之于三峡升船机之前的世界最大升船机——比利时斯特勒比升船机，三峡升船机提升总重量为15500吨，最大提升高度为113米，分别提高了近一倍和近二分之一。三峡升船机具有提升高度大、提升重量大、上游通航水位变幅大和下游水位变化速率快的特点。

三峡升船机设计建设初衷主要是给客货轮和特种船舶提供快速过坝通道。目前，船舶经过三峡五级船闸需要三四个小时，通过升船机可以控制在40分钟左右。

据介绍，1994年，三峡工程正式开工，三峡升船机由于技术复杂等原因于1995年缓建。三峡建设者经过反复论证和方案比选，2003年，决定将原设计的钢丝绳卷扬提升方案改为齿轮齿条爬升方案，以提高安全可靠性。2007年，三峡升船机续建工程恢复施工。2016年9月18日，三峡升船机进入试通航阶段。

（摘自《中国水利报》2018年7月11日1版）

导语开门见山，简洁明朗，交代最重要的新闻事实，三峡升船机工程已具备正式通航条件。第二段介绍三峡升船机基本情况。第三段阐述意义，三峡升船机大幅度刷新了升船机的世界纪录。第四段、第五段交代背景。

整则消息可以按照从后向前的顺序进行删减，读者通过前两段就可以知晓整篇报道传递的信息。

三、抓标题

“题好文一半”。消息标题的特点是简明、准确、真实。其中主题旨在概括与说明主要事实和思想内容，帮助读者理解报道的事实。引题用来揭示消息的思想意义或交代背景，说明原因，烘托气氛。副题多提示报道的事实结果或作内容提要。

预计8月黄河上游来水偏多两成

黄河防总综合施策实时调度骨干水库

这则标题中，引题交代背景，读者通过看标题，便可知晓文章中的因果关系。

在建重大水利工程投资规模超1万亿元

提前完成《政府工作报告》目标任务

这则标题中，副题交代新闻事实的结果，读者看标题即可了解该新闻的重要性。

四、抓语言

消息语言要简练、客观、准确，不带主观感情色彩。要尽量精减文字，把可有可无的字句去掉，尽量简洁地交代清楚事情的缘由。

读者读报是“站着读”的，记者出身的美国作家海明威说，记者写新闻也应该是“站着写”。站着写因为累，就不会说长话了。

工程建设新闻常常涉及专业性较强的词汇，要用读者可以理解的语句进行说明，避免通篇过于晦涩，导致读者失去阅读兴趣，减弱传播效果。

下面是《南水北调东线一期北延应急试通水正式启动》的报道。

南水北调东线一期北延应急试通水正式启动

本报讯（记者 聂生勇） 4月21日，南水北调东线一期工程从东平湖开始引水，北延应急试通水正式启动。26日，东线长江水通过冀鲁交界；29日8时，水头已到达沧州市东光县码头闸，正在顺利向天津进发。此举是水利部深入贯彻落实习近平总书记关于生态环境保护和保障水安全的重要指示精神、着力解决华北地下水超采问题的又一具体行动。

本次北延应急试通水旨在通过引长江水水源置换河北和天津深层地下水超采区农业用水，压减深层水开采量，回补地下水，相机向河湖补水，改善水生态。同时，为下一步实施东线一期工程北延应急供水做好准备。

本次调水线路主要利用南水北调东线一期工程现有输水线路，经东平湖沿现状一期工程引江线路后至六五河节制闸，继续沿六五河通过潘庄引黄穿漳卫新河倒虹吸，于四女寺闸下入南运河后输水至天津九宣闸，线路全长约450公里。此次试通水，调水时段为4月21日至6月15日，计划调出东平湖水量6325万立方米，向河北补水1700万立方米，向天津补水2000万立方米。

（摘自《中国水利报》2019年4月30日1版）

全文424字，共三段。第一段交代事实和影响，第二段交代作用和意义，第三段对调水线路及时间进行具体介绍。文章语言易读，做到客观翔实的同时，又对新闻事件的重要性进行了简洁提炼。

第四节 水利工程建设新闻写作——通讯

通讯体裁一般篇幅较长，运用记叙、描写、抒情、议论等多种手法，不仅要交代五个W——何人（Who）、何时（When）、何地（Where）、何事（What）、何因（Why），还要报道新闻事实的诸多情节、细节。所用的材料不仅是新闻事实本身，还往往旁征博引各方面的资料。

水利工程建设新闻通讯体裁多为工作通讯、问题通讯等。工作通讯，即写工程建设过程、管理经验、运行效益等。问题通讯，即针对工程建设中的技术问题、融资问题等进行揭示。写作中要注意以下几个方面。

一、切忌照搬文件材料

工程建设新闻往往专业性较强，涉及诸多晦涩语言，阅读材料是理解新闻事实的重要渠道。但是，一定不要受限于文件材料，要跳出材料写文章。

切忌直接照搬材料：不要大段引用、罗列专业词汇，要对材料中的信息进行再加工，换成通俗易懂的语言进行写作。

带着分析视角：通过分析材料，梳理逻辑，寻找亮点，为文章提供事实、日期、数据、专家观点等方面的支持。

《让标准成为管理者的习惯》这篇稿件，是浙江省全面推进水利工程标准化管理两周年纪实类稿件，需要大量的材料支撑。记者对材料灵活运用，带着逻辑梳理，总结提炼观点，文章可读性高。我们来看看这篇稿件节选。

严格创建

省市县合力攻坚“标准落地”

2017年入汛不久，水利工程和一线管理人员是否已经做好汛期准备？带着这样的疑问，没有打招呼，浙江省水利厅厅长陈龙突击检查了某县一座中型水库。在水库的电站机房和管理处，陈龙连发五问：管理责任有没有落实？管理制度有没有完善？管理力量有没有充实？管理经费有没有保障？信息化管理平台有没有建设好并熟练使用？

五问“管理”，铿锵有力；落地防汛安全这根弦，掷地有声。每一问都像重锤，敲在每一位水利工作者的心上。

如何拉直这些问号，让标准真正“落地”？

——蹲点指导，专项督查，下沉培训，现场暗访，答案，就在省水利厅的一套“组合拳”里。

“坚持进度服从质量！”“必须严格依标创建，决不能放松标准和要求，决不能走过场！”为促进标准化管理“长效”和“落地”，近半年来，“在路上”成了省级“千人万项”专家的关键词。为促进“标准落地”，全省水利系统1775名“千人万项”专家深入一线，对标准化管理创建、长效机制建立等进行现场“把脉”，答疑解难。

2016年通过标准化验收的1179个工程（水电站及省本级管理的工程除外）接受了一次“地毯式”的专项督查，评分结果被作为全省“五水共治”考核以及水利年度综合考核的重要因素；35个县（市、区）的79个工程被“突击检查”，没有达标或没有依标管理的，必须限期进行整改；对整改不及时不到位，将予以通报！

2017年6月9日，全省大中型水库工程管理负责人培训班结束后，50多位首批创建单位负责人连夜参加省水利厅统一组织的考试考核，内容涵盖标准化管理的观念认识、依标管理、运管平台使用等。“不合格的人员，还要动真格，参加补考！”浙江省水利厅有关负责人强调，“考试仅仅是一种手段，目的仍是促进标准化真正‘落地’。”

——自我加压，创新机制，转变理念，答案，就在各地市高标准推进落实中。

五年任务，两年完成！萧山区、德清县、长兴县、安吉县等示范县自我加压，领跑标准化管理“起跑线”。“省厅下达任务8座，市局下达任务17座，我区自加压力增加到19座。”萧山区勇挑重担，争当典型。温州市、象山县、安吉县等从地方实际出发，出台“地方规范”。

百家争鸣，百花齐放，体制机制创新经验在全省各地开花结果。长兴创新圩斗区管理模式，破解管理事权改革难题；余姚出台水利工程运行维修养护管理办法，以制度保障资金长效落实；定海因地制宜，构建海岛特色基础水利管理模式，撬动管理体制改革……

从“拿来主义”到“量体裁衣”，从“被动创标”到“依标管理”，观念的转变，不仅发生在基层水管单位负责人身上，也发生在各级水利干部职工身上。越来越多的人意识到，标准化理念落实比设施环境改造更重要，建立长效管护机制比突击创建更重要，标准化管理创建质量比进度更重要，信息化建设软件比硬件更重要！

两年来，4550多项工程华丽转身，通过“对标创建”验收，基本实现“制度化、专业化、信息化、景观化”目标；20个示范县鲲鹏展翅，基本建立长效运行管护机制，“依标管理”真正落地生根！

华丽转身

标准化管理目标基本实现

当一座山塘的巡查人员将一条“山塘坝脚渗漏”的巡查结果通过手机上传至信息平台时，几十公里以外的水管单位工作人员就意识到该山塘已经产生“病变”，立即启动下一步工作——这是全面推进水利工程标准化管理最核心的愿景。

“相比工程出险后再进行补救，提前发现工程存在的隐患，及时采取措施，可有效降低事故发生率和损失。”浙江省水利厅有关负责人介绍。

两年来，安全的愿景，有了更多的注解。

转变，发生在日渐清晰的管理责任边界里。衢江区政府信息公开网站上，一份《关于明确水利工程标准化管理责任人及职责的通知》，解决了困扰由镇、村两级管理事权的小型水利工程管理多年的“认亲”难题。两年来，水利工程标准化管理厘清的，不仅仅是像浮石街道辖区内的小型水利工程一样的管理事权问题，还有省市县三级水行政主管部门在大中型水利工程管理问题上的监管责任和管理责任。

转变，发生在一笔笔管理经费的保障落实写进长效管护机制办法中。两年来，全省共投入30多亿元标准化管理创建管护经费。余姚市一马当先，率先出台运行维修养护管理办法，落实年度工程管护资金3500多万元，是标化创建前的4倍之多！长兴县、嘉善县不甘示弱，先后出台水利工程长效运行管护办法、管理资金补助和管理办法等。困扰多年的工程管理资金难问题随之解决，标准化管理长效化有了“定海神针”。

转变，发生在物业化带动的管理模式的不断优化中。安吉凤凰水库管理处通过政府购买服务方式，引进的一支具有水利工程运行维养技能和经验的专业队伍，弥补了该单位管理人员不足、技术力量薄弱、管理不规范的短板。物业化作为政府购买服务的一种手段，已经成为解决水利工程标准化管理中人员落实难题的一个有效路径。两年来，物业化养护、管养分离等市场化管理模式在遂昌、淳安、柯城等地兴起，全省670家具备水利工程维修养护能力的管理公司涌向市场。像住宅小区一样，每个水利工程都有一个物业团队，指日可待。

转变，发生在一个个信息化运行管理平台上。信息化是浙江全面推进水利工程标准化管理的一项重要内容。两年来，浙江将100多座大中型水库运行有关数据率先纳入平台管理，实现省市县三级水利部门对重要水利工程运行的远程监管。水库水位，巡查留痕，记录上传，视频可控，信息化管理平台让管理的每一个环节都有迹可循；工程上图，数据入库，信息汇总，全省形成了一套上通下达、协同管理的“中枢神经”。“巡查工作被全过程记录，对我们来说，既是一种约束，也是一种保护。”苍南县桥墩水库管理处的巡查员说。

转变，发生在标准化管理体系一次次被实践论证里。在浦江，一口山塘经过整修后焕然一新。“全村农作物、花卉种植的灌溉水源也更有保障了。”民生村党支部书记周美笔对来年村里的乡村花海项目充满信心。在湖州，随着水利工程标准化管理的推进，一场病险水库山塘“清零”行动也拉开了帷幕。在兰溪，今年梅雨期暴发了1955年以来最大洪水，当地出现最高水位32.04米，最大流量14500立方米每秒，超过2011年“6·20”洪水最高水位0.18米，但经济损失却比当年减少了52.54亿元，兰溪市内受淹面积更减少了2/3！在省防指的科学调度和基层防汛体系充分发挥作用下，水利工程更是当之无愧的“功臣”。全面推进水利工程标准化以来，管理责任的明确，管理人员的落实，给水利工程安全度汛多上了一道“保险”。

（摘自《中国水利报》2017年12月5日2版 记者 徐鹤群 郑盈盈）

以上只是选取了文章的两个小标题部分。作为一篇水利工程标准化管理两周年的总结性文章，记者拥有大量的事实信息。不难发现，记者并没有简单地罗列材料，而是跳出材料剖析事件背后的价值，归纳总结，并选取有代表性的例子辅助说明。

记者采用自问自答的形式，将新闻事实归类，阐明管理责任落实、管理制度完善、管理力量充实、管理经费保障、信息化管理平台建设等情况，并总结出从“拿来主义”到“量体裁衣”，从“被动创标”到“依标管理”等思路。同时，通过五个转变，阐述标准化管理的意义。转变部分选取的例子具有典型性和代表性。

整体来看，文风清新明快，语言有气势，过渡自然。

二、切忌只报道不分析

通讯写作区别于消息写作的重要一点，即不仅交代发生的新闻事实，同时交代事实背后的逻辑关系，对事实有相应的解释说明。更详细、更深入、更丰富是通讯体裁区别于消息体裁的突出特色。

工程建设类通讯写作，要围绕文章主题，交代相关解释性信息，包括技术引进的前后过程、融资各方的不同意见、设计的技术特色、施工技术工艺的突破、建设难点的原因等，使文章立体丰满。

我们来看《堤防保险有了温州模式》这篇通讯稿件。

1000万元保费撬动3亿元保障

堤防保险有了温州模式

本报记者 郑盈盈 徐鹤群

砸锅卖铁修海塘，千辛万苦建江堤！堤防对地处东南沿海、深受台风灾害困扰的浙江省而言，一直是守护人民美好生活的“生命线”。然而，如何确保堤防安全无虞，如何确保水毁堤防及时修复，一直是浙江水利人亟待破解的难题。

4月27日，温州市水利局与人保财险温州市分公司、人寿财险温州中心支公司等两家保险公司共同组成的承保机构签订协议，用1000万元保费为全市范围内1234公里3～5级堤防上保险，合同约定灾后最多可获赔3亿元。

两年前，浙江台州市的玉环市、温岭市、三门县，宁波市北仑区等沿海城市分别通过尝试购买堤防保险，以破解财政经费拨付不及时、金额不能满足修补需求的困境。如今，又一个浙江沿海城市破题堤防灾害风险防控改革。

温州市防办主任黄凡说："与台州、宁波等地相比，温州的堤防保险模式范围更广，保额更大，修复资金理赔实现大提速，也更具有长效性。"

堤防集体投保

规模化形成集聚效应

敢为天下先，一直是温州人的座右铭。无数个温州经验、温州样本近年来在浙江水利改革发展实践中闪耀光芒。

然而，破题沿海堤防灾害风险防控一直是温州水利改革的重点难点。数据显示，2007—2016年，共有10个台风登陆或严重影响温州，全市累计投入水毁工程修复资金4.86亿元，其中一半以上水毁工程为堤防损失，且多集中在3级以下堤防。

以往温州的水毁工程修复完全依靠固定的预算资金。过去10年，温州市每年在水利建设与发展资金中安排防汛防台抗旱应急经费500万元用于水毁修复。实践表明，这样的预算安排，直接造成"平安年份资金结余，大灾年份资金不够"。

黄凡说，通过引入保险机制，可以将不固定的灾害分散支出转化为可预算安排的固定保险费支出，分担和转移政府风险。

堤防灾害除了存在时间分布不均的问题外，空间分布上也不平衡。此前，各地在堤防保险的探索上大多头痛医头、脚痛医脚，哪里最容易发生灾害就投保哪里。这样的运作方式，保险公司显然不愿意了。因为和其他政策性保险相比，水利工程的保险具有高风险性、高赔付率和高亏损率的特点。

温州创新采用全市统一投保的方式，用"全市一盘棋"来贴补部分重点受灾点，分散灾害风险，实现堤防保险可持续发展。全市11个县（市、区）和1个市级功能区打包为一个招标人，由市水利局统一招标后，各级水利部门与对应的保险公司签订协议。

以今年为例，温州全市防汛防台抗旱应急经费从500万元增加至1000万元，这笔钱被用作全市1234公里3～5级堤防的保费。按照双方约定的赔偿标准，投保的堤防设施出险后，每次事故赔偿上限为每县（市、区）每年保费的20倍，全年累计赔偿额度为总保费的30倍。这意味着，可以实现用1000万元资金撬动3亿元的堤防修复资金大杠杆！

"统一投保如果可以规模化，那取得的集聚效应就会更好！"黄凡说。

时间就是保障

创新实现快速理赔

2016年9月，温州市鹿城区玉林溪在接连遭受台风"莫兰蒂""鲇鱼"带来的强降雨影响后，共有1.7公里堤防遭到破坏。据鹿城区防办主任林峰介绍，这些受损堤防一直到当年12月底财政资金到位后才开始动工修复。

按照惯例，堤防修复补助资金下达要经历逐级上报、审核、审批、下拨等多个程序，时间在2～3个月不等。然而作为温州经济和社会发展的生命线，堤防的修复提早一天开始，就意味着多一天的保障。一旦受损堤防还没来得及修复便又经历新一轮损坏，灾区往往措手不及。

时间就是保障！明确了这一目标，温州在改革中探索建立了“应急抢修快速赔偿”“重大灾害预付赔款”机制和“保险快速定损赔付模型”，改变了目前国内保险行业的理赔流程和周期，从损失必须修复后再提供资料进行理赔核损和赔付，向先抢险抢修、可预付部分保险赔款的机制转变，创新性地解决了修复资金不能及时到位的难题，实现了5～7天内修复资金快速到位。

早在今年年初，温州市水利局便要求各地开展水利普查和内部灾毁统计，同时聘请了保险顾问公司，建立了以各县（市、区）为独立“堤防圈”的损失模型，并将堤防进行了结构性划分，确定了每一个单项的金额。只要抢险过程中有人拍照、录像等留下影像资料即可获得正常赔付。为了在最短时间内实现水毁堤防工程的快速修复，保险公司还将预付款部分的最高比例提高至70%。

今年，鹿城区玉林溪整段长达2.5公里的堤防都被列入了全市堤防保险项目中。林峰说，这一改革带来的最大便利就是修复资金到账更快了。“有了现在这个机制，我们可以在最短时间内完成受损堤防修复工作，在连续性灾害中有效防止灾情扩大，保护人民生命财产安全。”

共管才能共赢

“双保险”为堤防安全加码

今年汛前，一支由人保财险温州分公司聘请的专业第三方检测机构在全市各条投保的堤防上开展巡查。

“我们将在水利部门管理的基础上，通过信息化和物联网建设，提供灾前防灾检查和风险预警，对堤防的‘健康状况’实行再监控，实现风险管理服务前置到堤防安全动态监测和隐患排除双保险。”人保财险温州分公司副总经理郑忠勇说。

为堤防“上保险”，不是为了获得多少赔偿，而是通过保险公司参与和监督投保堤防的运行管护工作，进一步提升工程安全监测、日常检查、维修养护、事故处理报告等管理监督水平，实现对隐患的“防”和“控”。这是双方在合作的终极目标上达成的共识。

水利工程管理点多、面广、专业性强，但是一直存在管理人员素质不高、人员不足等难题。购买堤防保险的机制，会倒逼保险公司主动参与和监督堤防的运行管护工作，作为水利工程管理维护的有效补充，将会成为市场经济条件下政府风险管理的重要手段。“工程管理得越好，出险概率就会相对越低。”黄凡说。

双方为此还约定，从保费中拿出不低于4%的资金成立堤防防灾防损基金，用于提供项目的防灾防损服务。

如今，浙江全省已进入汛期，水利工程灾害风险防控的温州模式效果究竟如何，还有待实践检验。我们在祈盼风调雨顺、平稳度汛的同时，也将对温州此次试水堤防灾害风险防控改革模式进行持续关注。

（摘自《中国水利报》2018年5月10日1版）

文章开篇便告诉了读者温州推行堤防保险的背景、概况和特点。文中每一部分都提出问题，具体分析，逻辑清晰，信息丰富，使读者清楚了解温州推进堤防保险的创新性及重要性。

文章分三个部分，对温州创新采用全市统一投保、创新机制实现快速理赔、“双保险”为堤防安全加码等，进行了详细阐述，交代因果关联，点明探索创新的重要意义。作者在交代事实基础上，对创新堤防保险的思路、举措进行了分析解释，将堤防保险温州模式立体化呈现给读者，为其他地区试行商业堤防保险提供有益借鉴。

三、切忌表达方式单一化

叙述、描写、抒情、议论、说明之间的迅速转换和变化，体现记者对文章的整体把控能力。记者可根据信息需要，采用多元化的表达方式，将工程建设通讯写得灵活、可读。

下面内容节选自《三河口大坝透射智慧光芒——记引汉济渭三河口水利枢纽施工期监控管理智能化工程》，记者采用多种表达方式，将专业性较强的监控管理智能化工程写得生动、易读。

将 90 万立方米混凝土，以 30 厘米为一层进行层层碾压，形成大坝主体；将 37 万立方米混凝土，注入以钢筋为骨架的模板中进行振捣，构筑大坝的特殊部位。在 3 年内，127 万立方米的混凝土浇筑形成 145 米高的大坝。这是三河口大坝的基本建设过程。

三河口施工期智能监控项目，正是要在三河口大坝的建设过程中，采集数据，集成至平台，使业主、施工方、监理方、设计方等共享信息。在此之上，分析、研判施工质量是否达标，并第一时间通知责任人整改。

“嘀嘀……”这是智能预警系统在发出“警报”。“4 月 16 日 10 点 13 分，编号 01 的碾压车在碾压第 11 层时振动频率过高，不符合要求。”这条预警信息，由碾压车上的激振力传感器，通过一款名为“预警信息”的手机软件传达到各负责人，提醒立即处理。待处理过后，软件中的显示会从“未处理”变为“已处理”。

机器报警和人工监督到底有什么不同?

“人力监控漏洞很多。”有几十年监理经验的水工专家仲深意颇为感慨，“各项数据不再靠人，而是通过传感器采集上传，一下解决了人力监控死角多、数据失真或延迟的问题。机器可不用上厕所，也不会打盹儿，更不会说谎!”

智能化获取数据并指挥现场作业；“协助人、解放人、管理人”，而不再仅仅依靠“人盯人、人管人”。这正是项目的目标。

华水智控项目的重要特色，是实现 BIM 系统的动态应用，利用一个平台集成数据，实时监管。动态，实时，实现对工程的反馈控制，将 BIM 系统应用推到新高度。

（摘自《中国水利报》2018 年 10 月 17 日 1 版　记者　岳虹　张卫东　刘祖国）

叙述、说明、引用、对比、设问……记者在上述文字中运用多种表达方式，将三河口大坝的基本建设过程及三河口施工期智能监控项目实施办法、项目特色，进行了条理清晰、通俗易懂的报道。

四、切忌只是面上写作

工程建设通讯，如果仅有整体的面上介绍，离开细节、情节，势必写得空洞。点面结合法可将最能表现文章主题的关键信息作为“点”安排在最突出的位置上，把其他起补充、陪衬、铺垫、烘托及连接过渡的信息作为“面”来谋篇布局。

要以“点”显“面”，以“面”衬“点”。点面结合可体现工程局部和整体、个人和总体的关系，给人以真实的现场感受。同时，也能多方面烘托、展示描写的工程，深刻揭示文章主题。

我们看看有关引滦入津的报道。

“引滦入津”：一座流动的丰碑

新华社天津4月14日电（记者　郭方达）　河北省唐山市迁西县，有一尊10余米高的白色纪念碑，一名战士的塑像巍然而立，望着前方。他注视的，正是引滦入津工程的起点。

西流的滦水，就是一座流动的丰碑。

一湾水，两地情

天津地处九河下梢、渤海之滨。20世纪70年代，天津城市生活和工农业用水不足现象日益突出。由于超量抽取地下水，造成大面积漏斗区，地面平均每年以80毫米的惊人速度沉降。

用水最紧张时，市民只能喝苦咸水。据介绍，当时天津甚至制定了万不得已情况下，工业分批停产和疏散城市人口的应急预案。

1981年8月召开的京津用水紧急会议上，国务院决定引黄济津。豫鲁冀三省人民顾全大局，立即响应。

但这不能从根本上解决问题，只有可靠的地表水源才是最好的出路，“引滦入津”工程雏形应运而生。

按工程规划，川流不息的滦河水，自河北穿燕山余脉，循瀿河河水道，自潘家口—大黑汀水库流向于桥水库，跨越两百余公里流入天津。

1982年5月11日，引滦入津工程开工。

一湾水，将津冀两地紧密相连。

子弟兵，爱人民

“引滦精神就是为民造福!”已经90多岁的原铁道兵第八师师长刘敏在接受采访时说。

1982年1月，刘敏所在的原铁八师正式接到命令，参加引滦入津工程。在寒冷的冬季，部队仅用了不到两个月的时间，就打开了进入各个斜井口的通道，抢盖了临时住房5万余平方米，比预计准备工期快了1个月。

施工期间，铁道兵并入铁道部，铁八师编制撤销。30多年过去，刘敏对于部队“最后”一次任务，记忆犹新。

施工中，原计划通过10余个隧洞增大工作面来加快工程进度，谁料地下情况复杂，时常塌方，还牺牲了不少战士，废弃两个隧洞后重凿新洞才能赶上进度。

铁八师正是负责其中引水隧洞的关键部分，而部队撤销的消息突如其来，基层战士们一时难以接受，工程进度大受影响。

部队和官兵将来怎么办？询问的信件将刘敏的办公桌堆得满满当当。

正当他一筹莫展之际，传来了好消息：天津市同意相关部队战士都在天津落户转业，并得到天津社会各界的广泛支持。

原本不知如何是好的战士们，一下子有了底气：有天津人民做后盾，什么工程都不在话下。

1983 年 9 月 11 日，甘甜的滦河水流入天津。“吃水不忘挖井人”——许多参与工程的战士就此留下，成为天津人。

绿山水，真金银

进入 21 世纪后，受铁矿石价格上涨等因素影响，瀑河沿岸出现了大批的采矿企业，当地山体植被遭到不同程度破坏；为了增加收入，滦河沿线养殖业悄然兴起。水体，开始遭受污染。

寻找保护环境与当地居民增收的平衡点，成为区域流域管理的重难点。

为此，河北省加大引滦入津沿线污染治理力度，加快实施上游潘家口-大黑汀水库库区网箱养鱼清理工作。截至 2017 年 5 月，潘大水库网箱清理工作已全部完成，共清理网箱 79575 个、库鱼 1.73 亿斤。

记者了解，身处下游的于桥水库周边的居民们也经历了南岸搬迁、退耕等整治行动。

家住天津市蓟州区白庄子村的孙大娘告诉记者，当地政府按照土地征用面积每年每户给予补偿，还组织集中种植蓝莓、金银花等高产值作物，“现如今环境更好了、收入更高了”。

2017 年 6 月，天津市正式与河北省签订了《关于引滦入津上下游横向生态补偿的协议》。根据协议内容，2016—2018 年，河北省、天津市各出资 3 亿元共同设立引滦入津上下游横向生态补偿资金，专项用于引滦入津水污染防治工作。此后，津冀两地还将持续探索流域治理的区域协同新模式。

30 多年过去，南水北调等多重引水工程的实施，使滦河水已不再是天津唯一的用水来源，但引滦精神及其区域协同的治理经验，在津冀人民心中，是一笔珍贵而永久的财富。

（摘自《中国水利报》2019 年 4 月 17 日 1 版）

文章从一尊白色纪念碑的“点”写起，引出引滦入津工程。选取“引滦入津”工程缘何开工、施工部队“最后”一次任务等点上描写，凸显一湾甘甜水将津冀两地紧密相连，表达出天津市民对“喝好水”的渴望。同时，通过“吃水不忘挖井人”的故事，表达工程背后蕴藏的浓烈感情。文章最后一部分，以粗笔概括讲述了引滦入津水污染防治面上工作。

全文以点带面，点面结合，烘托、展示引滦入津工程的建设与发展过程，揭示出引滦精神及其区域协同的治理经验发挥的积极作用。生动、有意义的点，让文章增色可读，推动主题思想自然流露，令人印象深刻。

第五节 水利工程建设新闻写作——特写

工程建设新闻特写：用类似电影“特写镜头”的手法来反映工程建设，是记者深入工程建设现场采写的一种现场感较强、篇幅较短小精悍的新闻文体，侧重“再现”。

新闻特写可细分为事件特写、场面特写、人物特写、景物特写、工作特写、杂记性特写等。工程建设新闻中较常见的特写有事件特写（再现重大事件的关键性场面）、工作特写（对于某一工作场面的生动再现）和杂记性特写（各种具有特写价值的新闻现场的生动再现）等。

工程建设现场感强，是新闻特写作品的“富矿”。好的特写作品有以下共同的写作特征。

一、重描写

描写是新闻特写的主要表现手法，截取工程建设事件或施工者的一个片断、一个情景、一个镜头，运用文学笔法进行场面、环境、人物等描写，使读者如临其境、如闻其声、如见其人，具有强烈的感染力。这里要特别注意，新闻的描写是真实的描写，并非真正的文学描写，务必在确保真实的情况下选择恰当描写的词语，而不可以罔顾事实，浓墨重彩，信笔开河。否则可能会适得其反，与新闻无缘了。

二、重细节

细节是特写的重要元素。但细节必须是真实的，要如实描绘真人真事，而且新闻的细节，是粗笔的细节，并非像文学体裁的文章，极尽细腻。要以工程现场观察为细节描绘的基础，像新闻摄影一样拍摄现场真实情景，捕捉典型瞬间的生动形象，使作品具有强烈的现场感、画面感、真实感。写作上要求集中、突出，忌面面俱到。

三、重跳笔

特写多采用短句子、短段落、断裂式行文的跳笔写作。跳笔可增强文章整体节奏感，让短文章也可以跌宕起伏，有效避免工程建设特写平淡无味。

我们来看三峡工程截流时的新闻特写。

截断巫山云雨时

本报采访组

2002年11月6日，中共十六大召开前夕。世界第三大河中国长江，三峡三斗坪。

一清早，江面上薄雾蒙蒙，左岸大坝岿然矗立，上游龙口的两道戗堤有力地扼住了导流明渠咽喉，十几米宽的小龙口激流澎湃，白浪翻滚，像一条被困住的巨龙在挣扎。龙口上游的水文测船一直在剧烈地抖动，仿佛强行摁住了“龙头”。两岸戗堤上，满载石料的特大型自卸卡车呈“L”形摆开，远远望去，宛如两条蓄势待发的长龙。7时刚过，岸上、船上早已人声鼎沸。

9时10分，国务院副总理吴邦国一声合龙令下，顿时，上下游指挥哨声响起，几十台巨型车辆咆哮起来，轰鸣声震撼大江两岸。那些载重超过 70 吨的庞然大物鱼贯驶向上游龙口两岸和下游堤头。这些车辆光轮子就有一人多高，每当它们从面前经过，人们禁不住后撤几步。

巨大的四面体抛入龙口，激起几米高的浪花，引得无数摄影记者频频按下快门。

大石块轰然倒入龙口，又是一阵浪花，离上游龙口约 500 米远的观礼台上，领导、专家的视线投向龙口。

碎石、渣土倒向裹头，推土机迅即跟进，戗堤进占有力地向前，向前……

这是世界上难度空前的截流。工程规模大、强度高，水力学指标高、难度大，双戗进占截流，上下戗堤协调配合要求高。此时，截流总落差达 2.17 米，上下游戗堤需配合承担落差，稍有不慎，就可能功亏一篑。

这是一次充满高科技的“数字化”截流。水文监测指挥船上，电脑屏幕上闪烁着各种彩色图表。长江水利委员会水文局局长岳中明告诉记者，1997 年截流时水文职工的测量数据需要来回跑着送，而这一次有了无人值守的水文测船，且实现全面联网，水文监测数据瞬间便显示在指挥台的屏幕上。参加截流的车辆也采用了数字化编码，实行信息化调度。

高强度的进占在持续，龙口逐渐缩小……大块石已在龙口中央挺住……龙口已束成梯形豁口……两侧的裹头会合了……

两道围堰如一双巨臂，与左岸大坝导流墙紧紧相拥，长江巨龙驯服地从已经建好的 22 孔大坝导流底孔奔向下游。

9 时 50 分，接现场总指挥彭启友报告，吴邦国副总理宣布截流成功。

顿时，整个工地鞭炮齐鸣，轮船笛声四起。岸上、船上、坝上，掌声雷动，彩旗挥舞，一片欢腾，三斗坪沸腾了。一直阴着的天也突然放晴，太阳露出了和煦的光芒。

人们不会忘记这壮美的一刻，历史会记住这铸造辉煌的地点。

这辉煌的一刻属于全体三峡建设者；

这辉煌的一刻属于当代水利水电人；

这辉煌的一刻属于与时俱进的新时代。

一代伟人毛泽东曾抒发“截断巫山云雨，高峡出平湖”的豪情壮志；三峡工程成为中华民族的“世纪之梦”，今天，我们向着这个梦想又迈出了坚实的一步。

（摘自《中国水利报》2002 年 11 月 7 日 1 版）

文章第一段 34 个字，采用短笔，将时间、地点、背景交代清楚，表述简洁有力。全篇多为短句子、短段落、跳笔，节奏紧凑，现场感、代入感强，读起来毫不费力。

两道戗堤，水文测船，岸上、船上早已人声鼎沸，无数摄影记者频频按下快门……这是世界上难度空前的截流、这是一次充满高科技的“数字化”截流、人们不会忘记这壮美的一刻……文字转折流畅，有声有色，在跳跃之间，事件跃然纸上、意义凸显。

四、重共情

共情才会有感染力，记者注重观察和感受，并借助文字表达出来。

事件是否有特色、人物活动情节是否有吸引力，直接影响写作效果。如何描写工程场景、选取哪个特征片断，也考验着记者观察判断的能力。只有记者所说与读者所读间产生共鸣，读者才会身临其境。

我们来看一篇记者深入引汉济渭工程施工现场的稿件。

穿　战　秦　岭

本报记者　李先明　王辛石

秦岭，世界十大主要山脉之一，横亘在祖国腹地，形成了黄河、长江两大流域的分水岭，划分了华夏大地的北方与南方。

正在建设的引汉济渭工程，设计引长江最大支流汉江的水，在黄金峡、三河口两大水利枢纽调节配合下，经 98.3 公里输水隧洞穿越秦岭，优化配置关中、陕北的水资源，是具有全局性、基础性、公益性、战略性的国家重大水利工程项目。

最近一段时间，记者两次走进引汉济渭工程工地采访。峡谷之中，一道拱坝已具雏形，塔吊耸立，各种施工机械、车辆有序运转，一派紧张、繁忙景象。

陕西省引汉济渭工程建设有限公司党委书记、执行董事杜小洲告诉记者，与修铁路和公路不同，引汉济渭需要遵循水的规律，是在地下水水位线以下挖输水隧洞，平均埋深达 1300 米，最大埋深 2000 米。这是人类第一次从底部洞穿秦岭！隧洞施工遭遇了“比钢板还硬的岩石”，加之出现岩爆、断层塌方、涌水等问题，随之而来的是强噪、高温、高湿的考验。

记者在钻爆法施工的黄三段 3 号洞掌子面感受了钻机与岩石较量的震撼——高强噪声强行冲击耳膜，记者连自己说话都根本无法听到！工人之间只有简单的手势和眼神交流。

岭南 3 号洞 TBM（全断面硬岩隧道掘进机）施工现场，不仅有高强噪声，还有高热、高湿。TBM 系统总长约 300 米，越是离机头近的地方越热。近 40 摄氏度的高温是常态，人在其中就像蒸桑拿，不动都冒汗！工人们为了方便散热，避免中暑，一般都光着膀子，但仍然汗流浃背。

最热、最湿的地方当数刀头室。采访时正赶上检修，记者经过仅容一人的狭小孔洞爬进了刀头室。顿时，就像蒸桑拿时在木炭上泼了一瓢水，汗水朝外猛挤！镜头已经蒙上水雾，湿透的衣服粘在身上。狭窄，昏暗，借助偶尔闪亮的电焊火花，才能看见夹缝之中工人正在更换刀头。

刀头室，正是刀具切割岩石的地方。人们很难现场看到几十个刀头同时作业的场景，但是从“大约每掘进一米就磨废一个刀头”的统计和强噪、高热、高湿的环境中，可以想象火花四射、热能迸发的壮观！

虚脱！这是记者在 TBM 施工洞采访 5 个多小时后的真实感受。耳鸣！这是记者在钻爆法施工洞第一次采访 1 个半小时的“后果”，十几个小时以后才逐渐缓解。

穿战秦岭，是钻机与岩石的对话，实质是人与岩石的较量。

艰难铸就伟业，磨砺塑造精神。作为一项新时代的国家重点水利项目，引汉济渭工程在秦岭底部的挖凿与浇筑，艰苦与磨砺，集中彰显了中央兴水惠民的决心，国家建设发展的实力，民族振兴图强的精神！

（摘自《中国水利报》2018 年 7 月 3 日 3 版）

记者用不长的文字，写出了一个个镜头。

拱坝、塔吊、车辆……记者先是从外围看，烘托出紧张繁忙的气氛。然后记者走进钻爆法施工的黄三段3号洞掌子面，感受钻机与岩石较量的震撼——高强噪声强行冲击耳膜，无法听到自己说话。工人间只有简单的手势和眼神交流。

随后，在岭南3号洞TBM施工现场，除了高强噪声外，还有高热、高湿。“工人们为了方便散热，避免中暑，一般都光着膀子，但仍然汗流浃背。”“虚脱！这是记者在TBM施工洞采访5个多小时后的真实感受。耳鸣！这是记者在钻爆法施工洞第一次采访1个半小时的‘后果’，十几个小时以后才逐渐缓解。”……

记者通过一系列细节描写，将冷冰冰的工程写“活”，使千里外的工程“伸手可见”，与读者产生共情。

第六节　工程新闻摄影要点

水利工程是水利建设事业的主要硬件，在一定程度上标志着一个国家水利建设的能力和水平。我们常说治水兴邦、兴水惠民，其中很重要的部分就是指充分运用水利工程来实现。因此，水利工程建设和运行管理，往往是水利建设的主要任务，也是硬任务。水利工程建设和管理过程中的人物状态、机械状态、工地的形象进展、环境面貌及其环境形象都是工程新闻摄影的重要组成部分。

水利工程建设历时往往很长，大型工程有的长达几十年，短的也要两三年。水利工程建设占地大、人员多、机械多、类型多，不同时期不同的水利工程建设项目差异很大，因此水利工程建设过程中的新闻也会很多，这给水利工程新闻摄影提供了充足的机会。

2018年5月31日，引汉济渭三河口水利枢纽工程工地，
一道拱坝已具雏形（李先明　摄）

拍摄建设中的水利工程，需要了解工程的特点，拍摄时工程的建设进展状况，工程不同子项的分布和进展，人员情况、机械情况、施工程序、当时的施工安排等。这些情况了解得越细越好，有利于做到心中有数，合理安排拍摄采访。比如，大藤峡水利枢纽工程的建设过程中，右岸大坝主体工程建设，在一天之中的安排一般是：早上 7 点换班，中午 12 点吃饭，下午 5 点收工，工人都撤出工地以后，开始放炮。

天刚蒙蒙亮，大藤峡右岸大坝工地工人开始入场（李先明　摄）

大藤峡右岸大坝工地工人午餐（李先明　摄）

大藤峡右岸大坝工地工人收工（李先明　摄）

大藤峡右岸大坝工地每逢下午收工都有一轮爆破作业（李先明　摄）

露天工程建设，拍摄相对容易，可以借助自然光线拍摄。可以运用早晨或傍晚时的光线，拉长人物和工程构件的阴影，形成生动而富有含意的构图，也可以利用逆光拍摄剪影效果，或者顺光形成洒满金光的效果。太阳升起以后，可以充分运用太阳光线强硬的特点，体现工程施工环境特点、工程建筑的进展和形象面貌。阴天散射光线可以拍摄建设者施工的场景，特别是工人施工时的表情、动作等特写。雨天可以拍摄建设者冒雨施工的场景，当然要注意有些施工项目是不可以冒雨施工的。

大藤峡大坝工地上工人正在施工（李先明　摄）

拍摄夜间、洞内施工的场景，最好使用三脚架拍摄，可以把施工中的动感表现出来，使用慢速度，可以拍摄美丽焊花，可以让施工中流动的灯光形成痕迹，美化构图等。

大藤峡夜间施工照片（缪宜江　摄）

拍摄非露天施工的场景，要注意用好工地的现场光，有些光线虽然比较弱，但通过曝光时间控制，可以形成比较独特的光影效果。

2018 年 6 月 1 日，在引汉济渭岭南 3 号洞，小火车要跑 40 多分钟
才能到达 TBM 施工现场（李先明　摄）

在工地拍摄时，要特别注意运用好工地上各种各样的设备、机械、材料、工程等的形状，来丰富画面，组织构图。

大藤峡右岸大坝施工中工人在绑扎钢筋（李先明　摄）

对于已经建设完成的水利工程的拍摄，相比正在建设的工程要简单很多，拍摄条件也方便很多，当然要拍摄出具有震撼力、影响力的片子也要难很多。这时候要特别注意拍摄的角度、用光、构图问题，要特别注意工程与人之间的关系。

一般来讲，拍摄水利工程要想拍摄出新意，就要寻找一般参观人员所达不到的高视角或低视角，因此，水利工程上最高的那个点或者最低的那个点，很可能就是最佳的那个拍摄点。摄影家经常说的“摄影人总喜欢上天入地”，就是这个道理。

比如，南水北调穿黄工程有两个点值得关注，是一般人难以拍摄到的：一个是穿黄输水隧洞的底部，可以看到巨大的输水管道的状态；一个是北岸穿黄工程建筑物的前沿顶端，在这里可以拍摄到汉江碧水穿黄出洞之后雷霆万钧的咆哮之势。

从穿黄输水隧洞的底部向上拍到的画面（李先明　摄）

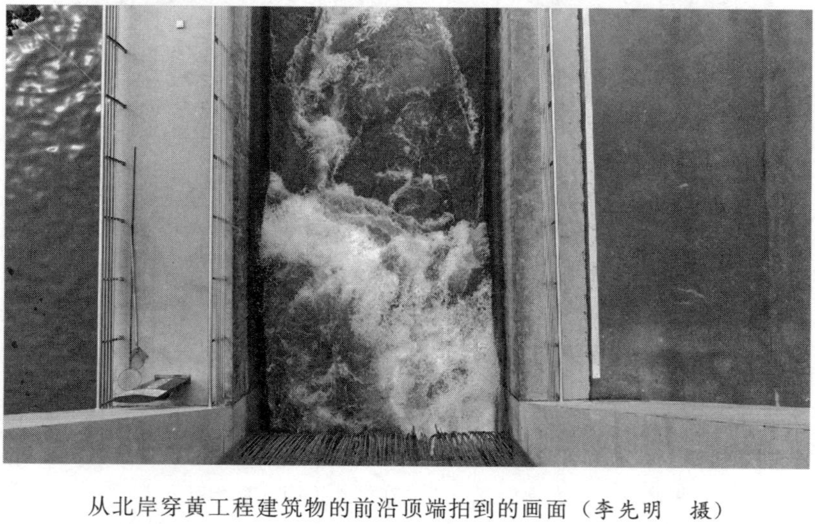

从北岸穿黄工程建筑物的前沿顶端拍到的画面（李先明　摄）

拍摄水利工程还要特别注意用光，朝晖和晚霞沐浴之下或者乌云密布、电闪雷鸣之时的水利工程，可能恰恰是最能反映水利工程壮美的一刻或是最能体现水利工程价值的一刻。

沐浴在晨晖之中的曹娥江大闸（李先明　摄）

上述内容都是拍摄水利工程的基本技术问题，这些问题在拍摄过程中稍加实践锻炼就可以获得比较好的经验，相信不是太大的问题。要想拍摄好工程新闻，还需要特别注意以下几个问题。

一是工程新闻摄影必须注意把握正确的导向。

一个偌大的水利工程工地可以拍摄的画面非常多，拍什么不拍什么，把什么作为构图的主体，体现什么状态，反映什么问题，表达什么主题，这就有一个导向问题。

关于科学施工的导向问题。比如说拍摄工人冒雨施工的画面，有些工序是不受下雨天气影响的，是可以发表的，而有些工序是不允许冒雨施工的——下大雨时不能浇筑混凝土，如果发表这样的新闻照片，那就背离了正确的新闻导向了。

关于安全施工的问题。到工程建设工地采访，一定要按要求戴好施工专用安全帽，这是对拍摄者来讲的。对于你要拍摄的对象——正在施工的工人，在绝大部分场景下必须戴安全帽，否则再好的照片也不可以刊发。这里特别要注意的是非主体人物是否戴着安全帽的问题，因为非主体人物往往不容易注意到，特别是在安全帽不充足的情况下，容易出现背景有工人没戴安全帽的问题。《中国水利报》在实际编辑过程中，就因为安全帽的问题刷掉了好多照片，有些甚至是相当好的照片。

关于依法施工的问题。水利工程建设必须依法依规建设，这样工程才是正面的新闻报道对象，否则只能作为负面典型曝光。工人施工依法享有应有的劳动保护，如果没有应有的劳动保护措施，这样的画面就不是正面的新闻报道对象。比如，钻爆法施工过程中，工人应当戴防尘面具，拍摄时要特别注意观察。

二是拍摄工程建设时要注意体现工程的突出特点或主要矛盾。

水利工程建设期长，每个时期有每个时期的特点和主要矛盾，拍摄时要注意分析清楚，抓住主要矛盾，在画面中呈现出来。

比如引汉济渭工程秦岭输水隧洞施工，其突出的特点就是岩石坚硬，表现在施工过程

引汉济渭钻爆法施工的工人戴着防尘罩施工（李先明　摄）

中，钻爆法施工就是高噪声——比一般的钻爆法施工噪声要高出很多，TBM 施工就是刀头磨损毁坏严重、产生热量和湿气特别多。那么，如何才能用镜头体现这些特点呢？

钻爆法施工，这时的工人忍受着高强噪声施工，相互之间无法用语言沟通，只能通过手势交流，那么手势交流就是一个经典画面。还有，工人在施钻过程中，无法相互交流，只能是寂寞的，面对的只能是高速运转的钻机和正在钻进的岩石。那么，如果能拍摄出人、钻机、岩石之间的关系，那就是最经典的画面。

在钻爆法施工高强噪声中，工人与钻机和岩石上的影子做伴（李先明　摄）

这里多说一句，要想体现钻爆法施工的中景镜头——就是掌子面施工的矛盾高潮的画面，就是要每一个钻爆工位都有工人在施工，而且最好动作各异，动作饱满、到位。所以，看似很简单的掌子面拍摄，要想拍摄到理想的画面也是不容易的。

2018 年 5 月 31 日晚上，引汉济渭黄三段 3 号洞
钻爆法施工掌子面（李先明　摄）

TBM 施工，刀头磨损毁坏严重、产生热量和湿气特别多，其表现一是损毁的刀头、更换刀头的维修，二是工人施工环境极其湿热。就损毁的刀头来讲，是静态画面，只有拍摄大量损毁的刀头才会有视觉冲击力和感染力，否则很难说是经典的成功画面。而对更换刀头来讲，场地极其狭小，环境极度湿热，拍摄难度很大。但越是拍摄难度大，越有可能拍到难得一见的画面、打动人的照片。

2018 年 6 月 1 日，在引汉济渭岭南 3 号洞 TBM 刀头室，
工人张立斌正在夹缝之中检修刀头（李先明　摄）

工人张立斌更换刀头的这幅照片就是在无限靠近最最艰苦的刀头室的环境中拍摄的，成为无数摄影人去过引汉济渭 TBM 施工隧洞却未能拍到的珍贵画面。

再说工人施工环境极其湿热的拍摄。极其湿热的环境，如何才能用镜头体现出来呢？工人为了避免中暑普遍光着膀子施工，拍摄光着膀子施工的场景是可以的，但是仍然很难形成视觉震撼，也就是说摄影镜头还没有捕捉到达到矛盾最高潮的那个画面。这个高潮在哪里？就在于高强度劳动的工人身上的汗水里，抓拍到工人汗流浃背的特写镜头可能就是最佳选择。注意，这里必须是正在进行高强度劳动的工人身上的汗水，如果工人停下来，那么汗水就不是最强劲地往外挤的状态，汗水就不是最饱满的那种状态，拍摄出来的汗水当然不会是体现矛盾最高潮的那个最富有感染力的画面。

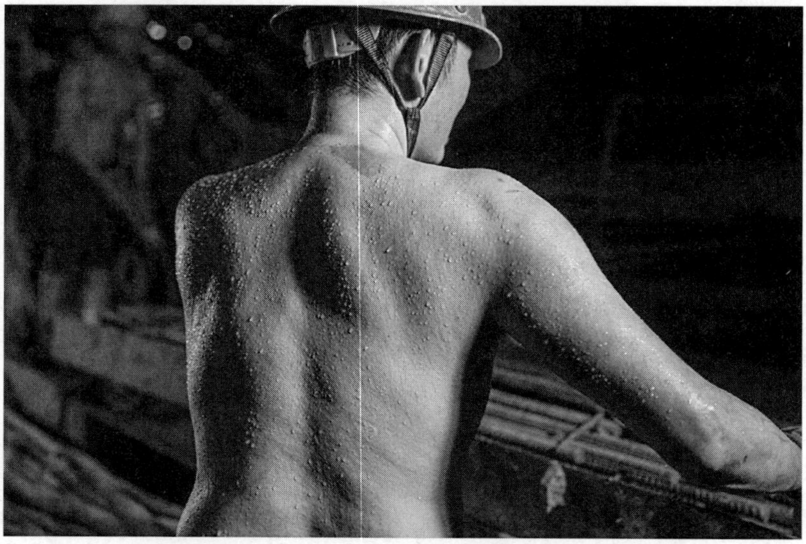

2018 年 6 月 1 日，在引汉济渭岭南 3 号洞 TBM（全断面硬岩隧道掘进机）施工现场，工人杨忠伦冒着高温施工，汗流浃背（李先明　摄）

工人杨忠伦正在施工的这幅图片，正是记者无限贴近劳动者，抓拍到的正在劳动的工人后背所呈现出来的画面。当然，抓拍这样一个场景确实很有难度。光线受限、角度受限、拍摄环境危险等都是必须克服的困难。

在一定程度上说，越是贴近拍摄对象越有可能抓拍到富有感染力的画面，而越是贴近复杂环境里正在进行高强度劳动的拍摄对象，难度就越大，也正是因为有这样的困难，你拍摄到的才不是一般人所能拍摄到的画面，才有可能是那一张体现矛盾最高潮最富有震撼力的画面。

三是拍摄水利工程建设要注意体现平民视角和平民情怀。

面对庞大的水利工程建设工地，我们的镜头不能只对着冰冷的建筑材料、建筑机械和建筑物本身，而应该看到再宏伟的水利工程也都是人建设的，人，才是水利工程建设的主体。而在这个主体中，一线的建设工人、一线的设计和监理、一线的组织指挥都是普普通通的人，正是他们的辛勤劳作、智慧付出才造就了伟大的水利工程。因此，水利工程建设新闻摄影最主要的是将镜头对准人，就是要以水利工地为背景拍摄水利工程建设者有力的双手、智慧的眼神、乐观的神态、勤劳的身影、协作的瞬间等，以体现他们的工匠精神、奉献精神。

过去在机械化程度很低的时候，工人更重要的是体现体力的付出，而在机械化程度日益提高的今天，更多的是体现体力和智力的结合。当然，尽管如此，因为水利工程往往是在偏僻落后的山区，条件比较艰苦，水利工程建设者比其他行业的工作人员还是要辛苦很多、付出更多，因此，拍摄水利工程建设要特别注意从平民视角出发，带着感情去观察、体会、表现工程建设者的酸甜苦辣。实际上，人是水利工程建设的灵魂，当然也是水利建设新闻摄影的核心，无论多么重大的主题、多么宏大的工程，人永远是新闻摄影的核心所在。前面我们讲到的各个方面的体现，其核心也都在人上，其他工程的画面、工地的场景都是用来衬托人的，从例图上我们也能感受到这一点。

当然，说到水利工程建设的拍摄，还必须注意到一个特殊人群的拍摄，这就是水利工程移民。因为水利工程往往影响面很大，往往都有人为工程移民，有时甚至是大量的，像三峡工程移民就超过百万人！拍摄移民更是需要平民视角、情怀关照，这在其他章节已经讲了，在这里不再重复。

第九章

水利经验（成就）新闻

第一节　水利经验（成就）新闻总述

水利经验（成就）新闻多报道水利事业发展过程中出现的新思想、新举措以及重要成就，坚持正面宣传为主，是水利新闻中常见的一种报道内容。

经验（成就）报道有利于党报及主流媒体展示权威性、指导性、公信力。这要求报道既要有信息量，更要有含金量；既要有关注度，更要有美誉度；既要有阅读率，更要有到达率。但是，由于经验（成就）报道侧重宣传政绩、展示成绩，报道不到位往往文章只见成就不见人物，空洞且不生动，读者很难接受，进而达不到理想的宣传效果。

只有不断增强水利经验（成就）报道的吸引力，努力把成就性报道做深、做活，才能吸引读者，此类报道在水利事业发展过程中的作用才能充分发挥出来。

一、做好水利经验（成就）新闻报道的重要前提

做好水利经验（成就）报道的重要前提是时刻注意宣传与新闻的区别——宣传，传播观念；新闻，传播具有时新性的事实信息，用事实说话。

记者在报道时不能一味地将做法、理念强加给读者，而是要不带主观意图，任凭读者自己分析判断，主动追逐新闻事实作出决策。经验（成就）报道不能只是观点正确、材料典型，也要信息真实、准确、客观。

二、水利经验（成就）新闻分类

（一）按照不同的报道角度，水利经验（成就）新闻可分为纵向报道和横向报道

（1）纵向报道。以时间为轴，梳理某一个时间段内水利特定方面的经验成就或者聚焦某一个时间段内某一地区水利发展成就等。如中华人民共和国成立 70 周年成就报道、改革开放 40 周年成就报道、党的十八大以来的成就报道等。报纸上常见的年度回眸、年度特稿，则是以过去一年作为报道时间轴。

（2）横向报道。以事件类别为面，选取不同地区在同一水利领域的相关成就，或者选取同一地区在不同水利领域的经验亮点等，进行横截面的报道。《中国水利报》开设的《坚决打赢脱贫攻坚战》《水旱灾害防御进行时》《深化水土保持改革　加快生态文明建设》等栏目，均选取某一剖面进行报道，可归入横向报道。报纸上常见的专题版面，整版聚焦

某一地区水利经验亮点，也可看作横向报道。

（二）按照常见的报道体裁，水利经验（成就）新闻可分为通讯、消息、评论等

（1）通讯。常见的水利经验（成就）通讯多以工作通讯为主。反映贯彻执行党的路线、方针、政策中的成绩，总结实际工作中的经验和教训，政策性、指导性较强，一般要求写出背景、做法、成就、教训，概括好有规律性的东西。常以介绍工作经验和分析问题为主旨；凭借事实，深入分析；生动活泼，讲究文采；不拘一格，形式多样。

（2）消息。常见的水利经验（成就）消息多以经验消息为主。报道某一部门或单位工作中新的做法或典型经验，用以推动全局，指导实践。记者要注意从某项工作经验中选择有新闻价值的事例，不可面面俱到；要把事实生动反映出来，避免空洞的道理和抽象概念；可交代必要的背景和条件。

（3）评论。常见的水利经验（成就）评论包括社论、评论等。社论的任务在于，着重对有典型意义或重要意义的水利新闻事件进行旗帜鲜明的评介，从思想、理论的高度进行论述和概括，深刻揭示本质，总结经验或教训，从而发挥其启迪思想、引导舆论的社会功能。水利经验（成就）评论文章多结合报纸发表的正面典型进行撰写，做更深一层的分析。

（三）按照不同的报道数量，水利经验（成就）新闻可分为独立报道和系列报道，还包括组合报道

（1）独立报道。针对水利经验（成就），撰写一篇报道。

（2）系列报道。同主题、多侧面、多次报道，实现对新闻事实比较系统、全面、有深度的报道。系列报道分期发布，气势恢弘，内容深刻，具有很强的舆论导向作用，集中传播效应广。

（3）组合报道。当同一期报纸对某一事件或问题做多体裁报道，既有消息，又有通讯、评论、访谈等时，称为组合报道。

第二节　水利经验（成就）新闻的采访与写作

一、水利经验（成就）新闻采写要点

（一）唱响主旋律，反映新时代

成就性报道旨在宣传党的主张、反映人民心声、书写时代进步，是坚持正确舆论导向、弘扬主旋律的重要体现。

水利经验（成就）新闻要“围绕中心、服务大局”。一方面将水利领域中贯彻落实习近平新时代中国特色社会主义思想的新鲜经验、独到做法呈现出来，引导人们学习借鉴有益的经验做法；另一方面，将读者注意力、积极性引导到深化改革、促进发展、争创先进的实践中去，体现“水利工程补短板、水利行业强监管”的水利改革发展总基调。

记者采写水利经验（成就）新闻，必须紧跟时代发展的进步潮流，通过报道水利事业发展的新思路、改革的新突破、开放的新局面、工作的新举措，振奋精神，凝聚力量，营造积极健康向上的思想舆论氛围。

我们来看《福建综合治水：一域一水一盘棋》这篇报道。

福建综合治水：一域一水一盘棋

本报记者 邓淑珍 轩玮 张智吾 杨晶

作为全国首个生态文明试验区，福建省一直是先行军。

坚持生态立省，如何捧好绿水青山“金饭碗”，探出一条生态优先、绿色发展的新路子？福建“出着”的“先手棋”是：以水为核心要素，协调整合各方力量共同发力，在唤回绿水青山浓浓乡愁的同时，努力把其中蕴含的生态产品价值转化为金山银山。

这着棋的“落子”之处，即是目前已在福建8个县区启动的综合治水试验。

以系统思维开启综合治水试验

行走八闽，绿意盎然，看千岩竞秀，碧水长流。多山、多水、多绿，“清新福建”的金字招牌早已蜚声国内外。

金字招牌的背后，福建还有着更高的期许：清新却不够清澈，如果家门口小溪都能焕发生机、富有诗意、留住乡愁，那就更好了。

水与大气、土壤污染防治并列为“三大战役”。2016年福建交出一份这样的答卷：全省12条主要河流水质保持全优，Ⅰ～Ⅲ类水质占比96.5%。如此成绩放眼全国，福建堪称佼佼者；而立足省内，关注百姓需求，福建始终保持审慎的态度和高度的生态自觉。“对福建来说，空气质量非常好，土壤污染防治的问题也不那么突出，相对而言，水的问题更加凸显。”福建省河长办主任、省水利厅厅长赖军表示。

党的十九大报告作出“中国特色社会主义进入新时代”的重大判断，指出我国社会主要矛盾发生历史性变化，要“提供更多优质生态产品以满足人民日益增长的优美生态环境需要”。

“新时代水利改革发展已经迈入新的历史阶段。”赖军认为，必须着眼经济社会发展战略全局，从生态文明建设的整体布局中看待治水，“这一阶段水利事业要从保安全、保供给向保生态迈进，关键路径是更加注重水的管理创新”。

如何实现水的管理创新？福建省水利厅党组深刻认识到：治水是一项系统工程，不可做头疼医头、脚疼医脚的局部治理，而要将水问题与“山水林田湖草生命共同体”内的其他部分一同考虑，运用整体论思想和系统论观点谋划开展水治理，从政治、经济、文化与社会的大系统中探寻生态文明建设的解决路径，达到生命共同体生态服务功能最大化，促进水资源水环境承载力与经济社会发展相协调，实现人与自然和谐共生。

一场着眼于整体协调发展、定位于生态文明建设、基于系统论观点的综合治水行动开始谋划。2017年5月，福建省水利厅印发《关于开展综合治水试验县建设的实施意见》。至此，伴随治水理念的嬗变，以县级政府为责任主体，开展全域性以水为中心的生态文明建设，走出了从思路谋划到制度落地的关键一步。

构建整县推进全域治水新格局

根据实施意见，试验县建设以县级政府为责任主体，统筹有关部门和涉水项目资金，实现全县域、全流域、全方位、全过程治理，力争“一年有成果、两年出成效、三年创典型”，基本实现“水系畅通、水体清洁、水质优良、水景美丽、供水保障、防洪安全、机制灵活、管养到位”的目标，打造全域治水样板。

“从规划立项、资金支持，到落实责任主体、推进机制设计，都基于政府牵头、部门联动，整县推进、全域治理，先行先试、改革创新，竞争立项、以奖代补四条基本原则。核心是将原来水利部门以及分散在各个部门的职能，通过当地党委政府的综合协调变成县域性行动，这是综合治水最主要的一个尝试。”赖军强调。

试验能否开好头，主要看县区积极性高不高。积极性高不高，关键看政策。在项目上，试验县列入省市“十三五”水利规划或专项规划中的项目，优先安排实施；在资金上，除了优先安排规划的项目资金外，每年统筹整合省级以上财政水利专项资金，倾斜安排综合治水试验县。“通过‘多渠道引水，一个水龙头放水’，发挥资金规模效应，集中力量办大事，突破了以往‘打酱油的钱不能买醋’和‘撒胡椒面’的困局。”福建省水利厅副厅长游祖勇介绍。

政策支持，前景可期，试验县将“花落谁家”？福建省水利厅引入“正向激励、竞争立项”的机制，对入围试验县进行层层选拔。首先根据“六有”条件，即地方政府有干劲、综合治水有需求、水利建设有基础、改革创新有特色、河长管水有力度、资金投入有显效，由市级水利局筛选1～2个预备试验县；然后由县政府主要领导现场推介，省水利厅组建评估小组择优审定。分批确定试验县后，一定三年，滚动实施。

据介绍，2017年福建省水利厅先后举办了两次综合治水试验县竞争立项评选活动，15个县（市、区）前来“赶考”，县长、区长们变身演说家，展示治水创新思路和改革举措，力争入选试验县。评估小组最终确定8个县作为第一批和第二批综合治水试验县。

目前首批4个综合治水试验县治水已过一年，成绩单如何？近期游祖勇带领考评组，先后深入4个县开展绩效考评。“我们将根据此次绩效考核情况，通过以奖代补、先建后补支持试验县建设，激发基层改革创新积极性。”游祖勇说，综合治水要整合各类涉水资金，发挥引导和撬动作用，带动社会投入。

据统计，2017年首批4个试验县整合各类资金近32亿元，实施综合治水项目125个，目前已综合治理河道长度507.7公里，占需治理河道总长度的33%，预计到2019年年底3年试验期满后，可治理河道长度1176公里，占需治理河道长度的76.8%。

试出可复制可推广的治水新机制

谈及当时决策开展试验的初衷，赖军一言以蔽之，就是通过县域治水创新体制机制，把点的成功经验推向面上，带动福建水利现代化建设。

实施意见明确，综合治水试验县的重点任务是在创建河长管河新格局、打造安全生态治理新样板、搭建生态综合执法新平台、探索水资源资产化新路子、实践水利多元化投融资新模式、创新建管并重新机制等六个方面取得突破，探索可复制可推广的治水经验。

整治涉水违法行为，一直是各地最难啃的“硬骨头”。但现在张梓添终于有了底气，由他任局长的沙县水利局，在省市县三级政府的支持下，今年年初获批增加了一个挂牌机构——沙县生态综合执法局。机构分“三步走”实现了治水体制机制的创新突破：

第一步，集中了矿山环境保护、涉水环境保护、水污染防治等7个领域的73项行政处罚权。

第二步，依托森林公安队伍为主要力量，从水利、国土等部门抽调人员，组建生态综合执法局，依法独立开展执法工作。

第三步，由省法制办专门组织综合执法考试，全体执法人员参加考试并取得综合执法资格。

从“握指成拳”到“重拳出击”，威慑力和专业性强强联合，精准打击，遏制了涉水违法行为。今年 3 月，《沙县水利局（县生态综合执法局）开展相对集中生态环境行政处罚权权责清单》刚刚公布，一处历时六年没拆掉的非法洗砂点得以查处，而且是业主自行拆除。养殖圈、采砂圈里递相传授：“现在是公安办案了。”据统计，目前接警数量逐月下降，3 月接警 22 件，4 月 10 件，5 月仅 4 件。

对这一变化，张梓添颇有感触：“过去行政执法人员少，手段少，难抓现行，即使抓到给予处罚，也常有抵赖的。现在公安出警快，全天 24 小时待命，办案经验和侦查方式也多，关键是群众配合，再有专业人员加入，执法效果大大增强了。”

在沙县县长汪志红看来，通过综合治水试验，可促使县级流域河长在河长制工作中更好地发挥承上启下、协调各方的重要作用。这一点得到福建省水利厅副厅长梅长河的认同：“一方面，推行河长制为县级政府牵头开展全域治水创造了基础条件；另一方面，综合治水试验重点任务的第一条，也正是为了深化河长制，创建河长管河的新格局。”

除此之外，沙县治水体制机制创新还在多点开花：将生态理念融入规划设计、施工建设的各个环节，通过生态护岸、滩地保护与修复、取缔非法采砂等综合举措打造安全生态治理新样板；通过明晰产权、实地测绘、摸底调查、公示登记，探索水利产权证抵押按揭贷款，将“活权”变“活钱”……

“今天的沙县，闻名全国的不仅有‘沙县小吃’，综合治水‘沙县模式’也打响了品牌。”三明市水利局局长章新华自豪地感叹。

沙县实践是近些年来福建持之以恒开展治水机制体制深层次改革攻坚的缩影。以更高站位精准聚焦民生痛点，敢于且善于从制度层面下功夫，着眼治水体制机制的优化、协同、高效，推动水利事业由建设为主向建管并重转变，成为新时代福建在治水领域实现政府职能转变的鲜明特征。

诠释生态文明“水”担当

带着理念试，充满激情干。综合治水试验开展仅一年多时间，一批创新治水模式在八闽大地不断涌现。

荔城区创新融资渠道，启动南洋水系水环境综合治理 PPP 项目；永春县构建管护新体系，将河道专管员工资经费纳入县乡两级财政预算；建宁县助力精准扶贫，将水电站项目与贫困村资产性收益挂钩……

落地开花结果，好经验带来好成效：永春的溪流处处可见白鹭翻飞、水清鱼跃；沙县主要河湖Ⅰ～Ⅲ类水比例、行政交界断面水质达标率均达到 100%；漳平部分月份境内七大主要支流水质都达Ⅱ类水；荔城辖区内黑臭水体全部消除……

如今，墩头溪安全生态水系已然成为三明市生态新城湿地公园一处地标式休闲旅游区。仲夏暖阳，蛙鸣声声，走在溪边木栈道上，山色青翠，潺潺清泉蜿蜒流淌，轻轻拍打着溪间石块，鹅卵石岸坡边，美人蕉身姿摇曳。自 2017 年 7 月墩头溪安全生态水系建成以来，湿地公园已经吸引了市区和沙县居民30多万人次前来休闲游览。

若不是看到栈道口大石块上印刻的“墩头溪生态安全水系”几个字，很难想象眼前浑然一体的山林溪流是经过人工治理的。在保障防洪安全基础上，治理以保护优先、自然修复为主，杜绝大开大挖，最大限度保留原有地貌，恢复河流生态环境，让流域重现生机。生态新城管委会副主任翁淑燕感叹：“现在水利项目最受老百姓欢迎！”

在治水全过程“血液”中融入生态优先“基因”，顺应自然，与自然相融，通过“有为”的过程达到“无为”的效果，可谓治水的最高境界。行走其间，让人不禁感叹，水系治理中蕴含的哲学思想，不正近乎于“道”吗？

栽下梧桐树，引得凤凰来。生态新城湿地公园成为一块极具竞争力的投资热土。而坐拥生态新城核心区域的海西三明生态工贸区，成为福建全省十大新增长区域之一。2017年，沙县举行首届虬商大会，实施“虬商回归”工程，招商引资力度空前，签约项目达269个、总投资350.89亿元，三明生态新城集聚效应日益凸显。“绿水青山就是金山银山”的科学论断，在福建这块生态文明试验区中尤其生动而真切。

“水光山色与人亲，说不尽，无穷好”。绿色是福建发展的底色。“机制活、产业优、百姓富、生态美”的福建发展新路，为迈向社会主义生态文明新时代的征程提供了丰富启示和案例。以水为魂，担当生态文明建设重任，福建一域一水一盘棋的探索之路正越走越宽广。

（摘自《中国水利报》2018年6月29日1版）

本文是一篇全景描述福建以水为先，探索生态优先、绿色发展新路子的工作通讯。

文章顺应时代潮流，从系统思维着手，紧扣十六字治水方针中的系统治理，弘扬系统治水理念。随后，聚焦综合治水试验县的实践探索，总结出可复制可推广的治水新机制，并在文章最后将主题落脚在生态文明“水”担当上，升华主题，为其他地区综合治水提供借鉴。

文章具有思辨性，有一定深度，报道了新时代治水工作的新范式，具有启示性。

（二）大处着眼，小处落笔

记者采写水利经验（成就）新闻，往往会得到很多相关材料，容易被材料“牵着鼻子走”。以这样的视角进行经验（成就）报道，容易以材料说材料，脱离生活，脱离实际，脱离群众，让读者提不起阅读兴趣。

记者应从大处着眼、小处着手，增强文章的说服力和认同感。

宏观的重大报道主题要通过看得见、摸得着、令人信服的微观事实体现。这要求记者采写经验（成就）新闻时，必须挖掘新闻事实，留心变化过程，并将具体变化写到文章中，以达到以小见大、见微知著的传播效果。

宏观的重大报道主题要通过生动、鲜活、形象的细节体现。这要求记者采写经验（成就）新闻时，必须细致观察现场细节，捕捉事件情节、人物对话等，适时选用亮点细节，吸引读者，拉近水利事业与读者之间的距离。

宏观的重大报道主题要通过重要、新颖、微观的视角体现。这要求记者采写经验（成就）新闻时，要善于从读者对水利事业所关心、所重视的内容中寻找切入点，从浩瀚材料中获取有价值的信息，以独特视角开展深入且生动的阐述，吸引读者。

总体上，记者要胸怀全局，了解最新政策，注意把握宏观，同时做到微观出彩，将成果与经验通过可视化的细节、可感知的人物、可触及的视角体现出来。

我们来看《中国水利精彩铸就黄金五年》这篇报道节选。

国计民生 一号工程

2011，这是水利发展史上具有里程碑意义的一年。

2011 年 1 月，中央首次以 1 号文件的形式对水利改革发展全局作出了战略部署，第一次鲜明提出水利具有很强的“公益性、基础性、战略性”，第一次将水利提升到关系“经济安全、生态安全、国家安全”的战略高度，第一次提出提取土地出让收益的 10％用于农田水利建设，破解水利投入严重不足问题。若干的“第一次”让人们精神振奋。

7 月 8 日，中央水利工作会议召开，提出加快水利改革发展，是关系中华民族生存和发展的长远大计，对事关经济社会发展全局的重大水利问题进行了全面部署，再次明确：力争通过 5 年到 10 年努力，从根本上扭转水利建设明显滞后局面。

在中国经济社会翻开“十二五”首页，进入全面高速发展期之际，水资源史无前例地同粮食、石油一起作为国家的重要战略资源，宣告了中央强力推动水利建设的坚定决心。中国水利在高起点上整装出发。“十二五”盛大开局。

2012，这是继往开来的一年。

有关各方深入贯彻 2011 年中央 1 号文件精神，许多含金量十足的治水兴水政策落地，水利投资再创新高；党的十八大首次全面部署生态文明建设，提出“推进绿色发展”“建设美丽中国”，水生态文明建设从此迅猛发展，水利事业与“中国梦”紧紧相连。

2013，这是实施“十二五”规划承前启后的关键一年。

这一年，党的十八届三中全会为改革再次谋篇布局，以习近平为总书记的党中央提出一系列加快水利改革发展的重大举措，一系列涉及水利发展格局的重要文件、制度、规划竞相出台。1 月，国办印发《实行最严格水资源管理制度考核办法》，水利部出台《关于加快推进水生态文明建设工作的意见》；2 月，水利部印发实施全国大中型病险水闸除险加固总体方案；3 月，七大流域规划中最后一批规划获国务院批复，第一次全国水利普查公报发布；4 月，财政部、水利部联合出台《中央财政统筹从土地出让收益中计提的农田水利建设资金使用管理办法》；接着，《进一步治理淮河实施方案》《国家水土保持重点建设工程（2013—2017 年）省级实施规划》出台……这一年，中央层面批复各类水利规划 24 项，水利部单独或会同有关部门联合批复印发规划 17 项，水利发展“十二五”规划中期评估完成，实现了水利保障经济社会发展稳中向好的良好开局。

2014，这是全面深化水利改革开局之年。

这一年，习近平总书记就保障国家水安全发表重要讲话，精辟阐述治水兴水重大意义，明确提出“节水优先、空间均衡、系统治理、两手发力”的新时期水利工作方针，对水利工作赋予了新内涵、新任务、新要求。

“重大水利工程‘利’在当代，‘功’在千秋。”这一年，李克强总理亲临水利部考察指导，再次传递了国务院常务会议专题对节水供水重大工程建设的重要部署，要加快推进

172 项节水供水重大工程建设。李克强指出，集中力量建设重大水利工程，不仅有利于水资源利用和保护，而且能拉动有效投资，促进就业和农民增收，发挥稳增长的关键作用。

水利建设迎来了前所未有的历史机遇期，大规模投入随即带来水利基础设施建设热潮。

五年来，水利建设取得了前所未有的突破和成效，超常规措施持续推进重大水利建设。

湖北鄂北地区水资源配置工程 15 项专题报告的编制审批和可研报告编制批复只用了 8 个月，项目推进速度之快、效率之高，创造了国内大型水利工程前期工作的新速度；2015 年，重大水利项目均按照“同地同价”原则计列移民征地补偿费用，为工程开工创造了条件。一批高质量的水利工程为防洪、供水、粮食和生态安全提供了有效保障。

史上最宏大的穿越大江大河工程南水北调一期穿黄工程，青海水利建设史上埋深最大、洞深最长、施工难度最大的引大济湟调水总干渠隧洞，有着“渡槽博物馆”之称的贵州黔中水利枢纽总干渠……五年间，一项项超级水利工程拔地而起。

一批江河治理骨干工程、重大引调水工程、大型水库和节水灌溉骨干渠网加快建设。五年间，治淮、治太、黄河上游防洪治理、安徽青弋江分洪道工程进展顺利，新疆卡拉贝利水利枢纽实现截流。南水北调东线、中线一期工程相继通水。五年间，水资源配置工程建设成效显著，甘肃引洮供水一期等工程建成通水，西藏旁多等工程投入初期运行，贵州黔中等工程下闸蓄水，西藏拉洛等工程主体建设实施。五年间，西江大藤峡、甘肃引洮供水二期、广东韩江高陂等节水供水重大水利工程顺利开工，提前两个月实现 2015 年《政府工作报告》中提出的目标。五年间，三峡枢纽等重点工程相继顺利验收，嫩江尼尔基、广西百色等工程正开展竣工验收准备。大江大河大湖防洪体系、流域和区域水资源配置格局不断完善。

从长江流域、黄河流域到乌江流域，从枢纽、堤防到蓄滞洪区，完善的防灾减灾工程体系在抗御水旱灾害中发挥着决定性作用。

从 2011 年到 2015 年，从中央 1 号文件专题部署水利改革发展，到新时期水利工作方针明确水利改革发展未来清晰道路，这五年，是水利受重视程度最高的五年，是水利建设投资规模最大的五年，也是水安全保障水平明显提高、人民群众更安心更放心的五年。全国掀起治水兴水新高潮，水利改革发展迎来又一个春天。

以人为本　惠民保安

工程措施是坚实保障，而以人为本的防汛抗旱理念、科学完善的预警预案以及非工程措施的完美配合，则是无形的保护，一套日臻成熟、高效运转的水利防灾减灾体系构筑起城乡防汛抗旱的安全屏障。

这是一连串惊人的数字：2012 年长江上游出现超 1998 年特大洪峰，2013 年黑龙江下游发生超 100 年一遇特大洪水；2011 年北方冬麦区有 1.1 亿亩作物受旱，2014 年河南省遭遇 63 年来最严重夏旱；2012 年“苏拉”“达维”“海葵”一周之内正面袭击江苏、福建、浙江，2014 年超强台风“威马逊”登陆风力达到 17 级……

这是一连串带给全国人民极大信心的数字：“十二五”期间，防汛抗旱减灾效益达 5770 亿元，全国防洪减淹耕地近 1.86 亿亩，防汛减少受灾人口 1.11 亿人，解决因旱临时饮水困难7000多万人……

五年来，我国以国家防汛抗旱指挥系统工程建设、山洪灾害防御体系建设、防汛抗旱预案体系建设为核心，构建了一张从上到下、有序高效、覆盖全面的监测预警网络。

习近平总书记、李克强总理、张高丽副总理和汪洋副总理等中央领导针对防汛抗旱工作多次作出重要批示，国务院多次召开常务会议专题研究部署抗旱防汛工作，李克强总理、汪洋副总理与有关省负责人视频连线会商汛情旱情，并亲赴灾区检查指导。

从年初部署全年防汛抗旱工作到迅速启动应急响应，从入汛值守再到应对秋汛、罕见冬汛、凌汛，国家防总副总指挥、水利部部长陈雷，国家防总秘书长、水利部副部长刘宁的身影总是第一时间出现在国家防总会商室，及时传达贯彻中央领导重要批示，研究安排防汛抗旱和抢险救灾工作，针对防汛抗旱重大问题和重要工程的调度运用作出决策部署，并带领工作组赶赴重大汛情灾情第一线。2013年松辽流域洪水险情得到有效控制；2014年河南63年来最严重夏旱得到缓解，云南鲁甸与牛栏江堰塞湖的生死决战取得完胜。

五年来，水利防汛抗旱应急能力得以提升，信息化与监测预警预报实现深度融合。全国主要江河洪水预报断面增加到1700个，预报合格率总体达90%以上，全国各类报汛站增至9.7万个，是"十一五"末期的14倍，洪水台风预报精度不断提高，预见期不断延长，旱情监测评估分析也取得新进展。

五年来，转移危险区域群众4222万人次。在一些地区，"零伤亡"逐渐从"不可能"成为"新常态"。

2013年金秋十月，黑龙江大地是一片繁忙喜人的收割景象。连遇严重低温春涝、夏季低温和流域洪涝灾害，全省粮食总产量依然实现稳步增长，总产600.4亿公斤，获得历史最好收成。

水旱灾害重发频发的这五年，我国粮食生产却夺得"十二连增"。农田水利基础设施的进一步夯实是其强大后盾。

农业农村发展是经济社会发展的"稳定器"和"压舱石"。"十二五"期间，我国粮食综合生产能力已由"十一五"期间的10000亿斤跨上并站稳11000亿斤的新台阶。

五年来，通过创新组织发动、资金投入、建管模式、运行管护机制和健全基层水利服务体系为重点，我国农田水利建设加快推进，完成投资16109亿元。大力发展区域规模化高效节水灌溉，解决了农田灌排"最后一公里"问题。五年新增耕地灌溉面积7500万亩，发展高效节水灌溉面积约1.2亿亩，为连续多年有效应对水旱灾害、实现粮食增产和农村经济社会持续健康发展提供了强力水利保障。

在这些工作节点中，水惠民生，让老百姓得到更多实惠、拥有更多获得感，始终是水利工作的出发点和落脚点。

这五年，中央水利投资结构不断优化，其中用于民生水利建设的比重达62%。

320座大中型病险水库、50412座小型病险水库得到除险加固。

155条主要支流、4500多条中小河流的重要河段实施治理。

农村集中式供水人口比例达82%，自来水普及率达76%，3.04亿农村居民和4152万农村学校师生喝上安全水，提前完成《政府工作报告》提出的目标任务。硬承诺得到了漂亮的回答。

在西藏，1400多座寺庙通水工程建成，89.5万人口饮水安全问题得到解决，西藏水利走过了资金投入最大、项目支持最多、建设成效最好、群众受益最多的五年；在广东，东江水对港输送50年累计1.5个洞庭湖水量，保障了香港75%的用水需求；在福建，向金门供水工程正式开工，设计流量为每天3.4万立方米，两岸同胞有望共饮一江水，为金门繁荣发展注入新的动力。

五年来，水利部逐渐形成行业扶贫、片区联系、定点扶贫、对口支援和水利扶贫试点“五位一体”水利扶贫工作新格局，精准扶贫战略深入推进，水利援藏、援疆、援青取得显著成效，为区域发展和扶贫攻坚提供了有力的水利支撑和保障。

从东北到西南，从内陆到沿海，五年来民生水利的硬投入、实成果，让广大人民群众获得了看得见、摸得着的实惠。

（摘自《中国水利报》2016年1月8日1版 记者 李平）

作为一篇时间跨度五年的特稿，文中记者多用粗笔，通过概括力强的笔触，展现五年间水利建设投资规模的变化、水安全保障水平的提高等。

不过，记者并未泛泛而谈，而是取其大的同时，力争保其小。这一年，李克强总理亲临水利部考察指导；湖北鄂北地区水资源配置工程15项专题报告的编制审批和可研报告编制批复只用了8个月；新疆卡拉贝利水利枢纽实现截流；2014年河南63年来最严重夏旱得到缓解；在西藏，1400多座寺庙通水工程建成，89.5万人口饮水安全问题得到解决；在福建，向金门供水工程正式开工，设计流量为每天3.4万立方米……

变化在这些微观事实中留下痕迹，发展在具体数字中得到显现。五年间，水利事业发展的速度之快、效果之好，跃然纸上，令人振奋。水利事业与“中国梦”紧紧相连、同频共振，可观可感，鼓舞人心。文章主题虽然宏观，但各段落间的小处落笔，让文章富有节奏，可读性强。

（三）借助热点，强化新闻

经验（成就）新闻报道的内容不是突发的，往往需要经过很长时间慢慢发展，存在事件性与趣味性不足的现象。阶段性的成绩回顾与总结，会让报道有一种似曾相识的感觉。

报道要引人入胜，就要寻找同读者生活密切相关的结合点。只有引入舆论关心的热点话题，选好新闻事件的由头，深度挖掘成就性报道的潜在新闻点，才能增强文章吸引力。

采写经验（成就）报道，记者要选取新闻事实中最为敏感、突出且新鲜的部分作为引子。这要求记者跳出堆砌数字、概括阐释或抽象理论等干巴内容，选择有新闻价值的信息作为开篇，同时确定文章报道主题。

采写经验（成就）报道，记者要善于对主题进行点面结合的立体采访；善于综合分析，揭示事物的本质；善于透过热点进行深层挖掘，并从事实中总结出宝贵的经验亮点，弱化引导意图，凸显新闻性。

我们来看《倒逼出来的创新之路——云南昆明市全面深化河长制透视》这篇文章。

倒逼出来的创新之路

——云南昆明市全面深化河长制透视

本报记者　滕红真

526 万余元！

这是今年 4 月滇池流域实施河道生态补偿机制以来，3 条试点河道需缴纳的生态补偿金总额，也是西南开放门户、国际旅游城市昆明全面深化河长制的一次亮剑。

伴着中央全面推行河长制的要求，已实施河长制 9 年的昆明市，把目光投向了以改革促实效的深化与创新，探索发展河长制的新路径：以深化河长制的思路为引领，按照谁污染、谁治理，谁污染、谁付费的原则，创新试运行河道生态补偿机制，并将补偿考核与责任领导年度奖金挂钩，用硬的指标与考核，倒逼河长制各项工作落实。

敢碰硬，动真格，昆明深化河长制走上了一条倒逼出来的创新之路。

把河长制引向深入

——深化是推行河长制的主基调

“小时候，我总去滇池游泳呢！”51 岁的老昆明人钟惠清骄傲地说。在清澈的“母亲湖”游泳，是几代人的记忆。然而在 20 世纪 80—90 年代，昆明市民开始不愿下水、不敢下水，只是远远地站在滇池边，刺鼻的臭味就已经让他们恐惧。哪里还有亲水，只剩躲水，躲得越远越好！

这颗“高原明珠”，因地处城市下游，具有半封闭性，在经济社会快速发展中，一度沦为城市的“排污桶”，水质恶化严重。

治水负重前行，河长制应运而生。2008 年，昆明市委、市政府以加快滇池治理为突破口，开始在滇池流域全面实行河（段）长负责制，并将河长制纳入地方法规，这在当时尚属全国首创。

“当时是‘两级政府、三级管理’，对河长巡河、目标考核等进行了严格规定。”滇池管理局河道及生态管理处副处长吴静然介绍，“实行河长制 9 年来，36 条出入滇池河道的水环境、生态景观得到有效改善，滇池水质由劣Ⅴ类提升为Ⅴ类。”但是，吴静然也坦陈，有效的长效治理监管机制并未形成，责任不清晰、目标不一致等问题依然存在，河道萎缩、生态退化等现象依然突出。

随着中央要求全面推行河长制，积累了一定经验的昆明，这次转向全面深化。昆明市委书记程连元强调，要“推进方式方法彻底转变，切实把全面深化河长制工作引向深入”。

主管河长制工作的副市长吴涛介绍，深化的理念主要体现在范围、内容、体系及格局上：跳出滇池流域，着眼全市域的河（渠）湖库；不只是水污染治理，而是全面综合治理；建立市、县（市）区和开发（度假）园区、乡镇（街道）、村（社区）、村小组“四级河长五级治理”责任体系；构建分级管理、属地负责，各级各部门各司其职、齐抓共管的工作格局。

由深化带来的倒逼思路，折射着昆明确保河长制与全市经济社会发展同频共振的态度与决心。吴涛说：“我们不是单纯的治水，而是倒逼生产生活方式的整体优化，向事前源头控制延伸，更不是政府单打独斗，而是要社会共治。”

一项制度的深入推进，是要改变一座城市。

吴涛进一步解释，包括企业搬迁、截断农业污染、改变老百姓乱倒乱排的生活方式、招募市民河长参与监督管理河道、吸引社会资本参与建管运营等，均以治河为抓手，转变整座城市的发展路径。

在盘龙江东岸入湖口湿地，一座崭新的河长公示牌引人注目。河长名单、河道基本情况、投诉举报电话等一目了然。右下角的二维码可以让市民直达滇池保护志愿者报名入口。一块小小公示牌，大大地拉近了市民与政府、市民与河流的距离。

站在公示牌下远眺，浅绿色Ⅴ类滇池水与淡绿色Ⅲ类盘龙江水之间，一道分界线格外明显。当整治后的盘龙江水不断涌入滇池，为滇池送去净水的同时，全市深化河长制的有益探索也在随水“流淌”。

生态补偿“真金白银”

——严考吹响倒逼号角

“截至今年6月，西山区需向市级缴纳24万余元，上游五华、高新区向西山区缴纳19万余元，收支两抵，西山区还需向市级缴纳5万余元。”西山区水务局滇保所科长胡洪波被问及生态补偿资金问题，清晰回答。

这笔账已经印在他脑子里了。自今年4月20日起，昆明市在滇池流域新运粮河、西边小河、新宝象河三条河道开展生态补偿试点工作，即让产生水污染并治理不力的县（区）对相邻县（区）给予经济补偿，鼓励受益地区与保护生态地区、流域上下游通过资金补偿开展跨地区生态补偿试点。简单说，即谁污染、谁治理，谁污染、谁付费，上游缴纳，补偿下游，入湖口缴纳给市政府，市级统筹用于河道水环境保护与治理。

真金白银，旨在调动区域治污积极性，倒逼流域多措并举加强水环境保护与治理。那么，生态补偿，究竟是考什么？谁来考？如何核算？

“市水务局负责水量监测；市环保局负责水质监测；市滇池管理局会同市环保局、市水务局组织开展对被考核单位的生态补偿金核算工作，实行按月考核、结算、通报；市财政局对考核单位进行年度清算。”昆明市水务局局长储汝明解答记者疑惑。

原来，水质考核因子为化学需氧量、氨氮、总磷，补偿标准分别为2万元每吨、15万元每吨、200万元每吨。水量为通过考核断面的水量，出现非自然断流的按照每个断面每月30万元缴纳生态补偿金。

一切都要量化。在新运粮河人民西路002号生态补偿水质自动监测站，力合科技（湖南）股份有限公司工作人员廖代恒熟练地操作着监测设备：“设备可实现24小时连续采样，每4小时获得一组监测数据。你看这些标红的数字就是超标的，一目了然。”

昆明市按照政府购买服务的方式，已建成7个考核断面水质水量自动监测站，实现数据实时上传。全市力争到2019年年底，34条入滇池河道及支流沟渠、59个生态补偿考核断面实现水质、水量自动监测设施全覆盖。

“会不会遇到特殊情况？如何确保考核公平？”

“汛期遇到强降雨，水质容易变差，这个不好控制。地方会及时向滇管局报告，报送照片、视频、说明等在内的资料。这期间的数据可不纳入考核。”

“考核对地方来讲，可是不小的压力。”

“压力是不小！但动态监测可实时掌握水质水量数据，实现河道污染团的及时捕捉。各责任县（区）可以有针对性地开展雨污水管网排查，初步建立水质恶化倒查机制，实现精准治污。”

值得注意的是，还不只是属地考核，生态补偿机制还将根据辖区所有考核断面中年均水质不达标断面比例，同比例扣减责任领导年度目标管理绩效考核兑现奖励。

加压再加压，转压力为动力！生态补偿机制倒逼各县区加速河道综合治理，持续改善水环境。“现在有县区反映监测时间节点、交界断面设置等方面的问题。”储汝明说，“遇到问题，解决问题，生态补偿机制正在不断完善中扩大推行范围。”

据介绍，7 月 1 日起，在入草海的 5 条河道 8 个断面开展河道生态补偿；8 月 1 日起，在滇池流域其余 26 条河道及支流沟渠 41 个考核断面全面推开河道生态补偿工作；最后，跳出滇池流域，逐步向全域推行。

河长制的最终归属

——推进城乡生态文明建设

在市水务局河长制办公室，工作人员给记者递来一个黑色活页笔记本。翻开一看，里面的印刷字体赫然写着：昆明市市级河长日常巡查工作手册。目录显示手册包括工作文件、制度文件及区域情况介绍、河长巡河记录、任务安排等。

“河长要扛起责任，更要熟悉河长制的真正内涵，敢于担当。”吴涛认为，河长从来不是在河边走一圈看看有无垃圾就行，而是要详细了解所负责流域的水情况、水问题，明确落实中央六大任务。河长手册，可以说是河长的手边书，为河长开展工作提供了支持。

除了纸质化的辅助，还有信息化的助力。昆明市积极开展包含微信公众号、客户端、河长制协同平台建设等内容的河长制信息管理系统建设，帮助实现河湖库渠基本信息、河长巡河地理轨迹、河湖治理、问题整改落实、市民监督举报等信息的查询共享。通过政务及公众版 App，满足决策、管理、执行及公众 4 个层次工作需求。目前，昆明市河长制微信公众号已上线试运行。

储汝明补充说，昆明正将牛栏江（昆明段）列入全市全面深化河长制工作试点，编制完成了《云南牛栏江（德泽水库以上）水生态修复规划（初稿）》。作为滇池补水工程的重要水源，牛栏江水质状况直接影响滇池水环境改善。

在牛栏江源头嵩明县，615 米长的普沙渡槽低悬空中，与县城擦肩而过。作为牛栏江—滇池补水工程的唯一架空水槽，牛栏江源头的净水经由这里输送到滇池。水生态修复规划的出台，将保障源头水更清，滇池吐故纳新的循环系统更加稳固。

“我们最终要将河长制落脚到全市生态文明建设中来。”吴涛进一步延伸了河长制的重要意义，“各项创新探索，均是要发挥河长制在生态文明建设中的最大作用。”

而说到生态文明，又是一次倒逼。昆明正在酝酿并建立生态文明审计制度，即针对区县，对现行生态文明建设相关大政方针进行年度审计，并纳入干部绩效考核。

这项在自然资源资产离任审计的基础上，对包括水、大气、土壤、森林等在内的生态文明建设重点要素进行量化考核的制度，旨在以更广的范围，更细的考核，对地方各级党委和政府主要领导干部加压。“就是要压实责任，从定性到定量，倒逼全市转型发展。”吴涛说。

严考，严考到底！深入，不断深化！从生态补偿机制到生态文明审计制度，昆明以倒逼为重要抓手，摸索着一条深化河长制、推进生态文明建设的创新之路，并影响着整座城市的前进步伐。正如云南省委书记陈豪所说："以滇池流域为重点的水环境保护治理，是昆明创建全国文明城市工作的重要组成部分，一定要全面深化河长制。"

水润春城，才显芳华。

（摘自《中国水利报》2017 年 8 月 31 日 1 版）

文章报道云南省昆明市全面深化河长制的经验亮点，开头部分直接点出昆明发展河长制的创新探索——河道生态补偿机制。当时全国有关河道生态补偿机制的探索，较多停留在理念确立阶段，并未建立起系统、成熟的实践操作范式。昆明却已经扣缴了生态补偿金，用硬的指标与考核，倒逼河长制各项工作落实。

文章选取最具新闻价值的事实为开头，引出昆明深化河长制走出的创新之路。全篇由点及面，语言凝练，从理念到实践，从矛盾到成果，全面剖析生态补偿机制实施背景、细则、过程和意义，并指出一项制度的深入推进，是要改变一座城市，为全国其他城市深入推进河长制提供有效借鉴。

作为一篇水利经验（成就）报道，本篇重在挖掘经验中具有新闻价值的事实，提高新闻舆论的传播力、引导力、影响力、公信力。

我们再来看《给群众一份满意的河湖答卷》一文。

给群众一份满意的河湖答卷

本报记者　吴頔　郑盈盈　徐鹤群

这是一张"画卷"，也是一张"答卷"。

浙江省因水而名、因水而生、因水而美、因水而兴，绿水青山就是这幅画面的亮丽色彩。浙江也曾因水而惑，经济的快速发展，给水生态环境带来了"不可承受之重"。

"时代是出卷人，我们是答卷人，人民是阅卷人。"习近平总书记的话语意味深长。治好浙江的水，是浙江人民迫切的期盼和共同的梦想。给群众一份满意的河湖答卷，是浙江省委省政府的庄严承诺。

率先出台全国第一部河长制地方立法，率先在全国实行湖长制，率先在全国完成全面推行河长制省级验收，率先在全国实现河长制信息化全覆盖，率先成立河长学院……浙江省以河长制为引领、"五水共治"为布局、"一河一策"为抓手，依法、科学、铁腕、全民治水，给出了一份独具特色的治水答案。

选择题——

"就水治水"还是"系统治水"?

答案：河长治河，"五水共治"，建设美丽"大花园"

长期以来，河流湖泊的生态保护，涉及多个部门，往往是"环保不下河、水利不上岸"，难以根治河道顽疾。解决河湖治理与管护这个难题，必须实行"一把手"工程，变"就水治水"为"系统治水"——浙江亮出鲜明的答案。

2003 年，湖州市长兴县率先探索实行河长制，由时任水利局、环卫处负责人担任河长，对水系开展清淤、保洁等整治，治水效果明显。2008 年起，河长制的推行范围逐步扩大到湖州、衢州、嘉兴、温州等地。

2013 年，浙江作出了全面推行河长制、实施“五水共治”的战略部署，确定把治水作为推进经济社会发展转型升级的战略支点，全面启动了治水攻坚战；出台了《关于全面实施“河长制”进一步加强水环境治理工作的意见》，明确了各级河长是包干河道的第一责任人，承担河道的“管、治、保”职责。

2016 年年底，中央决定全面推行河长制后，先行先试的浙江省进一步深化河长制内涵，争做全国的“模范生”。省委书记、总河长车俊每个月都会对治水工作做出批示，少则 2 次，最多达到 5 次。

2017 年 10 月 1 日，《浙江省河长制规定》施行，河长履职实现有法可依。这个国内首个关于河长制的地方性法规，厘清了河长与相关主管部门间的法定职责，明确了各级河长的职责划分，其中县级及以上河长着重牵头“治”，乡、村河长更加突出“管”“保”。

今年浙江省的治水工作再次实现升级，将治水办（河长办）并入省美丽浙江建设领导小组，助力“全省大花园建设”。省水利厅日前出台了《浙江省美丽河湖建设实施方案（2018—2022 年）》，为全面建设安全流畅、生态健康、水清景美、人文彰显、管护高效、人水和谐的具有诗画江南韵味的美丽河湖，描绘出了建设蓝图。

对于通过“系统治水”破解难题，实现河长制与“五水共治”的协调统一，浙江省治水办（河长办）二组组长、省水库管理总站调研员彭洪这样解释：“通过推行河长制，各部门形成五指握拳的合力，共同实现‘五水共治’的目标。”

问答题——

河长制“见成效”如何体现？

答案：围绕任务，创新做法，全面改善河湖环境

2018 年 1 月，水利部、环保部联合对河长制工作进行中期评估，评估意见认为：浙江省河长制工作起步早，工作走在全国前列，已经进入到“见成效”阶段。

体现“见成效”，完成好河长制六大任务是根本。浙江省针对治水面临的突出问题，把水污染治理作为河长制工作的重要载体，实施“剿灭劣Ⅴ类水”专项行动。由河长牵头制定“一河一策”治理方案，明确劣Ⅴ类水体清单等“五张清单”，着力推进截污纳管、河湖库塘清淤、工业整治、农业农村面源治理、排放口整治和生态配水与修复等工程。截至 2017 年年底，58 个县控以上劣Ⅴ类断面以及 1.65 万个劣Ⅴ类小微水体治理完成并通过销号验收。

在总结过去几年治水经验的基础上，浙江省提出全力打造河长制工作“升级版”，印发《浙江省全面深化河长制工作方案（2017—2020 年）》和《浙江省水利厅贯彻落实河长制工作实施方案》，进一步细化了未来几年河长制六大任务的具体目标。

升级离不开创新，创新遍布浙江各地。

9 月 27 日，全国首个河湖长制地方标准在绍兴正式发布，这一著名的江南水城，率先从制度上规范和完善了河湖的治理和保护。绍兴市共有湖泊、水库、山塘等 3300 多座，全市结合实际率先推行湖长制，到 2017 年 8 月底，已实现湖（库）湖长制全覆盖，并出台了《绍兴市湖长工作规则（试行）》。汤浦水库作为全市重要饮用水水源地，由市委副书记担任市级湖长，建立了市、区级联系部门工作网络以及联系部门会议等制度，实现了“水面无杂物，岸上无闲人”的管理目标。

迪荡街道人大副主席金夏林作为迪荡湖乡镇级湖长，每周都要沿着6公里的环湖道路走上几圈。“有一次巡查时发现湖里有小鱼死亡，就赶紧拿去化验。检测后得知，是新投放的鱼苗的影响，而非水质问题，这才放下心来。”金夏林说。绍兴市治水办陈天麟介绍，2017年以来，绍兴市深化“截污纳管、治危拆改、引水活水、六小整治、环境提档、铁腕执法”等六大专项行动，改善了河湖环境，“湖边的楼盘也愈发‘抢手’了”。

千百年来，河塘洗衣一直是水乡百姓的传统生活方式，针对这种影响治水成果的习惯，金华市没有简单地一禁了之，而是以问题为导向，探索在岸边建设生态洗衣房。污水会顺着生态洗衣房外侧的凹槽流进污水管网，既护好一池碧水，又解决了洗衣等民生问题。

走在安吉县天荒坪镇余村村的街头，在各家各户门前几乎看不到垃圾桶。安吉县委书记沈铭权介绍，全县强化源头治理，实行农村垃圾分类，试行“垃圾不落地”，定点投放，定时收集，避免垃圾入河。“上午清运工定时将主干道上的垃圾箱运走，下午再定时将垃圾桶放回原处。白天来余村，是看不到垃圾桶的。”余村村主任俞小平说。

开化县通过治水造景，建成了20多个水景公园，同时开展“全民联动护河日”、实施污水治理工程等，实现了小微水体河长全覆盖，形成了长效的河长履职和督察考核机制，目前基本实现了全境剿灭Ⅲ类水的目标。

……

共性问题，个性答案，目标一致，殊途同归。“见成效”体现在哪？答案就在日益改善的河湖环境当中。

辨析题——

治水能够促进经济高质量发展。

答案：深化治水，产业转型，绿水青山与金山银山有效转化

走进浙江省治水办（河长办），一张浦江翠湖整治后的照片首先映入眼帘。画面中的翠湖波光粼粼，白云、绿树和彩虹桥在水面上留下美丽的倩影，如今这里已成为国家水利风景区。

翠湖之变是浙江系统治水“见成效”的缩影，也是通过治水倒逼产业转型升级、拉动经济发展的范例。

20世纪80年代，水晶产业在浦江落地生根，成为支柱产业。仅翠湖畔的铜桥村，最多时就有500多家水晶加工作坊。工厂日夜不停生产，污浊废水肆意排放，翠湖变得满目疮痍。

伴随着2013年“五水共治”行动启动，浦江的水晶产业开始完成转型升级。5年间，关停“散乱污”水晶作坊2万余家，全面展开城镇截污纳管、农村生活污水治理、水生态修复等工作。浦阳江水质从原来连续8年的劣Ⅴ类提升到Ⅲ类。两岸的美丽乡村多了，游客纷至沓来。

如今在浙江，落后污染的工业企业少了，清澈流淌的江河多了。近年来，全省通过实施河长制湖长制，加快淘汰落后产能，大力整治铅蓄电池、电镀、制革、印染、造纸、化工等六大重污染高耗能行业。2017年，全省规模以上装备制造业、高新技术产业和战略性新兴产业增加值分别增长12.8%、11.2%和12.2%，全省经济转型升级初见成效。

治水促转型，治水促发展，也直接体现在百姓生活品质的提升上。在衢州柯城，经过几年的全流域系统治理，通过各级河长的共同努力，曾经的“黑臭河”变成了大花园，上下贯通起生态骑行绿道，森林氧吧体验带、水上回廊景观带、一堰一景风景带等多个集健身悠闲运动休闲精品带，田园生态景观与城市公园景观在这里实现了有机融合。

随着“两溪”面貌的蜕变，这里成为了市民周末度假、垂钓的新去处，半程马拉松、汽车森林越野赛、灵鹫山国际骑划跑铁人三项公开赛各类活动赛事也成为了这里的常客。沿线石梁镇、九华乡和万田乡等地累计招商引资4.52亿元，已落地项目14个，意向项目8个。

那些曾经以生猪养殖为生计来源的沿线村民们，感受最为直观。曾经与家门口的河道“互相伤害”，如今背靠“两溪”的绿水青山，通过“猪棚换大棚”“猪棚换来料加工”“猪棚换菇棚”“养猪改养生”等“三换一改”工作，或是开办民宿自己当老板，就地实现了转产转业，收入大幅度增加。截至今年3月，“两溪”沿线农民人均纯收入增加3245元，累计增收超3亿元，“两溪”流域农民人均纯收入高出全区水平11.5%。

一滴水折射出转型升级、高质量发展、乡村振兴的活力和后劲。在浙江，治水带来了传统发展方式、生产方式、生活方式的变革。随着美丽河湖建设等行动的启动与推进，绿水青山与金山银山的转化之路将越走越宽。

填空题——

“官方河长”的好帮手有哪些?

答案：民间河长，社会力量，共治共享美丽河湖

治水工作涉及面广，尽管河长牵头、部门联动解决了很多过去难以破解的难题，但是要啃下治水的“硬骨头”，还需要调动群众的力量。

“‘官方河长’的好帮手有……。”对于这道填空题，在浙江同样可以找到多种答案。

丽水市青田县的千峡湖碧波荡漾，水质清澈，归国华侨陈光美在湖畔创办了渔业公司。作为一名“华侨河长”，他治水养鱼“两手抓”，实现了水资源保护、发展产业等多赢的目标。旅意华侨陈苏云在仁庄镇应庄垟村带领村干部一起整治河道，使村口原本垃圾成堆的小河重焕生机。

青田县副县长、县级河长王巍介绍：“全县建立起‘金字塔’结构的河长体系，充实乡、村两级河长，同时增加‘华侨河长’，完善河长组织体系。”仁宫乡党委书记季爱军认为，现在治水的触角伸到了各个角落，“通过村级河长、‘华侨河长’和网格员提供的信息，我们可以及时掌握河流情况”。

“华侨河长”是浙江治水社会力量的一角。“浙江省坚持‘党政河长+民间河长’，以官方河长为主体，‘民间河长’为基石，初步建成一个主体、多个层面参与的社会治理协同创新模式。”省治水办有关负责人介绍。

公安机关推行“河道警长”，为每条河道配置一名警长，为治水护航；共青团组织“河小二”“河小青”巡河，学校开展“小手拉大手”巡河活动，在广大青少年中营造起护水爱水氛围；妇联成立“巾帼护河队”“河嫂”，残联建立“自强志愿者护河队”，村集体倡行“池大爷”“塘大妈”守护门前一塘清水；“企业河长”“乡贤河长”“河保姆”等也在各地不断涌现。

民间力量一方面承担着当好“党政河长”的眼睛、帮手的任务，另一方面也发挥着重要的监督作用。通过汇聚治水合力、创新治水途径，浙江省已经形成全民治水、共治共享美丽河湖的良好氛围。

“2017年，全省达到或优于Ⅲ类水质的省控断面比例为82.4%，同比上升5.0个百分点；无省控劣Ⅴ类水质断面，比2013年减少12.2个百分点……”如今的浙江，人们已切身感受到推行河长制、系统治水带来的变化，“绿水青山就是金山银山”理念日益深入人心。2014年以来，全省社会公众对治水的支持度连续4年均达到96%以上，满意度逐年提高。“每天在河边坐坐，感觉特别好！”71岁的绍兴市民沈文龙的话发自肺腑，反映出百姓对治水工作的肯定。

“今年浙江省将坚持因地制宜、因河（湖）制宜，有序推动‘一河（湖）一策’编制，全年力争完成100条‘美丽河湖’建设，着力打造安全流畅、生态健康、水清景美、人文彰显、管护高效、人水和谐的美丽河湖。”浙江省水利厅党组成员、省治水办（河长办）副主任葛平安谈道。

“到2020年，基本不出问题，实现质变”——这是浙江省治水路线图中，下一个重要节点。“答题”仍在进行，“画卷”继续铺展，后面的答案与画面，更值得期待。

（摘自《中国水利报》2018年10月11日3版）

文章紧跟河长制热点话题，开篇列举浙江治水工作中的多个率先，吸引读者，强调意义，点明主题。

文中各部分以提问与回答为小标题，增强文章趣味性，将系统治水、河长帮手、治水作用及成效进行了全面解读，聚焦新思路、新举措，选取有新闻价值的事实及数据支撑观点，新闻性强，体现了浙江省以河长制为引领、“五水共治”为布局、“一河一策”为抓手，依法、科学、铁腕、全民治水的创新实践。

（四）横铺纵叙，挖掘价值

采写经验（成就）报道，记者不能就成就写成就，要跳出成就看变化的过程、发展的轨迹、成功的原因，增加报道宽度深度。通过回顾与展望，从多角度分析，最大限度挖掘经验（成就）报道的价值。

这要求记者在采写时，利用大量的背景资料和客观事实，提出问题，解释问题，站在历史长河中，分析成就取得的过程及背后的因果关联；用发展的眼光看待成就带来的影响，将水利在促进社会经济发展中的支撑作用，进行反映和升华。

这要求记者在采写时，站在不同的角度、侧面，采用不同的方式，深入探究和分析水利热点、难点，引导读者真正理解经验（成就）在推进水利事业发展中的作用。

我们来看《从“独奏”到“合奏”——记长江上中游水库群联合调度实践》这篇报道。

从“独奏”到“合奏”

——记长江上中游水库群联合调度实践

本报通讯员 朱俊君 彭理 记者 杨莹

从长江中游溯流而上，能见到几十座具有防洪功能的大型水库遍布干支流水脉，鳞次排开。这是近几十年来，中国水利建设在长江上中游史诗般的呈现。

对于一座独立水库的运行，无论是防洪、供水，还是发电，只要在控制风险的前提下，必定要获取最大的效益。但对于水库群而言，效益最大化被赋予了新的含义。在新标准之下，对上下游、汛期与非汛期、洪水与水量、单库与多库的调度，便成了一项庞杂精细的系统工程，犹如兵家布阵，牵一发而动全身；更如一支乐队，必须统筹协调、精准配合才能奏出美妙的乐章。

2012年至今，精细联合调度的研究与应用得到充分重视，在洪旱、咸潮等自然命题的考验下，在处置突发应急事件的担当中，一次次印证其合理与必要。多年来，长江防总统筹协调长江上游水库群，结成一条水库生态链，奏响了一曲互利多赢的“合奏曲”，惠及长江全流域。

琴瑟相和

从研究到实践，数年的积累，长江流域终于迈出了联合调度从无到有的历史性一步，水库群“合奏”正式开始。

时间回溯到2012年10月30日，三峡水库连续第三年蓄水至175米。

175米，意味着长江中下游抗旱、供水安全、通航、发电等综合效应得到保障，昭示来年春灌和丰收的希望。然而鲜为人知的是这个数字背后的殚精竭虑。

此时，长江上游已经规划了三峡、金沙江溪洛渡等一批库容大、调节性能好的综合利用水利枢纽工程，梯级水库总库容达1000余亿立方米，预留防洪库容500余亿立方米。

随着这些水库群的逐步建成运行，在兴利之外，蓄泄矛盾也逐步升级。

“面对如此大的防洪库容，如果在汛期，水库的调度都各自为政的话，一场洪水下来，该拦洪时不拦洪，该下泄时不下泄，就可能人为造成洪水的叠加，形成人造洪峰，反而大大增加防洪压力。”长江委防办主任陈敏说。

如果是特旱年份，则可能会出现上游水库争抢蓄水，1000多亿立方米的调节库容，若集中在汛末一个月蓄满的话，需要截留长江流量约3.8万立方米每秒，极有可能导致三峡水库无法蓄满，进而对发电、航运、供水及生态等综合效益带来不可估量的损失。

各水库之间休戚相关，怎样才能获取整体的最大效益？这正是联合调度要解决的核心问题，必须对上游的大型水库群进行通盘考虑，妥善、有序、依次地安排好调度工作。

在前期大量研究的基础上，2010年开始谋划安排水库群联合调度工作，2012年长江防总通过充分准备、统筹考虑，将三峡、二滩、紫坪铺、构皮滩、碧口等10座大型水库纳入联合调度范围。在汛期，精心开展水雨情预测预报，积极探索实施水库优化调度，在汛末，成功协调三峡、二滩、瀑布沟、向家坝等上游水库有序蓄水，三峡水库得以成功蓄水至175米。上游水库群调度从单库“独奏”变成了水库群“合奏”，水库群的整体效益大于单个水库效益之和，实现了多赢的局面。

事实上，在此之前数年，长江防总就对长江上游多座水库的联合调度，做过初步尝试。2007年年初，长江、嘉陵江来水量严重偏少，重庆市120万人的供水受到影响。经长江防总紧急协调，对嘉陵江上的宝珠寺、东西关、桐子壕3座水电站进行水量调度，并明确要求四川省嘉陵江上各水电站不得蓄水，有效缓解了重庆市的缺水状况。这可以说是长江流域水库群联合调度实践的发端。

此后，水库群的联合调度不断有了新的探索，逐年增加列入联合调度计划的水库。2012年年初，修订后的《长江洪水调度方案》获国家防总正式批复，增加了三峡及干支流主要水库（群）的调度；同年8月，由长江防总组织编制的《2012年度长江上游水库群联合调度方案》获国家防总批复，这也是国家防总批复的全国第一个水库群联合调度方案。

至此，长江上游水库群联合调度步入规范化轨道。

初闻啼声

从应对支流洪患，到处置涉水突发应急公共事件，联合调度“牛刀初试”，充分发挥了水库群综合效益。

2014年年初，长江口遭遇历史最长咸潮期。

受长江枯水期低水位和潮汐现象共同影响，这年2月的咸潮入侵使上海市约200万人饮水受到影响。

合理采取相应措施，保障长江口供水安全，一刻不能耽搁！上海供水安全牵动着千里之外的长江防总。

经过周密会商，三峡水库历史上首次补水应急调度启动——

根据长江口咸潮发展态势，统筹考虑长江来水情况、补水需要和后期用水需求，统筹协调、科学调度以三峡水库为核心的长江上游水库群，及时增加下泄流量，适时为下游补水，同时细化下游引江调水工作，保障了上海城市供水安全。随着春季雨量逐渐增多，长江上游来水明显增多，长江口咸潮悄然消退。

往年，每到枯水季，长江口都有不同程度的咸潮现象，加之沿江各省市已建成引提水工程近40万处，巨大的引提水能力使得枯水期水资源供需矛盾日益加剧。为了长效应对，长江防总联合有关单位编制了相关预案，不断探索以常态化机制处理应急事件，不仅为三峡工程巨大的综合效益做出全新注解，也将长江中上游水库群联合调度工作向纵深推进。

几个月后的主汛期，乌江流域出现超历史洪水。乌江沿岸的重庆彭水、武隆两县洪峰水位预计超过堤防3米，计划按20年一遇洪水划定转移范围约5万人。危急关头，乌江水库群首次启动防洪联合调度。

此次联合调度涉及贵州、重庆两省（直辖市）多座水库，难度大，时间紧。长江防总与两省（直辖市）防指密切沟通，及时了解乌江沿岸城镇的防汛形势，在针对上游水库群联合调度开展的大量研究和探索的基础上，充分发挥上游洪家渡、乌江渡、构皮滩水库拦蓄洪水的功能，并协调贵州省防办控制洪水下泄流量，为重庆市应急抢险赢得了时间。

乌江水库群联合调度成功实施，彭水、武隆两地的洪峰水位均削减至5年一遇，洪峰安全通过。乌江，有惊无险地避免了一场巨大损失，两岸繁华依旧。“通宵会商调度仍不显倦意，战胜洪水是最终目标和强大动力，这次乌江梯级水库应战洪水的成功调度，仅是牛刀初试。”长江委防办巡视员陈桂亚说。

惊心动魄背后的运筹帷幄，不是一蹴而就的。由于要考虑水文、气象等各种因素的随机性以及各水库需满足多种目标要求，水库群联合调度决策实际上是一个非常复杂的过程。

几年来，纳入上游水库群联合调度的水库不断增加，大量的基础性研究亟待推进，包括水文径流特性、水文气象预报技术，以及各水库管理单位或部门之间的沟通协调等都不容轻视。

所幸，从成功应对2012年三峡水库建库以来最大入库洪峰开始，联合调度在防汛、发电、生态、供水等多方面开花结果，取得不俗成绩。特别是已经连续开展12次的促进长江“四大家鱼”自然产卵繁殖的联合生态调度实验，通过联合调度三峡、向家坝、溪洛渡梯级水库，对宜昌至监利江段四大家鱼早期资源量的增加起到了积极作用，也展开了长江流域水库群联合生态调度工作的壮美画卷。

引商刻羽

2016年、2017年接连发生的大洪水，对长江流域防灾减灾体系是一次大考，而在这次大考中，联合调度交出了近乎完美的答卷。

2016年汛期，长江流域风起云涌。谁也不承想，自1998年后，人与水的紧张关系将再度到达峰值。

入汛后，28场强降雨连番袭击，长江干支流部分河段出现超警戒甚至超保证水位洪水，沿江各省（直辖市）洪涝、滑坡、泥石流灾害频发，堤防决口，水库出险，群众生命财产遭受巨大威胁。

进入7月，长江中下游地区发生1998年以来最大洪水。

3日之内，长江1号、2号洪峰在长江上游和中下游干流相继形成，湖北省监利县以下长江干流全线超警，两湖水系水位高涨，防汛形势异常严峻。

其间，中下游与干支流洪水恶劣遭遇，巨量的洪水如何有序安全地东排入海？巨大的考验之下，联合调控再一次彰显它“杀手锏”的作用。

此时，长江上游已有21座水库纳入水库群联合调度，防洪库容360多亿立方米。每一座控制性水库都成为流域防洪和水资源配置这盘大棋上的关键棋子，发挥着巨大的作用，一招错，满盘输，调度容不得丝毫纰漏，必须通盘考虑。

国家防总、长江防总和地方防指利用上中游水库群联合调度的有效机制、信息共享平台和相关研究成果，统筹兼顾，科学研判，打出了一套精妙的“组合拳”——

控泄三峡水库，应对长江上游1号洪峰，同时，对上游水库群联调联控，金沙江、雅砻江、大渡河等水库配合三峡同步拦蓄洪水，为主汛期后续洪水留出调蓄空间。

洞庭湖水系柘溪、五强溪紧随其后，大幅度拦蓄入库洪峰，避免了益阳、桃江城区灭顶之灾。

7月中旬，三峡以下诸多河流同时发生洪水，提前腾出库容的上游水库削峰蓄洪，三峡水库进一步减泄，与区间洪水错峰，避免了荆江全河段超警戒。

2016年，通过精细调度和联合调度，长江防汛实现了三峡水库风险可控、洞庭湖不分洪、荆江河段不超警、长江重要堤防无溃口性险情等多重目标，长江流域1998年以来最大洪水俯首东去。

时隔一年，2017年主汛期的长江流域，再次需要上游水库群蓄峰调洪，为中下游防洪“减负”。

这年7月，洞庭湖区大洪水，长江中游型大洪水来势汹汹。长江中下游干流水位维持快速上涨势态，莲花塘至大通河段全线超警。长江防总34个小时内，先后发出5道调度令，一步步将三峡出库流量从2.73万立方米每秒削减到8000立方米每秒。

“8000立方米每秒”成了2017年的关键词。这个数字对于7月的三峡水库来说，是破天荒的。

三峡主汛期多年入库流量3万立方米每秒，而2017年削减到不足三成的下泄流量，很可能造成三峡水库库水位快速上涨，而给后续防洪留下巨大压力。

这看似“兵行险招”的背后，却是审时度势、未雨绸缪的成竹在胸。在预测到长江中下游将经历强降雨过程后，长江防总就紧张有序开始联合调度金沙江等上游梯级水库腾空库容，减少进入三峡水库的洪量，最大限度减轻中下游防洪压力。

“金沙江梯级水库下泄的洪水，要经过6天才能出三峡水库，所以要想让三峡水库发挥防洪作用，就必须算好时间，既不能把水叠加到中下游的洪水上，又不能把水留在三峡水库中，侵占防洪库容。”陈桂亚分析。

加之后期长江上游来水偏小，这样的罕见情况，给了长江防总大幅度减少三峡下泄的底气与信心，造就了“8000立方米每秒”的传奇。

“水库联合调度就好比下棋，必须要有全局思维，站在全流域的视角，通盘考虑，谋兵布阵，留足余地，绝不能只是走一步看一步。”陈桂亚说。

曲高和众

多年的实践与总结，长江流域联合调度取得了卓绝的成绩，尽管前路坎坷，但随着联合调度工作推向深入，人与水的关系必将不断走向和谐。

2012年至今，长江防总已经连续7年编制长江上游水库群年度联合调度方案。

2015年11月，长江委组织编制完成《长江流域控制性水库群联合调度研究顶层设计》，系统提出了若干调度关键技术研究方向、联合调度方案及实施计划。

2016年8月，水利部批复长江委防汛抗旱办公室加挂水库联合调度管理局，进一步完善了水库联合调度管理机构，翻开水库群联合调度管理的新篇章。

2017年，中游清江、洞庭湖区7座控制性水库群纳入水库群联合调度之中，使调度范围由上游扩展至中游城陵矶控制断面以上，水库群“军团”由最初的10座增至28座。

2018年，“水库群联合调度”这张硬牌，实力再度扩充，40座水库枕戈待旦，覆盖湖口以上长江上中游地区，防洪库容574亿立方米，成为迎战长江洪水最为直接有效的武器。

而到2020年前，长江流域联合调度将逐步把下游控制性水工程纳入调度范围，充分发挥流域防洪、供水、发电、航运和生态等综合效益。

尽管如此，联合调度或许依然是防汛抗旱、水资源配置中最难的部分。

说联合调度难，不仅仅是因为调度水库蓄泄洪水，往往涉及几十万甚至上百万人民群众的生命财产安全，举足轻重；更是因为水库群联合调度既要考虑上下游、左右岸等不同区域需求，又要考虑水利、交通、电力、环保、国土等多部门和多行业的特殊性，同时还要考虑汛期、非汛期等不同时段的不同特点，涉及方方面面。

说联合调度难，也不仅仅是因为长江流域水库群是世界上规模最大的巨型水库群，联合调度工作责任大，任务重；更是因为当前我国经济发展已进入新常态，国家实施长江经济带发展战略，流域城镇化、工业化的快速发展对水库群联合调度保障流域防洪、生态、供水、发电、航运等方面提出了新的衡量标准。

如何把有限的水资源恰到好处地分配到流域上下各水库中，把防洪与减灾、除害与兴利有效地结合起来，实现由控制洪水向洪水管理的有益转变，是新发展理念对防洪工作提出的更高要求。

然而前路艰难，却也是康庄大道。

尽管还存在诸如基础研究较弱，综合调度和信息共享平台不健全，水文气象预报水平待突破等问题，但全流域各级防汛部门和水库管理单位，势必充分估计制约因素的复杂性，把握调度工作的规律性，将“联”与“合”的优势发挥到极致。

在这一次次的博弈过程中，人类追求水安全的手段越来越科学合理，人与水的关系走向更加理性，人与自然相处更加和谐。

（摘自《中国水利报》2018 年 6 月 28 日 1 版）

文章开篇便有纵横比对。几十座大型水库，在近几十年来看是中国水利建设在长江上中游史诗般的呈现——这是纵向；独立水库和水库群的运行有差异——这是横向。长江上游水库群的“合奏曲”，在作者横铺纵叙的比对中“奏响”。

作者通过乐队的比喻，将水库群间的关系表述清楚，并让音乐元素贯穿全文，运用在各个小标题上，为文章增色不少。

全篇从提出问题、分析问题到解决问题，有事实介绍，有矛盾剖析，有难点突破，有惊心动魄的案例，有富有传奇色彩的调度过程，纵横跨越灵活自如，结构严谨逻辑性强，语言凝练富有思辨性，将 2012 年至今，长江上游水库群精细联合调度的发展过程与历史意义，写得荡气回肠、饶有韵味。

文章最后一部分，直接以时间为轴，写明长江流域联合调度取得的成绩，同时说明存在的困难和问题，探究如何将联合调度精准推进，用发展的眼光指出：人类追求水安全的手段越来越科学合理，人与水的关系走向更加理性，人与自然相处更加和谐。文章充盈有宽度，厚重有深度。

我们再来看《浙东引水：重构区域发展的“水脉”》一文。文章对浙东引水工程，这座横亘大半个浙江的引水工程，进行了建设施工的历史梳理、水资源战略配置的横向解读，最终聚焦水网格局改变带来的倍增效应，阐述建设这项工程的意义所在。工程经济效益和社会效益在作者横铺纵深的讲述中得到彰显。

浙东引水：重构区域发展的“水脉”

本报记者　郑盈盈

2017 年 3 月 17 日，绍兴市新昌县钦寸水库热闹异常，工程建设者以及前来观看的群众早早地聚集在施工现场，怀着期待的心情见证这一特殊时刻：宁波、新昌两地通力合作，经过 7 年努力，钦寸水库正式下闸蓄水。明年起，优质的钦寸水库水将直供宁波。

钦寸水库工程是浙东引水的重要水源工程之一，水库坝址位于新昌县境内，通过长约 29 公里的隧道与宁波的亭下水库连通。水库建成后，平均每年可向宁波供水 1.26 亿立方米，能满足宁波中心区市民约 1/5 的用水需求，经济发展也将有更大的空间。

浙东引水工程，是一座横亘大半个浙江的引水工程。它以萧山枢纽工程为起点，通过该工程引富春江水到绍兴曹娥江，再通过曹娥江大闸、曹娥江至慈溪引水工程、曹娥江至宁波引水工程，将水引至宁波，最后通过舟山大陆引水工程二期，最终使海岛人民喝上富春江水。

这座维系浙东地区经济社会可持续发展的重大水资源配置工程于 2013 年 3 月通水，开始发挥效益。之后，随着规划项目的逐步实施，越来越多的地区纳入受益范围。

实际上，这一工程建设是对浙东“水脉”的重构，使得经济素来发达的浙东地区突破水资源瓶颈的制约，步入更加快速发展的轨道。

西水东调

谋求未来快速发展的战略性举措

浙江素称“水乡泽国”，浙东地区更是河网密布，在人们的印象中，这是一个丰水地区。然而，事实并非如此。

统计资料表明，萧绍甬平原人均水资源量约为 830 立方米，不及全省平均水平的1/2，舟山人均水资源量仅 605 立方米，属浙江典型的资源型缺水地区。

“把富春江水，引向绍宁平原及舟山海岛……”20 世纪 60 年代水利专家提出的“浙东引水梦想”终于在 2005 年付诸实施。

按照工程规划，浙东引水工程由萧山枢纽、曹娥江大闸枢纽、曹娥江至慈溪引水、曹娥江至宁波引水、舟山大陆引水二期和新昌钦寸水库等 6 项工程组成，涉及杭州、绍兴、宁波、舟山 4 个地级市及 19 个县（市、区），跨越钱塘江流域、甬江流域和舟山本岛，引水线路总长 294 公里，总投资超 100 亿元。这也是浙江历史上投资最大、跨域最广的引水工程。

2005 年岁末，随着曹娥江河口一阵“隆隆”的轰鸣声，曹娥江大闸枢纽工程在隆冬时节正式开工。紧接着，曹娥江至慈溪引水、萧山枢纽等 6 项主体工程相继开工建设。一时间，几万名建设者汇聚浙东大地，开始了一场浙东引水的“梦想之战”。

2013 年 3 月，这项浙江境内的“西水东调”工程全线贯通，正式通水。时至今日，萧山枢纽、曹娥江大闸枢纽、曹娥江至慈溪引水、舟山大陆引水二期等 4 项工程完工并投入运行，受益区用上了优质的富春江水。而曹娥江至宁波引水即姚江上游西排工程和钦寸水库正在快马加鞭地推进工程建设。目前，钦寸水库已下闸蓄水。曹娥江至宁波引水主体工程关键节点之一——总干渠导流明渠已完成通水，整个工程将在 2019 年主汛期前投入运行。

这 6 项工程的建设打破了原有的供水工程体系，与星罗棋布的河道、水库一起重组浙东地区“水脉”，共同担负起整个浙东引水工程的职责。毫无疑问，浙东引水改变了浙江水资源时空分配格局，也改变了浙江经济发展的格局，是一项经济社会可持续发展的战略性举措。

杭嘉湖、萧绍宁、温台平原及舟山群岛等地区，人口集中，经济总量占全省的70%以上，但水资源仅占全省总量的20%左右。水资源严重匮乏成为制约这些地区经济社会发展的软肋。

“工程每年可从富春江引8.9亿立方米水到浙东地区河网，大大缓解绍兴、宁波、舟山三地缺水之苦。”省水利厅一位负责人说。另外，萧绍宁平原河网的水一向流速缓慢，自净能力较弱。富春江水过境后，河道水流加速，有助于净化河道水质。

助力浙东经济发展是该项工程的重要使命。以舟山为例，2011年，国务院正式批复《浙江海洋经济发展示范区规划》。作为海洋经济发展核心区域的舟山，被国务院批准设立为浙江舟山群岛新区，成为我国首个以海洋经济为主题的国家级新区。

舟山迎来了一个全新的发展机遇。然而，对于缺水严重的舟山群岛新区来说，只能“有多少水，办多大事”，供水成为海洋经济发展战略能否成功实施的前提。

如今，浙东引水工程将送来清泉，干渴的舟山群岛新区无疑是最大的受益者，舟山新区海洋经济发展从此插上腾飞的翅膀。

可以预见，同为受益区的绍兴、宁波等地进入用水无忧的状态后，发展的基础将更坚实，发展的脚步将迈得更快。

科学运行

确保“水脉”畅通一泓清水解干渴

“国内的引调水工程大部分都是建设管网供水，而浙东引水工程是利用平原河网在浙东引水沿线关键节点建设枢纽工程。利用河网供水是浙东引水工程的一大特点。”浙江省水利厅的一位专家介绍。这样一个特点也就决定了浙东引水工程运行管理的难度很大。

早在2012年6月浙东引水工程通水前，省编委批复设立了浙江省浙东引水管理局，主要承担浙东引水工程的管理、调度、协调等相关工作。目前，引水沿线先后成立相衔接的引水管理机构，引水管理的组织体系初步建立。

浙东引水工程作为水资源战略配置的重大工程，科学调度运行管理是其发挥效益的关键。2014年11月，《浙东引水工程运行调度方案（试行）》印发实施，确定了“服从防洪排涝、统一调度、引水双控、量质兼控”的调度原则，确立了常规调度和应急调度两种调度方式，明确了调度权限及组织实施方案等。2016年2月1日，《浙江省浙东引水管理暂行办法》正式实施，标志着浙东引水工程调度运行管理有了基本遵循，为稳步推进工程后续建设管理、保证常态化引水提供了制度保障。

办法从运行调度、工程管理、信息监测、监督保障等方面，明确了浙东引水工程的管理范围、各级政府和引水管理机构的职责。同时，从确保引水调度指令执行、工程安全运行、引水有序开展的角度对引水调度，引水计划制定和执行，引水工程建设、维护、管理等作了规定。

比如，引水沿线有水量分配任务的县级以上水行政主管部门负责组织编制下一年度引水计划建议，于每年12月15日前报省浙东引水管理机构；有特殊引水需求时，经县级以上人民政府同意后，由当地水行政主管部门向省水行政主管部门提出书面申请，经审查批准后由省浙东引水管理机构组织实施等。

为保障引水水质，办法对加强引水监测和信息发布、水质保障、引水效果评估等方面的监督保障措施也提出了明确要求。引水沿线县级以上人民政府要加强水质保护，建立部门协作机制，严格入河排污口设置的审查管理，加强入河排污口日常监管，做到出境水水质不劣于入境水水质。

办法明确，浙东引水沿线县级以上环境保护主管部门要加强引水沿线水污染防治工作的监督管理，加强水环境质量状况、水污染物排放情况的监测，及时依法查处各类水污染事件等。

记者从浙东引水管理局了解到，目前已在引水沿线各交界断面建设水量水质监测工程，集成新建和已建各类系统的数据，可实现实时监测，为工程调度提供了科学依据。

为了让浙东引水工程运转更加顺畅，省浙东引水管理局还建立了协调和会商机制，及时解决引水过程中出现的问题。

“如果违反相关规定，对于严重影响浙东引水运行的单位和个人，由同级水行政主管部门或省浙东引水管理机构予以通报批评。”浙东引水管理局一位工作人员介绍，对于情节特别严重的，按照管理权限，由相关部门对直接主管人员和其他直接责任人予以处分。

水润万物兴

水网格局改变带来的倍增效应

2013年，浙江遭遇罕见的高温干旱天气。刚刚通水的浙东引水工程给当地带来的变化令社会各界对其高度评价，并寄予厚望。用副省长黄旭明的话来说，就是有效缓解了浙东地区的“渴”；排了引水沿河河网水环境、水质下降的“忧”；菲特台风期间，萧山枢纽工程全力排涝，保了萧绍地区的“安”。

黄旭明对浙东引水工程的精辟评述正是建设这项工程的意义所在。通水几年间，无论是在提升水资源保障能力、改善水环境方面，还是在抵御洪涝干旱灾害方面，无一不显示出巨大的经济效益和社会效益。

一是极大地提升了浙东地区水资源保障能力。2013年夏季，浙东地区与全省一样出现持续高温少雨天气，平均降水量较常年同期减少80%以上。浙东引水工程启动应急引水，历时25天，引水量达8457万立方米。外来引水量的大量增加，在沿线用水量急剧增加的情况下，保证了浙东地区工农业生产及环境用水，减少了旱情造成的损失。

省浙东引水管理局数据显示：从2014年6月进入常态化引水至2017年6月，3年间累计引水14.7亿立方米，相当于100个西湖的水量。引水工程使得工程沿线河网水位相对稳定，水资源供给总体平稳，水资源严重短缺的现象大为改善，用水保证率明显提高。

二是改善了引水沿线河网水环境。过去，浙东地区河网水体流动性及置换能力差，蓝藻极易大面积暴发，导致河水黑臭，产生严重水质问题。引水实施后，沿线河网的水瞬间就“活”了起来，提高了浙东地区平原河网水体的流动性，增强了水体自净和水生态修复能力。

省浙东引水管理局一项评估结果表明：与未引水前相比，引水期间部分河道水体发黑、发臭的现象基本消除。常态化引水后，沿线9个监测断面的水质有1/3断面提高1个类别。今年浙东引水工程深入挖潜活水畅流作用，积极助力“剿灭劣Ⅴ类水行动”，引水沿线11个交接断面水质与去年同期相比又有较大幅度改善，其中Ⅲ类水天数增加了15.9%，Ⅳ类水天数增加了17.7%，Ⅴ类和劣Ⅴ类水天数减少了17.7%。

三是增强了区域防洪排涝能力。绍兴平原一直缺水，水资源很是宝贵。尽管台风多半会带来强降雨，但这一地区在台风到来前夕，都不舍得将河网水量全部预排预泄。现在只要来台风，就敢将河网中的水“放个底朝天”——浙东引水工程给了这一行动以底气。

省浙东引水管理局调查数据显示：通过预泄调度，沿线各地平原河网水位可较引水前多下降 20～30 厘米。经初步测算，有浙东引水工程作保障，引水沿线预泄量约为 5000 万立方米，取得了工程设计未曾预计到的防洪效益，受到引水沿线各地的高度赞誉。

哪里缺水就往哪里引。浙东引水工程已初步实现按需引水、梯级调度，并且旱时能引、涝时能排。未来两年，钦寸水库和曹娥江至宁波引水工程将建成投入运行。浙东引水，这张改变浙东水文格局的庞大水网，将给更多群众带来福祉，也将给更多地区创造财富。

（摘自《中国水利报》2017 年 9 月 28 日 8 版）

（五）创新形式，多元表达

创新既是新闻内生动力，更是新闻生命力。创新新闻形式、突破新闻表达，是使经验（成就）报道由枯燥乏味到引人可读的不二法则。

这要求记者巧用语言。语言既要鲜活朴实，又要生动有带入感，不能从由上而下的俯视视角出发，而应采用平民视角、平民语言，拉家常，写故事，将成就写活，增强趣味性、可读性。

这要求记者活用写作手法。写作手法包括表达方式、写作方法、修辞手法等。常用的表达方式有记叙（叙述）、议论、抒情、描写和说明。常见的写作方法有托物言志（托物喻人）、欲扬先抑、衬托（烘托）、夸张讽刺、借景抒情、前后照应、对比等。常见的修辞手法有比喻、排比、拟人、夸张、借代、反问、设问等。

这要求记者创新报道模式。经验（成就）报道不一定只是独立报道，可在独立报道基础上，另加评论；也可将报道按照不同侧面，写成多篇报道，组合发布；也可多次报道，形成系列等。

《苏州设置市级河道主官作用明显》这篇消息在刊发时，配发了一篇评论，既传播事实信息，又传播理性观点，形成组合报道的综合效应。

一对一协助市级河长工作

苏州设置市级河道主官作用明显

本报讯（记者采访组）　“马上年终考核了，我来看看年度任务完成的怎么样啦?!”11 月 21 日，江苏省苏州市望虞河河道主官、市政府副秘书长、市政府办主任张旗来到自己的责任河段巡河时如是说。这已是他继 6 月 23 日、10 月 30 日之后进行的第三次巡河了，也是半年来苏州市 17 名河道主官协助河长做好河长各项工作，特别是在沟通联络、组织协调、督办指导等方面发挥作用的一个例证。

苏州市是较早实行河长制的地方，从 2014 年起就按照江苏省统一部署推行河长制，对河长制进行了积极有益的探索。中央出台《关于全面推行河长制的意见》以后，苏州市全面深化河长制改革，明确河长，设立机构，出台方案，制定制度，形成了市县镇村四级河长网络，覆盖全市所有河湖，特别是市级积极创新设立了河道主官，实现河长到位、机构到位、制度到位、目标到位、宣传到位的可喜局面。

据介绍，河道主官的设立，是在总结以往经验基础上，考虑河长与河长制办公室、相关部门之间需要建立一个合适的岗位来对接落实有关工作，特别是河长作为党委政府的领导，手上的工作繁多，任务繁重，需要一位既是河长日常其他工作的得力助手、又具备领导素养的同志来担任河长助手。2017 年 5 月 12 日，苏州市全面深化河长制改革工作领导小组以“苏市河长〔2017〕1 号”文明确每名市级河长安排一位河道主官协助河长工作，共计 17 名（其中一名副秘书长对应两名河长）。这些河道主官 13 人为党委政府副秘书长，另外 4 人中 1 人为市委宣传部副调研员、办公室主任，1 人为市政法委副书记，1 人为市人大常委会副秘书长，1 人为市政协副秘书长。

苏州已经建立起党政领导、河长主导、社会引导、上下共治、长效管护的工作机制，同时形成了主官协调、河长办抓总、部门联动、水利局分工的河长制操作机制。河道主官与河长一起巡河、一起发现问题、一起研究对策、一起督导检查，同时承担了大量日常沟通联络的工作，在河长忙不开的时候根据河长授权独立开展巡河、协调、指导、督办等工作。苏州市市级河长对应河湖“一河一策”行动计划的第二轮征求意见会议（第一轮为书面征求意见）均由相应市级河道主官主持进行。在这一轮征求意见会议过程中，全市各市区县级、镇级河长和市、县两级的相关职能部门参加，需要协商解决的问题一般都在会议现场研究决定或为河长提供决策参考。

石湖景区占地 250 亩的“吴越春秋”开发烂尾地块，20 多年来治安、消防和卫生环境问题就像久治不愈的“牛皮癣”，石湖市级河长、市委常委、政法委书记俞杏楠组织属地和相关部门合力攻坚，仅用两个月就让 158 家租户全部搬离，彻底清除了该区域安全隐患大、群租混乱、环境脏乱三大“顽疾”。其中担任河道主官的市政法委副书记缪文学发挥了积极的助手作用。他曾在 8 月 23 日、9 月 27 日两次主持召开河长制工作协调会，协调落实澄湖养殖场渔民看护房修缮（提升环境质量）费用约 300 万元，确定石湖“吴越春秋”段河道整治内容。

（采访组成员：李先明　吴卿凤　马颖卓　陈静　滕红真　成怡昕　楼锋）

（摘自《中国水利报》2017 年 11 月 23 日 1 版）

苏州河长配备河道主官的做法值得借鉴

本报记者　李先明

记者近日在江苏省苏州市采访时了解到，苏州市为 18 名市级河长一对一配备了 17 名市委市政府副秘书长或河长所在单位的副职领导担任河道主官（其中一名副秘书长对应两名河长），负责组织协调、指导督办等有关工作，发挥河长助手作用。这一做法在落实河长工作实践中，收到了沟通顺畅、协调高效、指导有力的喜人效果。这会不会是让那些忙得分身乏术的河长和常常为找不到河长而发愁的河长办同志们眼前一亮的好办法呢？

客观上讲，各级河长，都是地方党委政府的领导，工作繁忙，任务繁重，事情繁杂，说日理万机不算夸张，他们在百忙之中要抽出时间做好巡河、发现问题、研究对策、检查指导等各项河长工作实属不易。记者在其他地方采访中发现，因为河长们工作太忙，中层工作人员想找河长汇报工作、研究事情，费时费力，难度大，效率低，因此导致研究不充分、协调搁置、督办不到位的情况时有发生，有的甚至因此导致整个河长制工作滞后。可以肯定地说，河长们需要有一个得力的助手，承担河长制工作的同志们期待有一个对上联络有效的“二传手”。

就现实情况来讲，作为领导助手的秘书长们，贴近领导方便充分沟通情况，清楚领导的日程安排，了解领导手头工作的轻重缓急，同时本身就具有代表党委政府的职能，是沟通上下、协调部门、督导工作的最佳人选。从苏州市的实践情况来看，河道主官协助河长开展工作，已经成为河长延展的手臂、延伸的视线、延长的指挥棒，成为河长办工作人员向上传递信息的延伸嘴巴，见缝插针反映民意的贴身代言，成为河长制工作链条中的桥梁和纽带，成为上下沟通的关键环节。这正如苏州市河长办主任、水利局局长王国荣所说，河道主官已经成为沟通河长的联络员、发现问题的巡查员、调查问题的研究员、交办问题的传令员（河长为发令员）、解决问题的督导员。

全面推行河长制，规定动作定当不折不扣，但自选动作可以“有声有色”。当前全国各地都在积极推进河长制，摸索如何结合实际情况将河长制落到实处。像总河长“由党委或政府主要负责同志担任”这样的规定动作，绝不能走样，绝不允许打折扣，但是，像河长与具体工作人员如何衔接、谁来衔接等操作中的具体事宜，完全是自选动作，应当因地制宜，自主决策。必须指出的是，是否明确河长助手的身份，效果大不相同。苏州市的实践表明，明确河道主官的身份，就是明确其在河长制工作链条中的职责，组织协调，检查督导，有职有权，名正言顺，而且也有利于河长办和有关部门理所当然地与其联络衔接。

值得肯定的是，党委政府副秘书长协助领导工作是我国绝大部分地方的实际情况，苏州市让副秘书长担任河道主官、协助河长工作，是具有普遍意义的成功经验，在一定程度上说是可借鉴可复制的经验。当然，苏州市的做法其实质是选择一个最合适的人做河长的助手，发挥沟通上下、组织协调、督导落实的职能，只要能够贴近河长，方便组织协调，能在职能、身份、能力上按照河长的授权开展工作，都是可行的选择。至于称谓，叫河道主官可以，叫助理河长等也未尝不可；至于人选，党委、政府、人大、政协副秘书长可以，河长所在单位的副职领导也是可以的。

凡事顺势则事半功倍，逆势则举步维艰。苏州市为河长配备河道主官作为河长助手的做法，顺势衔接上下，理顺了河长制操作机制，完善了河长制工作链条，因此推进了工作，提高了效率，取得了实效。这样的经验，不是很值得借鉴吗?

（摘自《中国水利报》2017 年 11 月 23 日 1 版）

消息中将苏州市设置市级河道主官的背景、原因、作用等做了交代。评论对苏州市河长配备河道主官这一做法进行深入挖掘，分析这一举措的可行性及重要意义。组合报道的发布形式，将苏州市设置市级河道主官这一新闻，立体呈现给读者。

不同于消息的平实语言、客观描述，评论中，记者语言朴实鲜活、简洁凝练，运用了反问、比喻、排比等多种修辞手法，采用对比、前后照应等多种写作手法，直面问题，科学分析，观点明确，可读性强。

消息、评论互相映衬，补充说明，增强了传播效果。

二、水利经验（成就）新闻采写禁忌

水利经验（成就）的新闻采访与写作有着自身的规律和特点，在大量操作实践中也会出现一些共同的问题，需要在实践中加以注意、竭力避免。

（一）只有思想性，没有故事性

成就性报道的思想深度，是提高新闻质量的核心。然而，报道在自觉服从、服务于党和政府的中心工作，坚持“政治家办报”，加强理性思维和宏观把握的同时，也要注意故事性。思想性不应是枯燥、空洞的说教，而应有故事作为载体，只有这样才能让思想的深度具有说服力和可信度，才能真正产生舆论引导力。

（二）只有总结材料，没有鲜活事实

读者看到的成就性材料，多的是总结性叙述，少的是鲜活引人的新闻事实，看上去浓墨重彩，实际上空洞无物。拥有丰富的新闻事实是做好成就性报道的重要保障。只有跳出材料，提炼事实，用事实说成就，才能让报道接地气、入人心。

（三）只有泛泛而谈，没有独特视角

独具特色的成就报道绝非泛泛而谈、撒胡椒面式的冗长报道，而是立意高远、有详有略，对重要内容有倾斜性突出的精练报道。只有突破惯性思维，在有限篇幅内创造具有话题性、可读性的成就报道，才能在增强报道传播力、影响力上找到突破口。

（四）只有模式化叙事，没有创新性展现

内容重复、冷饭热炒，形式陈旧、语言呆板等都是成就性报道存在凝固化、模式化等问题的表现。要寻求内容充盈有新料，也要寻求形式新颖有看头。只有坚持新闻时效性，创新文风，拒绝形式单一化、叙事扁平化，才能增强报道的传播效果。

第十章

领导考察新闻

第一节　领导考察新闻总述

一、领导考察新闻概述

领导考察新闻，即记录领导考察过程、反映相关主题、明确工作要求的新闻，也是较为常见的新闻场景。这类新闻往往要素清晰，时间、地点、人物、事件等信息完整，大多围绕明确的主题展开。

本章所指的领导考察，主要是指有一定级别领导干部的考察活动。这些领导包括党和国家的中高级领导干部，也包括基层干部。我们在正规媒体上所见到领导考察的报道多为省部级以上领导干部的考察活动。事实上，现在随着网络等新媒体的发展，一些基层领导干部考察的报道也越来越多了。领导考察类新闻具有很强的针对性，既是记录考察、跟进工作、反映情况，更是凝聚共识、指导工作、推动进展。

二、领导考察新闻的特点

我们先来看 2018 年 4 月习近平总书记考察长江经济带的几个片段，再一起来探讨这类新闻的几个特点。

4 月 24 日至 25 日，习近平先后在湖北省委书记蒋超良、省长王晓东，湖南省委书记杜家毫、省长许达哲陪同下，深入湖北省宜昌市和荆州市、湖南省岳阳市以及三峡坝区等地，考察化工企业搬迁、非法码头整治、江水污染治理、河势控制和护岸工程、航道治理、湿地修复、水文站水文监测工作等情况，实地了解长江经济带发展战略实施情况。

24 日中午，习近平一下飞机，就到兴发集团宜昌新材料产业园，察看化工企业搬迁、改造以及码头复绿情况。兴发集团是全国最大的精细磷化工企业，也是三峡库区最大的移民搬迁企业。集团园区内原来临江建设的生产设施和码头已经搬迁和拆除，腾出岸线 950 米，退让用地 800 多亩，并完成全面绿化。搬迁复绿现场摆放的一块块展板，展示了湖北省和宜昌市化工企业搬迁、污染整治总体情况。习近平仔细听取汇报，不时就有关问题同地方负责同志交谈。他走进集团中控室，通过大屏幕实时察看企业生产车间运转情况，听取企业实施技术改造和产业升级、规划建设循环产业情况汇报，并同现场技术人员亲切交谈。习近平还步行到沿江码头坡道，实地察看沿江设施拆除、码头复绿、排污口整治情况。他强调指出，长江是中华民族的母亲河，一定要保护好。企业是长江生态环境保护建设的主体和重要力量，要强化企业责任，加快技术改造，淘汰落后产能，发展清洁生产，提升企业生态环境保护建设能力。要下决心把长江沿岸有污染的企业都搬出去，企业搬迁要做到人清、设备清、垃圾清、土地清，彻底根除长江污染隐患。要坚持把修复长江生态环境摆在推动长江经济带发展工作的重要位置，共抓大保护，不搞大开发。不搞大开发不是不要开发，而是不搞破坏性开发，要走生态优先、绿色发展之路。

24日下午，习近平来到三峡坝区，察看三峡工程和坝区周边生态环境。三峡工程举世闻名，是迄今为止世界上规模最大的水利枢纽工程和综合效益最广泛的水电工程。在三峡大坝坝顶，习近平举目远眺，气势磅礴的坝体、水波荡漾的江面、郁郁葱葱的江岸尽收眼底。在介绍三峡工程发展历程、综合效益、科技创新的图片和数据展板前，习近平听取三峡集团负责人汇报，并就三峡工程发展有关问题同大家讨论。随后，习近平来到大坝左岸坝首，听取长江生态环境修复和珍稀植物保护情况介绍。习近平走进珍稀植物示范园，园内草木茂盛、花团锦簇，他亲手给新栽的一棵楠木树培土、浇水。远山如黛，细雨霏霏。习近平顶着小雨先后来到双线五级船闸三闸首、升船机平台，了解航运管理等情况。

三峡水电站是目前世界上规模最大的水电站，电能昼夜不息送往华中、华东、广东等地。习近平来到大坝左岸电站，察看发电机组运行情况，了解三峡电站发电效益和电网安全监控等情况，并同技术人员、劳动模范、工作人员代表亲切交流。电站外，闻讯而来的企业员工围拢到总书记身边，欢呼着向总书记问好。习近平深情地对大家说，三峡工程是国之重器，是靠劳动者的辛勤劳动自力更生创造出来的，看了以后非常振奋。三峡工程的成功建成和运转，使多少代中国人开发和利用三峡资源的梦想变为现实，成为改革开放以来我国发展的重要标志。这是我国社会主义制度能够集中力量办大事优越性的典范，是中国人民富于智慧和创造性的典范，是中华民族日益走向繁荣强盛的典范。真正的大国重器，一定要掌握在自己手里。核心技术、关键技术，化缘是化不来的，要靠自己拼搏。13亿多中国人民要齐心合力、砥砺奋斗，共圆中国梦！

25日一大早，习近平前往荆州市荆州港码头乘船，沿江察看两岸生态环境和发展建设情况。途中，习近平分别听取湖北省和荆州市关于非法码头整治情况汇报，听取交通运输部关于长江航运、航道治理情况和水利部关于河势控制、护岸工程情况汇报。

下午3时许，轮船抵达荆州石首港，习近平登岸乘车前往湖南省岳阳市君山华龙码头，察看非法砂石码头取缔及整治复绿、湿地修复情况。君山华龙码头地处长江干流河滩，这个曾经污水横流的非法砂石码头，经过整治复绿、湿地修复，面貌焕然一新。习近平走进东洞庭湖国家级自然保护区巡护监测站，察看实时监测系统。湿地里芦苇成荫，江水中江豚腾跃，一片勃勃生机。他说，修复长江生态环境，是新时代赋予我们的艰巨任务，也是人民群众的热切期盼。当务之急是刹住无序开发，限制排污总量，依法从严从快打击非法排污、非法采砂等破坏沿岸生态行为。绝不容许长江生态环境在我们这一代人手上继续恶化下去，一定要给子孙后代留下一条清洁美丽的万里长江！

在岳阳市，习近平还考察了城陵矶水文站，了解长江湖南段和洞庭湖流域水资源综合监测管理、防灾减灾情况。

26日下午，习近平主持召开深入推动长江经济带发展座谈会。国家发展改革委主任何立峰、生态环境部部长李干杰、交通运输部部长李小鹏、水利部部长鄂竟平、重庆市委书记陈敏尔、湖北省委书记蒋超良、上海市委书记李强等7位同志先后发言，从不同角度汇报工作体会，提出意见和建议。

（摘自新华社2018年4月25日电《习近平在深入推动长江经济带发展座谈会上强调 加强改革创新战略统筹规划引导 以长江经济带发展推动高质量发展》）

（一）突显现场

领导考察新闻是对领导考察过程的再现，重点言论、动作等均在现场直接呈现。何时何地何事，往往就是考察的目的所在，这类新闻的现场感格外强，对记者采访写作的要求也格外高。

这类稿件尤为重视现场，往往会对重点考察地点进行背景介绍，便于读者了解考察的背景和目的。

（二）准确严谨

相较于其他类型的新闻，领导考察新闻对准确和严谨的要求尤为突出。因为这类新闻是对领导重要指示和要求的还原、再现甚至强化，在真实性的基础上，无论是语言还是文风，都更强调准确、严谨，确保文章所传达出来的思想和导向正确。

语言方面，必须真实准确，可以适当描述，不可过度煽情，应当实事求是，不能夸大其词。思想方面，必须导向正确，准确领会内涵，准确传达要求，有效起到鼓与呼的作用。

（三）针对性强

领导考察的“目的”往往指向明确，这也决定了这类新闻的主旨十分明确，针对性强，如考察河长制湖长制，考察水旱灾害防御，考察脱贫攻坚，考察水利工程建设管理等。掌握这一“目的”，就是把准了采访和写作的重点，也明确了采访和写作下功夫的方向。

第二节 领导考察新闻采访难点与要领

一、第一现场——离现场再近些

新闻现场就是记者的战场。对领导考察新闻来说，怎样保证高质量采访写作？首要一点，就是逼近现场，近些，再近些。这个近，既是身体的近，也是头脑的近。

身体的近表示应跟紧考察行程，不要离主要人物距离太远，采访位置应保证可以听清现场的对话、看清现场的动作。

头脑的近表示采访中要时刻专注现场，对重点对话高度敏感、快速记录，为写作做好做足各项准备。

离现场再近些，前提是对现场足够了解。有哪些现场？考察顺序如何？会有哪些容易忽视的难点？有备才可无患。记者应提前知晓并掌握考察行程，提前检查采访各项设备（相机、录音笔、记录纸笔等），确保充足、完好，甚至有的重要场景可以提前演练，模拟采访现场，熟悉采访难点，进而有针对性地准备和提升。

二、把握重点——全面掌握素材

领导考察新闻要求记者深入理解考察的目的、意义等，考验着记者对考察活动相关素材的全面掌握。

考察目的方面，要了解这项工作的进展、难点，比如总河长巡河考察，掌握总河长负责河道现阶段亟待攻克和突破的问题，相关河道的特点等。

考察行程方面，要了解行程安排背后的有关因素，每个考察点的情况、亮点，进而了解任务部署的意义。

考察内容方面，要根据领导现场部署和要求，结合背景素材，深入理解，准确把握，确保各项信息的正确性。

三、突出亮点——及时捕捉记录

考察活动的亮点，有的是考察的方式——暗访，有的是考察中的某个动作、场景、对话，需要记者对亮点了然于心、高度敏感，及时捕捉记录亮点的过程，并呈现在报道中。

来看 2018 年 7 月 3 日《中国水利报》这则报道。

鄂竟平检查河北省小型水库安全运行及防汛工作

本报讯（政务报道组）　6 月 21 日，水利部党组书记、部长鄂竟平带队对河北省小型水库安全运行及防汛工作开展情况进行了飞检式检查。水利部建管司、安监司，原南水北调办稽察大队负责人参加检查。

6 月 21 日早 9：05，保定东站，一下火车，鄂竟平一行即分成两组，在“不发通知、不打招呼、不听汇报、不用陪同接待”的情况下，直接驱车奔赴唐县西显口水库、下庄石盆水库、曲阳县李家洼水库和孝墓等水库进行现场检查。

在保定市唐县西显口水库和下庄石盆水库，鄂竟平仔细查看了水库大坝、溢洪道、水位检测仪、下游泄洪通道等，并走访了正在水库边劳作的群众，详细了解了当地的水情、汛情。在水库巡查责任人和防汛办负责人按要求赶来后，鄂竟平向水库巡查责任人详细了解了水库日常巡查工作内容、水情、汛情出现后向谁报告、怎么报告、是否知道电话号码等工作程序，当得知西显口水库防汛预案存放北店头乡政府时，鄂竟平一行又直接驱车10 余公里，来到北店头乡政府查看防汛预案等资料，并现场拨打县、乡、村三级责任人电话，问询防汛职责及履职情况。他强调，各单位要进一步夯实“三个责任人”的职责落实，了解和掌握各级防汛岗位“谁来干、干什么、怎么干”，把工作做扎实、做细，确保每项工作都能落到实处，不留死角。

在曲阳县李家洼水库和孝墓水库，鄂竟平详细询问了水库预测预报能力建设、水库调度运用方案和安全管理（防汛）应急预案的编制、审批（备案）、演练和除险加固情况等。

他指出，水情预测预报、水库调度运用、安全管理（防汛）应急预案是做好防汛工作的“三项基本要求”，地方人民政府和各级水行政主管部门要加强对应急预案的宣传，按照应急预案中确定的撤离信号、路线、方式及避难场所，及时组织演练，应结合防汛抢险的需要，成立应急抢险与救援队伍，储备必要的防汛抢险与应急救援物资，确保人民生命财产安全。

本次飞检式检查是鄂竟平到水利部后组织的第一次深入基层的检查活动，其继续秉承在南水北调工作期间的工作方式，轻车简从，直接深入工程一线，向最基层工作人员了解实际情况。本次检查工作成果真实，随行的机关工作人员感触颇深，对基层的工作也有明显触动。水利部将继续严查小型水库“三项重要措施”“三个责任人”的落实情况，整改问题、追究责任、加强制度建设，确保小型水库安全度汛。

（摘自《中国水利报》2018 年 7 月 3 日 1 版）

稿件的亮点突出，即“飞检”，而且突出了这次检查是“鄂竟平到水利部后组织的第一次深入基层的检查活动”。检查的过程、细节表述准确、清晰，让人印象深刻，如“6 月 21 日早 9：05”“直接驱车 10 余公里”等。丰富的细节，正是记者及时捕捉记录、较好还原再现的结果。

第三节　领导考察新闻写作——消息

一、调研指导类

鄂竟平赴定点扶贫县（区）丰都、武隆开展调研

本报讯（政务报道组）　4 月 14 日至 15 日，水利部部长鄂竟平赴水利部定点扶贫县（区）重庆市丰都县、武隆区调研定点扶贫工作。

鄂竟平一行先后前往丰都县、武隆区贫困村镇，深入实地调研金鸡扶贫产业园及附属水厂、梨子坪水库、大河沟水库扩建项目、旅游扶贫产品展销中心、高山水果示范基地、避险搬迁新址等水利和扶贫项目，走访慰问贫困群众，看望水利部扶贫挂职干部，听取基层干部群众对水利部定点扶贫工作的意见建议。

鄂竟平强调，要进一步提高政治站位，把定点扶贫工作作为一项重要的政治任务，以高度的紧迫感、责任感和使命感继续全面深化脱贫攻坚工作。要充分激发贫困群众内生动力，拓宽贫困群众脱贫致富途径。要落实“水利工程补短板、水利行业强监管”的要求，不断完善水利基础设施建设，满足人民群众生产生活用水要求。对两个县（区）提出的困难和问题，水利部相关司局一定要认真对待、认真研究，提出解决方案并抓好落实。

水利部规划计划司、财务司、水库移民司，重庆市水利局主要负责人参加调研。

（摘自《中国水利报》2019 年 4 月 26 日 1 版）

这是一则按部就班、规规矩矩的调研指导类新闻，新闻各要素齐全，交代准确、清晰。导语介绍考察时间、地点、主题，正文首先介绍调研行程、重要考察点等，继而强化领导指示要求，最后介绍其他参与人员，有些调研考察稿件也将这一部分放在导语之后。再来看一则调研新闻：

鄂竟平考察调研滇桂黔石漠化片区扶贫工作

本报讯（记者　陈潇剑）　5 月 29 日，水利部部长鄂竟平深入云南省文山壮族苗族自治州文山市、砚山县、丘北县等地，考察调研滇桂黔石漠化片区扶贫工作。水利部副部长魏山忠，云南省副省长和良辉、副秘书长普建辉，水利部总规划师汪安南等一同考察。

鄂竟平一行先后考察了文山市暮底河水库、砚山县维摩乡高效节水灌溉示范项目、拟建的清水河水库，看望慰问了丘北县树皮乡矣得村贫困户，考察了仙人洞村整治规划和河长制落实情况。

暮底河水库位于文山市西北部，以防洪和供水为主，兼具调节下游发电、改善生态环境等综合功能。鄂竟平一行听取了水库运行管理、防洪备汛等情况介绍，检查了水库溢洪道闸门控制系统运行记录等情况。他强调，要把安全放在防汛的第一位，落实三个责任人，确保水库大坝安全。

在砚山县，鄂竟平听取了高效节水灌溉示范项目的介绍，详细了解项目资金构成、产业发展及贫困户受益情况。鄂竟平对当地开展石漠化综合治理、土地流转、扶贫开发等工作给予充分肯定。他说，石漠化治理和脱贫增收要紧密结合起来，鼓励社会资本参与脱贫攻坚，真正造福贫困群众。

清水河水库是清水江流域重要的水资源配置工程，工程开发任务以城乡生活和工业供水、农业灌溉为主。在听取工程有关前期工作情况后，鄂竟平说，要进一步做好项目前期论证工作，深入分析论证征地移民、提水成本等民生问题。

鄂竟平十分关心石漠化片区贫困户的脱贫与饮水安全情况。在丘北县树皮乡矣得村，鄂竟平一行看望慰问了贫困户项忠保一家，详细询问了收入来源、产业发展及饮水安全巩固提升情况。鄂竟平说，要真正办好农村饮水安全巩固提升等民生实事，为实现“两不愁、三保障”脱贫攻坚目标提供水利强有力的支撑保障。鄂竟平还勉励项忠保一家坚定信心，在各方面积极帮扶下，依靠自身努力，早日脱贫致富。

在丘北县仙人洞村，鄂竟平详细了解了村庄整治规划，并对当地积极落实河长制、公示牌公布州县镇村四级书记河长联系方式等做法予以充分肯定。

水利部有关司局、云南省水利厅主要负责人参加调研。

（摘自《中国水利报》2018 年 6 月 5 日 1 版）

这篇稿件有别于上一篇，同为扶贫考察调研，这一篇按照考察的先后顺序安排行文，突出了各考察点的具体情况。对每一个考察点，按照“考察点情况—调研情况—指示要求”的逻辑展开。

二、检查工作类

鄂竟平检查指导内蒙古水旱灾害防御工作

本报讯（政务报道组） 4月21日至22日，国家防总副总指挥、水利部部长鄂竟平率队检查内蒙古自治区水旱灾害防御工作。检查组现场查看了内蒙古巴彦淖尔市增隆昌水库、包头市阿塔山水库，听取了水利工作情况汇报，并就做好今年水旱灾害防御工作提出了明确要求。

鄂竟平认为，内蒙古自治区各级党委、政府高度重视水旱灾害防御工作，超前部署，精心组织，有序有力开展各项防御准备工作，为抗御今年水旱灾害打下了良好基础。

鄂竟平指出，要特殊重视今年水旱灾害防御工作。今年是中华人民共和国成立70周年，也是机构改革后防汛抗旱新机制运行的第一年。党中央、国务院高度重视水旱灾害防御工作，习近平总书记和李克强总理多次作出指示批示。要牢固树立以人民为中心的发展思想和“两个坚持、三个转变”防灾减灾理念，全面贯彻落实党中央、国务院决策部署，按照水利部有关水旱灾害防御要求，强化风险意识，坚持底线思维，防范化解风险，守住安全底线。

鄂竟平强调，要认真研判今年气象预报形势，坚持问题导向，及时总结以往的经验和教训，针对本地区的水旱灾害特点，找准防洪薄弱环节，抓住关键要点，强化责任，落实措施，全力做好水旱灾害防御各项工作。当前要重点抓好两方面工作：一要突出抓好水库安全度汛。要深刻吸取增隆昌水库溃坝事故教训，落实好水库防汛“三个责任人”和“三个重点环节”，严格执行汛限水位，规范汛期调度运行，及时发布险情预警，果断转移下游群众，确保水库安全度汛。二要高度重视山洪灾害防御。要加强水雨情监测预报和联合会商，完善预警发布工作机制，与应急部门加强协调配合，切实做到山洪预警和转移避险无缝对接，确保群众生命安全。

水利部水旱灾害防御司、水利工程建设司、运行管理司和黄河水利委员会有关负责人参加检查。

（摘自《中国水利报》2019年4月26日1版）

检查工作类新闻与调研指导类新闻在写作上较为相近，首先介绍检查的时间、地点、行程等，结合当前最新形势部署工作，但是检查类新闻往往有明确的检查目的，如确保防汛安全、工程安全等，需要针对检查对象的现状、已采取的措施，指出面临的形势、存在的问题，明确下一步举措。

蒋旭光检查南水北调中线天津干线工程运行安全工作

本报讯（政务报道组） 2月15日，水利部副部长蒋旭光一行对南水北调中线天津干线工程王庆坨水库、王庆坨分水闸、4号保水堰、西黑山进口闸等项目运行安全及容雄管理处、西黑山管理处进行了检查。

在王庆坨水库建设工地，蒋旭光一行仔细检查了水库内坡混凝土衬砌面板浇筑质量，详细询问了边坡防渗、库区水井封堵情况，详细了解了工程进展及质量监管工作开展情况。他强调，王庆坨水库作为南水北调天津干线的配套工程的调蓄水库，事关天津市供水安全，工程建设进度管理及质量监管尤为重要，各单位必须高度重视、常抓不懈，确保各项工作进度目标按期实现，各项质量目标全部达标，为2019年4月底达到蓄水目标奠定坚实基础。

在王庆坨分水闸、4号保水堰、西黑山进口节制闸，蒋旭光一行先后对箱涵排空检修、节制闸运行、物资储备仓库管理等进行了检查，仔细询问了设备运行管理、箱涵停水检修、去年汛期水毁项目的修复，以及物资储备等情况，并对王庆坨分流井消防报警系统进行了现场测试。他强调，中线工程经过自动化、消防系统集中改造后，软硬件水平整体迈上新台阶，管理水平也得到了很大提升，但各级管理单位绝不能麻痹大意，要结合过去已发现和存在的问题，举一反三，超前思维，防患于未然，确保南水北调工程运行安全。对于安全问题，各级管理单位都要高度重视，持之以恒地抓紧抓死，强化责任，从严从难要求，把工作做细，确保万无一失。

水利部监督司、南水北调工程管理司、南水北调工程建设监管中心等单位的负责人参加检查。

（摘自《中国水利报》2019年2月22日1版）

再来看一则报道：

马晓晖在检查防汛工作时强调
立足于早全力做好防汛各项准备

本报讯（记者　黄君）　5月4日上午，湖州市委书记马晓晖在检查防汛工作时强调，今年防汛形势不容乐观，各级各部门要高度重视，立足于早，着眼于实，全力抓好防汛应急各项准备工作，切实做到未雨绸缪、防患于未然，尽可能把汛期影响和损失降至最低，为全市经济社会发展和百姓安居乐业提供坚强保障。

德清大闸是东苕溪导流工程兴建的第一座、也是最大的一座防洪闸，主要作用为调节东苕溪上下游、杭嘉湖东西部洪水，同时兼顾引水、交通航运等功能。马晓晖来到大闸实地检查大闸运行和该县防汛准备落实情况。他强调，要按照省市统一部署，围绕“不死人、少伤人、少损失”的防汛工作总目标，坚持流域调度一盘棋，压紧压实防汛工作责任，深入开展隐患排查治理，全面落实防汛应急保障，坚决打好防汛工作主动仗，全力确保安全度汛。

东苕溪导流港自德清大闸到湖州市导流港出口全长41公里。马晓晖沿导流东大堤一路查看，重点检查菁山水闸等水利工程安全运行和人员值守情况。随后，他又来到南太湖畔，实地检查环湖大堤工程和杭嘉湖地区环湖河道整治工程。他指出，近年来，湖州以四大重点水利工程为龙头，全面提速水利工程建设，有效提升了全市防汛防台排涝能力和水平，要再接再厉继续抓好后续工程建设，全面强化水利设施管理，切实发挥重点水利工程防灾减灾和促进发展的重要作用。要进一步提升水利工作理念，强化水资源保护利用，推进水生态文明建设，努力为高质量发展创造更加良好的水环境。

马晓晖还来到太湖溇港文化展示馆实地考察，了解世界灌溉工程遗产太湖溇港及其衍生的各类文化。千百年来，由太湖堤防、纵溇横塘、万顷圩田等组成的太湖溇港圩田系统，创造了太湖流域独特灿烂的文化，为我国大江大湖治理提供了有益借鉴。马晓晖指出，湖州因湖得名、因河而兴、因水而美。我们要保护和弘扬独特的太湖溇港文化，充分汲取这部千年水利巨作留给我们的宝贵财富，进一步传承水文明、保护水生态、发挥水优势、做活水文章，促进人与自然和谐共生，不断开创湖州生态文明建设新局面。

（摘自《湖州日报》2018 年 5 月 5 日 1 版）

这则报道也符合调研指导类稿件“考察点情况—调研情况—指示要求”的逻辑，突出了每一个考察点的重要性，点明了检查的重点内容和下一步防汛的重点工作，以点带面增强防汛责任意识。

三、暗访调查类

蒋超良暗访武汉南湖治污整改工程

本报讯（记者 周呈思） 11 月 1 日上午，省委书记蒋超良事先不打招呼、轻车简从，到武汉南湖沿岸暗访，检查环湖治污整改工程进展情况。

中南民族大学校区临湖一角的截污闸为市政整改工程。此前，来自学校及附近小区的旱流污水在大雨天会有部分入湖。今年 6 月，省委督查室组织省环保厅等部门现场核查后，中南民族大学与武汉光谷建设投资公司按整改要求建了该处截污闸。

截污闸排水口附近，湖水较浑浊，散发着一股刺鼻的气味。蒋超良疾步来到湖边，仔细察看排口管道有无污水流出。“为什么整改了还会有这股难闻的气味?”蒋超良要求随行的省委督查室工作人员做好记录，彻查原因，督促相关方面做好截污闸建设和雨污分流改造工作，避免生活污水混入雨水管网混排入湖。

随后，蒋超良来到中南财经政法大学，察看该校截污工程施工现场。中南财经政法大学校区环湖共有 4 个入湖排口，其中 2 个有污水入湖。去年 7 月，武汉市启动沿湖排污口截污工程，校方也展开内部管网全面自查及雨污分流工作。蒋超良穿过泥泞的工地，走进湖边排污口，仔细察看管网施工和湖面排口情况。

“这片湖区现在水质如何?”“截污工程到什么时候完工?”“你们最近来看过吗?”蒋超良向洪山区水务部门负责人仔细询问相关情况。他说，南湖截污是一项民心工程，前期政府做了大量工作，但一些地方的治理还不够彻底，还存在隐患，要抓紧时间、加大力度完成整改任务，还居民一个清澈美丽的湖泊。

蒋超良再三嘱咐当地相关负责同志，南湖污染整治任务十分艰巨，需下更大力气、花更大功夫。做好整改工作，不是单纯为了完成销号任务，凡是该整改的问题，无论中央生态环保督察组有没有列入问题清单，都要踏踏实实地整改到位。

蒋超良强调，打好污染防治攻坚战，是党中央、国务院作出的重大决策部署。环境污染防治做得好不好、整改得彻不彻底，是检验我们是否坚决做到“两个维护”的试金石。要提高政治站位，以实际行动贯彻落实习近平生态文明思想，从严从实抓好中央生态环保督察“回头看”反馈问题整改落实工作，推动我省生态环保工作再上新台阶。要明确整改目标、措施、责任和时限要求，坚决做到问题没有查清楚决不放过，问题没有解决决不放过，违法行为查处不到位决不放过，问责不到位决不放过，群众不满意决不放过。要按照“党政同责、一岗双责”要求，压紧压实责任，坚决防止假整改、忽悠式整改。要注重标本兼治、系统发力、常抓不懈，形成生态环保治理的长效机制。

省委常委、省委秘书长梁伟年一同暗访。

（摘自《湖北日报》2018 年 11 月 2 日 1 版）

狠抓河长制　打好碧水攻坚战

本报讯（记者　王皓）　昨天，市委书记蔡奇以“四不两直”方式到房山区检查河长制工作落实情况，他强调，全面推行河长制，是深入贯彻落实习近平生态文明思想、打好碧水攻坚战的重要举措。必须把维护河湖健康作为重大政治责任，强化铁腕治水，以钉钉子精神狠抓河长制落地见效，推动首都水环境及早实现根本性好转，还京城以水清岸绿、鱼翔浅底的美丽景象。

问题导向，不打招呼，直插基层。媒体近期多次报道农村人居环境引起关注，市领导直接来到房山区大次洛村村口的夹括河瓦井桥头，看到一处出水口正向河道排水，溯源找到村级污水处理站。蔡奇检查设备运行情况，要求水务、环保等政府监管部门加强处理站运行和排放水质监管，严格杜绝污水直排。继续步行沿河巡查，进入枯水期，河床裸露处可见建筑垃圾灰渣，一路之隔的建材堆放场被建筑垃圾包围，还有散养的畜禽。蔡奇对赶来的镇干部说，治河就要先从岸上治起，一线河长要坚持巡河，及时发现问题。

蔡奇就近在周口店镇召开座谈会，听取市有关部门和房山区、周口店镇落实河长制工作情况。座谈中，蔡奇边听边问：镇里上周主要做了哪些工作？村级河长能不能保证一周一巡？……区镇干部一一作答。

蔡奇说，这次“四不两直”检查河长制落实情况，也是履行我总河长的职责。从检查情况看，房山区对媒体反映的问题反应迅速、整改措施有力，但面上还存在河道周边垃圾清理不及时、污水直排、巡河制度未落实等问题，要高度重视，切实解决。

蔡奇强调，全面落实河长制要坚持“四个结合”：一是与疏整促专项行动结合，严查污水直排和超标排放；二是与农村人居环境整治结合，抓紧补齐处理设施短板；三是与新一轮百万亩造林绿化工程结合，增强水源涵养能力；四是与“街乡吹哨、部门报到”改革结合，引导各相关力量依法履职，形成合力。

蔡奇强调，河长制要着力解决突出问题。守住河道蓝线，强化全过程监管。巩固建成区黑臭水体治理成果严防反弹，年底前基本完成非建成区治理任务。强化水源地环境保护，确保发现的问题年底前全部整改到位。以“清河行动”和“清四乱”专项行动为抓手，严厉打击各种涉河湖违法违规行为，特别是针对河湖管理范围内堆放垃圾等老大难问题，拿出具体措施，坚决根治。对有水之河，要因地制宜强化排污设施建设；对无水之河，要强化环境整治，还河道原貌。

蔡奇强调，要进一步完善工作机制。党政一把手要主动把“老大难”河湖作为自己的责任田。完善部门和流域统筹联动，探索建立上下游、干支流生态补偿机制。把河长巡河作为履职重要内容，每条河流都做到定期有人巡、事事有人管。加强基层河长培训和水管员专业力量配备，广泛动员群众参与、社会监督，形成全社会共同治水护水的格局。要强化考核问责，落实“月检查、月排名、月通报”制度，监督河长履职、部门尽责，对履职不力、弄虚作假的要严肃问责。

蔡奇强调，当前房山区要重点抓住新一轮城市南部地区发展的难得机遇，落实三年行动计划，推动高质量发展。致力于增强房山新城综合承载能力，坚持产城融合，规划建设好良乡、燕房、窦店组团，打造城市均衡发展的反磁力中心。以创建国家森林城市为抓手，抓好生态涵养区生态保护和绿色发展。持续推进农村人居环境整治和美丽乡村建设。抓好村“两委”换届，构建良好的乡村治理体系。

市领导崔述强、卢彦、杨斌参加。

（摘自《北京日报》2018 年 11 月 6 日 1 版）

暗访调查类突出问题导向，更强调现场感，更注重细节描写，往往将墨笔着力于几个重点场景、现场画面中。在导语介绍了暗访时间、地点、目的等要素之后，就按照时间先后顺序介绍暗访检查情况，着重描写几个见人、见事、见细节的场景，最后明确领导对相关工作的指示要求。“穿过泥泞的工地，走进湖边排污口，仔细察看管网施工和湖面排口情况”；“继续步行沿河巡查，进入枯水期，河床裸露处可见建筑垃圾灰渣，一路之隔的建材堆放场被建筑垃圾包围，还有散养的畜禽”……上述两则新闻中的细节描述，增强了报道的可读性、真实性，让领导考察的形象更加生动更加立体。

再来看一则基层领导暗访考察消息：

张兵在暗访我市生态环境状况时指出

大力排查整治突出问题　嘉兴打好污染防治攻坚战

本报讯（记者　张芬娟）　当前，嘉兴市上下正在开展生态环境问题“万人大排查、百日大整治”攻坚行动。行动是否部署到位？排查是否有效落实？问题是否及时整改？昨天下午，市委书记张兵率队先后来到平湖市、南湖区、秀洲区、嘉兴经开区等地，对我市的生态环境状况进行暗访，突击检查了水、气、固废等问题。他强调，要坚决贯彻落实习近平生态文明思想和中央、省环保督察有关要求，进一步加强领导、狠抓落实，大力排查整治突出问题，打好污染防治攻坚战。副市长洪湖鹏一同暗访。

下午 1 时，张兵一行来到了盐平塘斜桥断面水质监测点附近，这里是平湖市与海盐县河道的交界处，在前期市生态环境局的排查中发现河道的交界断面存在总磷超标等水质问题，但对这一问题，上下游两地间存在着争议。张兵一路走一路查看，发现了不少问题：河边的建材经营部码头正在向河道里直排污水，河边大量的紧固件加工作坊等大多不见排污设施，且作坊外面随意堆放了很多杂物。张兵要求，平湖和海盐两地要加强联防联治，环保部门要加大监测力度，突出精准化，进一步查明污染来源、明确责任主体、强化监督问责。他同时指出，河道边的这些“低散乱污”企业，能耗大、污染大、产出低、不安全，不符合高质量发展的要求。他要求当地，在抓好招大引强的同时，要加大力度、加快速度进行“低散乱污”企业的整治腾退，引导中小企业入驻规范的小微企业园区，为发展腾出空间。

随后，张兵一行来到了南湖区曹庄集镇，沿着菜场边的河道仔细查看，发现有个排水口正在排污水。附近的居民表示：“这里早上时，有很多脏水从菜场里流出来，很臭。”张兵一行疾步走进菜场了解情况，发现厕所的污水直排河道，菜场内环境卫生很差。有经营户表示：“菜场老鼠多、苍蝇多、蟑螂多，希望进行整治。”对于群众反映的问题，张兵要求当地尽快制定方案，抓紧整改，让老百姓有一个干净卫生的生活环境。有关部门必须以“万人大排查、百日大整治”攻坚行动为抓手，认真倾听老百姓的意见建议，尽快消灭“脏乱差”，让群众满意。

离开曹庄集镇，张兵一行来到了秀洲区王店镇的一个农民小区内，只见这里的房屋边上堆了很多垃圾，房前搭建了违章建筑用于出租，旁边的农田里还建有多个旱厕。张兵对闻讯赶来的王店镇党委主要负责人说，这样的环境不卫生与美丽乡村建设的要求不相符合，要加快整治，同时，在整治的过程中要体现人性化，妥善安顿好相关人员的去处。

随后，张兵一行驱车行至嘉兴经开区三环南路与新气象路交叉口附近，这里有一个临时堆场，堆放着从各个工地运来的泥土，有好几辆工程车正在卸载泥土，但是这个堆场没有使用防尘网进行覆盖，风一吹，尘土飞扬。张兵指出，要按照环保要求，对堆场进行覆盖防护，减少扬尘带来的空气污染。

在嘉兴经开区的一处生活垃圾临时堆放点，按照规范要求，设置了多层复合防渗结构，并做到了建设程序到位、污染防治到位、日常管理到位和周边环境整治到位等。这样的规范操作，得到了张兵的肯定。

最后，张兵一行还来到了位于嘉兴经开区的一个住宅建筑工地，这里有大量的扬尘，建筑垃圾也随意堆放在路边，在相关部门前期的摸排中还发现存在随意抛洒建筑垃圾的情况。张兵要求，相关部门要加强监管，施工企业要进行整改。他说，现在，嘉兴正在实施的项目多，工地也多，要从严抓好管理，减少建筑扬尘、建筑垃圾等对环境的污染，要让嘉兴“蓝天常在”。

此外，昨天的暗访过程中，张兵还检查了县（市、区）、镇（街道）领导干部值班制度的落实情况。

（摘自《嘉兴日报》2019 年 5 月 19 日）

这则消息在导语中突出了暗访的目的、意义，简要介绍了暗访情况，明确了市委书记的工作要求。在正文部分，按照暗访时间先后顺序安排行文，见人、见事、见现场、见问题，不仅有领导的考察“声音”，也有群众反映情况的“声音”，更显真实、立体、全面。同时，文章花了大量笔墨在暗访发现的问题上，直面问题，陈述问题，进一步形成震慑，推动解决问题。

第四节　领导考察新闻写作——通讯

一、纪实类

为了一江清水浩荡东流

——习近平总书记长江考察纪实（节选）

新华社武汉4月27日电（人民日报记者杜尚泽、新华社记者霍小光）　万古奔腾的长江，在中国版图上如一条横贯东西的轴线，出世界屋脊，跨峻岭险滩，纳百川千湖，联结起锦绣壮美的华夏大地，孕育着源远流长的中华文明。

多少年来，习近平总书记的目光始终关注着波涛涌动的壮美长江，思考着人与自然和谐共生的辩证法则，谋划着让中华民族母亲河永葆生机活力的发展之道。2018年4月，万物勃发的仲春时节，他再次来到长江岸边。

三天两省四地，步履匆匆，风尘仆仆。24日，习近平总书记飞抵宜昌；25日，自荆州沿江而下，到岳阳再至武汉；26日，他主持召开深入推动长江经济带发展座谈会。

在三峡大坝极目远眺，登轮船甲板指点江山，到长江岸边实地察看，在洞庭湖畔俯瞰浩淼烟波……人们追随着他的脚步，感悟着母亲河的今昔之变。中华民族千百年来的磨难与辉煌、中国改革开放40年的跋涉与奋斗、新时代的新理念与新气象，都在纵贯6300公里的长江上留下了印记。

看长江，也是看中国；把脉长江经济带发展，也是再一次昭示，民族复兴征程上生态文明建设举足轻重的分量。习近平总书记在座谈会上开宗明义："推动长江经济带发展，这是党中央作出的重大决策，是关系发展全局的重大战略，对实现'两个一百年'奋斗目标、实现中国梦具有重要意义。"

凝聚共识，粮草先行

两年前的那次座谈会，总书记用"好像是泼了一盆冷水"来形容。2016年1月5日，推动长江经济带发展座谈会在重庆召开时，正是沿岸一些地方快马加鞭上项目之际。从会场传出来的声音激荡广袤大地：

"当前和今后相当长一个时期，要把修复长江生态环境摆在压倒性位置，共抓大保护，不搞大开发。"

"共抓大保护、不搞大开发。"10个字，振聋发聩。翻开那时的长江生态画卷，更能理解这一重要决断的缘由。彼时，从巴山蜀水到江南水乡，生态系统警钟阵阵。人们看到，厂房污水横流、码头砂石漫天、轮船肆意排放、水质持续恶化。航道下游"卡脖子"、中游"肠梗阻"、上游"遇瓶颈"，河湖湿地萎缩甚至干涸……处处千疮百孔。

长江严重透支，习近平总书记痛心地形容她："病了，病得不轻了"。

（略）

风雨兼程，望闻问切

人类的每一段文明，都离不开大江大河的哺育。

长江，先秦称“江”，汉谓“大江”，晋名“长江”。历史的画卷舒展，曾有喊着号子的纤夫，曾有林立的烟囱厂房，而今天，越来越多的蓝天碧水绿荫，涂抹在画卷上。

世界从工业文明跃迁到生态文明，大势浩浩汤汤。顺势而为，方能行稳致远。习近平在座谈会上拿出了行之有效的方子：“新发展理念要体现到长江经济带发展中。”

创新、协调、绿色、开放、共享。此行，习近平总书记多次提起这些词。考察途中，他在车上说到“共享”，即兴念起人们耳熟能详的诗句：“‘君住长江头，我住长江尾。’上中下游共进退，一损俱损，一荣俱荣。”

26日上午，武汉烽火科技集团有限公司，习近平总书记伫立在企业的海外布局图前凝视。越来越多的高新企业到海外落地深耕，他讲起考察观感时说，长江经济带是“一带一路”的主要交汇地带，要统筹沿海沿边沿江和内陆开放，培育国际合作竞争的新优势。

讲得最多的是创新。世界局势风起云涌，习近平总书记此行反复讲创新、讲“大国重器必须掌握在自己手里”，意味深长。

（略）

踏石留印，不负未来

“非知之难，行之惟难。”

循着逶迤的江岸望去，有平畴沃野，也有峰峦竞秀；有国际门户，也有贫困深山。长江经济带体量庞大、情况复杂：覆盖11个省（自治区、直辖市），约占1/5国土面积，聚集的人口和创造的地区生产总值都占40%以上。习近平总书记说，长江经济带发展事关重大，每一步都要稳扎稳打。

是不作为、慢作为，还是敢作为、善作为？考验着一个地方、一个部门、一个队伍对党中央、对人民的态度。座谈会上，三位省市委书记发言时，讲到了上游意识、中游任务、下游作用，不是相互推诿、而是主动担责；相关部委负责同志讲到各自工作，分工明晰，各有侧重，对下一步的工作考虑切中肯綮。

（略）

习近平总书记说，我为你们感到骄傲，为我们国家有这样的能力感到自豪。希望我们共同努力，上下同心，13亿多中国人齐心合力共圆中国梦。

左岸坝首绿地，习近平总书记挥锹培土，种下一棵楠木树。他仰起头，凝视繁茂的树冠，新发的枝叶在春风里沙沙作响。把江水衬得翠似碧玉的生态林，和苍莽的群山、壮阔的江流交相辉映。新的长江故事翻开了篇章……

纪实类通讯稿件，将几天之内的考察活动巧妙穿插融入时间长河中，变换着时空背景，不变的是中心思想。相较于考察消息，纪实类通讯稿件的语言更鲜活，时空跨度更大，细节更丰富，围绕考察活动的人、事、物等元素也更丰满，深入展现了考察活动的方方面面。

二、侧记类

从历史中汲取继续前进的力量

——习近平总书记参观庆祝改革开放40周年大型展览侧记

新华社北京11月14日电（记者　张晓松　杨维汉　宋基钗）　历史，总是在一些特殊年份给人们以汲取智慧、继续前行的力量。

这是改革开放40年壮丽史诗的巡礼，这是中华大地40年人间奇迹的展示。

为展现我国改革开放辉煌成就，特别是党的十八大以来党和国家事业所取得的历史性成就和历史性变革，经过半年多精心筹备，11月13日，“伟大的变革——庆祝改革开放40周年大型展览”在国家博物馆隆重开幕。

当天下午，习近平等领导同志来到这里，参观展览，回顾改革开放40年的光辉历程，宣示将改革开放进行到底的坚定决心。

国家博物馆西侧广场，巨型红色花坛之上，“伟大的变革”五个大字巍然矗立。展馆大门两侧，“紧密团结在以习近平同志为核心的党中央周围 夺取新时代中国特色社会主义伟大胜利”的巨幅标语格外醒目。

展厅内，党中央在重大历史关头的关键抉择，经济社会发展的历史跨越，人民生活翻天覆地的变化，迈向世界引领未来的大国气象……一张张历史图片、一件件文献实物、一个个沙盘模型，多角度、全景式铺展开一幅改革开放40年波澜壮阔的历史画卷。

下午4时许，习近平等领导同志来到国家博物馆。

走进展馆，仿佛进入时光隧道，40年峥嵘岁月扑面而来。习近平等首先在大屏幕前驻足，观看了一部名为《将改革进行到底》的视频短片。

出席博鳌亚洲论坛2018年年会宣示中国开放的大门只会越开越大，广东之行强调把改革开放不断推向深入，出席首届中国国际进口博览会宣布一系列扩大开放重大举措……今年以来，习近平总书记在不同场合发表一系列重要讲话，不失时机释放出新时代改革开放再出发的强烈信号。

安徽小岗村18位农民按下包产到户“红手印”的雕塑，展现深圳从当年落后的小镇崛起为现代化大都市的电子屏，上海陆家嘴高楼林立的实景沙盘……展厅里，一个个改革开放的地标，生动讲述了40年来中国从赶上时代到引领时代的伟大跨越。

习近平不时停下脚步仔细观看，听取工作人员讲解，并询问有关情况。

长征系列运载火箭、天宫号空间站、“蛟龙”号载人潜水器等模型……一件件大国重器展现了当今中国“可上九天揽月，可下五洋捉鳖”的综合国力。

习近平认真观看展品，频频点头，对我国科技领域取得的成就给予高度肯定。

改革犹如大潮奔涌，谁人勇立潮头、指引航向？

党中央始终站在时代要求、国家发展、人民期待的高度，以坚强决心和坚定意志积极推进理论创新、实践创新、制度创新，开创、坚持、发展中国特色社会主义，作出了一系列改变历史的重大决策部署。

党的十一届三中全会的历史场景、邓小平南方谈话的资料照片、中国签署加入世贸组织议定书时使用的台笔……展览突出展示了40年来党中央推进改革开放的关键抉择，聚焦重大时间节点、重大历史事件、重大决策部署，集中展示改革开放40年来党中央推进改革、扩大开放的战略擘画。

历史长河中，关键时刻尤显重要。

全国科学大会、真理标准问题讨论、中央工作会议、党的十一届三中全会……习近平一边观看展览一边历数1978年的重要历史事件，不时进行历史回顾。

"'把经济特区办得更快些更好些。'邓小平同志这个题词是1984年题给厦门的。"习近平看着印有邓小平当年给深圳、珠海、厦门三个经济特区题词的图片，思绪回到了30多年前，"我是1985年去厦门工作的，倍感时间紧迫啊！其他经济特区都跑起来了，厦门要赶紧追上去。"

40年众志成城，40年砥砺奋进，40年春风化雨，正是在中国共产党坚强领导下，中国人民用双手书写了国家和民族发展的壮丽史诗。

党的十八大以来，以习近平同志为核心的党中央以深沉的历史自觉和强烈的历史担当，更高举起新时代改革开放伟大旗帜，推动党和国家事业发生历史性变革、取得历史性成就，谱写了坚持和发展新时代中国特色社会主义新篇章。

改革开放40年的历程，是中国经济的伟大跨越——

全国第一张个体工商户营业执照，第一件专利证书，第一批国库券，第一只公开发行的股票……一件件珍贵展品，见证着改革开放40年极不平凡的历史进程。

国内生产总值从0.37万亿元增长到82.7万亿元，国家财政收入从0.11万亿元增长到17万亿元，城镇化率从17.92%增长到58.52%……在1978年同2017年各项重要经济指标对比图表前，习近平凝神观看、驻足良久。

数据无言，胜于雄辩。改革开放40年来，我们党团结带领全国各族人民破除阻碍发展的一切思想和体制障碍，实现了从高度集中的计划经济体制到充满活力的社会主义市场经济体制的伟大历史转折，经济前行既快、又稳、更好。

改革开放40年的历程，是人民生活的日新月异——

1977年的高考考生准考证、自行车手表缝纫机电视机收音机等"老物件"、物资匮乏年代的布票粮票肉票……一件件带着历史气息的展品，吸引着习近平的目光。

一段2分钟的视频，生动展现了改革开放40年来中国人年夜饭的变迁，从满足温饱到丰盛美味，再到追求营养健康，折射出百姓生活水平的显著提高。

"过去就是包个饺子，你看现在这菜，有鱼有虾，越来越精致！"习近平边看边说。

40年来，中国每一座城市、每一处乡村、每一个家庭都发生着巨变，群众的获得感、幸福感、安全感大幅提升，人民对美好生活的向往正在逐步实现。

改革开放40年的历程，是迈向复兴的光明图景——

人工智能机器人、南水北调工程模型、复兴号动车组模拟驾驶平台、C919大型客机模型、海陆空现代化武器装备展示平台……基础设施、中国制造、高精尖科技等领域取得的突出成就，展现出泱泱大国的万千气象。

对历史的最好纪念，就是创造新的历史。

“改革开放40年来，在中国共产党坚强领导下，中国人民艰苦奋斗、顽强拼搏，用双手书写了国家和民族发展的壮丽史诗，中华大地发生了感天动地的伟大变革。”

抚今追昔，展望未来，习近平强调，党的十九大描绘了中国发展的宏伟蓝图，只要我们坚持以新时代中国特色社会主义思想为指导，全面贯彻落实党中央决策部署，坚定不移全面深化改革、扩大对外开放，中国特色社会主义一定会迎来更加美好的明天。

这篇侧记选取了多个侧面来描述总书记参观庆祝改革开放40周年大型展览的过程，且以这些片段引出更深层的话题——经济发展、民生改善、复兴征程等，让展览浓缩了“改革开放40年壮丽史诗”，展示了“中华大地40年人间奇迹”。

除了重要领导的考察侧记，随着河长制湖长制的全面推进，各级“河长”巡河报道日益增多，许多报道以侧记的形式记录巡查过程，营造爱河护河良好氛围。如下面这则报道：

掌握水情民意 现场督查整改

丽水“河长”徒步巡河察实情

本报记者 毛传来 翁浩浩 通讯员 孙志华

在丽水众多河道边散步的百姓，如今经常遇见党员干部手持“河情地图”步行巡河。一张张自制的“河情地图”，细细标明河道沿线500米范围内的村庄、企业和排污口——这是丽水市“河长”们用双脚一笔一画“绘”出来的。

在“五水共治”热潮中，丽水各级“河长”身先士卒冲在一线，但由于河道众多、长短不一，少数地方存在“河长”不熟悉河道情况，甚至走马观花的现象。如何让“河长”既掌握河情，又体察民意？丽水要求“河长”步行巡河察看河道、掌握实情，深入一线发现问题、解决难题。

浙江省松阳县规定，每位“河长”必须徒步完成全程巡河，并建立“河道病历卡”，“揪”出一个个工业生产、居民生活、畜禽养殖及农业污染源造成的污染点，现场拍照取证，落实职责整改，同时将所有与水资源相关的信息在村镇规划图上详细标注，形成以河道为轴线、展现完整水资源状态的河道水情图和村庄水情图。目前，松阳县、乡、村三级“河长”已全部完成全程徒步巡河两次以上，累计行程2961公里，发现问题600余个，已整改落实476个。

松阴溪是瓯江主要支流之一，也是松阳县内最大的河流，由县委一位负责人担任“河长”，负责河段总长60.5公里，途经12个乡镇（街道）。第一天步行巡河，他沿松阴溪走了21公里，找出34个污染点。此后，他先后花了近10天时间，徒步巡河一个来回。5月，他又沿河走了个来回，还带上钳子和垃圾袋，一路巡河一路捡垃圾，当场给沿河乡镇、企业等开出15张“巡河整改督办单”。

“岸上看河水清清，实地走过才发现有许多藏污纳垢之处。”遂昌县委主要负责人日前在步行巡河时，“挖”出了隐蔽在河边的一排猪圈，还发现河岸一处污水处理管道下居然开了一个洞，生活污水直排，当场开出整改督办单和“黄牌警告”。他说：“很多瑕疵和问题，如果只坐在办公室听报告或乘车看看，根本发现不了。”

丽水市委书记、丽阳坑“河长”王永康晚饭后经常去河边走走，每周至少暗访一次，每月至少明察一次，还安排监督员每天定期巡查，对岸边污染企业、排污点了然于胸。他说：“步行巡河有助于‘河长’察实情、解难题，也是党员干部转变作风、践行群众路线的抓手。”

（摘自《浙江日报》2014 年 6 月 15 日）

相较于领导考察类消息稿，这类侧记稿件细节更多，画面感、可读性更强。这篇报道并不突出某一个体，而是着力描绘察看河道、掌握实情、发现问题、解决难题的河长群像。语言形象生动，让人印象深刻，如“一张张自制的‘河情地图’，细细标明河道沿线 500 米范围内的村庄、企业和排污口——这是丽水市‘河长’们用双脚一笔一画‘绘’出来的”；“每位‘河长’必须徒步完成全程巡河，并建立‘河道病历卡’”等。

第五节　领导考察新闻摄影要点

拍摄领导调研考察活动是政务新闻报道中十分常见又十分重要的一种形式与内容。与拍摄一般新闻照片相比，拍摄领导同志考察、调研等活动照片，既有不可控制的难度，又有多重限制与“规矩”。如何将领导同志考察时最具新闻性而又形象佳的画面，通过镜头呈现出来，是本节着重研究的重点。

一、拍摄准备

接到任务后，要尽早拿到活动方案和行程并加以研究，做好功课，熟悉掌握每个考察点的背景情况，预判每个地方领导关注关心的重点，分析考察的目的和意图，并初步在头脑中形成拍摄预案。

二、拍摄器材

带上全套设备，以备不时之需。高速连拍机身和 200mm 及以上的长焦镜头、24～70mm 中焦镜头、16～35mm 广角镜头。将 24～70mm 的镜头装在相机上，按照笔者经验，这是考察过程中应用最广泛的一只镜头。

三、拍摄内容及要点

领导考察的拍摄内容主要涉及拍摄领导现场观看展板、听取介绍，深入现场调研、检查以及听取汇报、与干群交流互动等内容。

（一）拍摄领导现场观看展板、听取介绍

拍摄领导现场观看展板、听取介绍的画面是领导考察中的一个标志性画面。相关人物处于基本静止状态，拍摄难度相对较低，但要注意选取拍摄角度。

要处理好观看展板的领导、讲解员与展板的关系，画面中要少量出现展板，让读者能了解到领导在看什么，讲解员要面向镜头，与领导形成互动，但不宜过于突出。

焦点锁定拍摄的主要领导，并尽量考虑到陪同人员，处理好主角与配角的关系，尽可能地做到突出与兼顾。通过镜头的移动，主要领导同志的站位最好是处在众领导中间，或是三分之二的位置上。千万不能将画面中的主角放在边上，即使形象再生动，也不是一张合格的照片。

（二）拍摄领导深入现场调研、检查

拍摄领导考察的照片，不能停留和满足于有闻必拍层面上，要在领会意图、明确主题、把握全局等方面下功夫。领导同志每次下基层工作，都有明确的任务与意图，这就需要我们以最准确的镜头语言和最直观的拍摄手法，抓拍出符合工作任务的出彩瞬间。

要关注每次报道任务中的新闻点，牢固树立新闻为王的意识，结合日常对中央精神和行业当前面临的主要矛盾与工作重点的学习与领会，以高度的新闻敏感性，拍摄下弘扬主旋律、展现行业精神或对行业工作的走向与发展有导向或指导意义的画面。

领导同志往往是在行进中考察，这对拍摄人员摄影技术与应变能力都是重要考验。提前了解路线，并快步走到领导前方一定距离进行构图、拍摄，少拍大全景，多用中近景。多拍摄领导考察的具体内容和对象的画面。

选准角度同样重要，将平时积累的经验和对人物与事件的观察力，瞬间转化为拍摄角度。注意拍摄环境人像，确保主角在画面中的站位处于中间，或是三分之二的位置上。尽量拍摄到领导正面行走的镜头，选取画面中的领导神态举止都比较合适的时机拍摄。一般情况下不拍领导前呼后拥的场面。

移民部门领导参观廉江移民新村的养殖场（李先明　摄）

（三）拍摄领导听取汇报并作指导

拍下会场、双方主要领导发言的画面。拍摄主要领导时，注意其表情、眼神、口形、动作等。

（四）拍摄领导与基层干部群众互动的场景

摄影人员要先于领导到达场地，选好角度守候。此时，领导往往会与现场干部群众一一握手，陪同人员多，空间范围小，行进速度快，摄影人员可以选用广角镜头并进行连续拍摄，顺着领导握手的走向边拍边后退，注意在相对混乱的环境下注意自身和设备安全。

最后从中选用一张表情、状态最好的画面。

领导深入群众中间时，要尽量拍出领导同志平易近人、亲民务实的神韵，以及基层群众的热烈反应。如领导人仔细聆听、记录的画面；拉着群众的手、面对面地交流的画面；关心群众生活，查看水窖、打开龙头、品尝水质的画面；群众高兴、感动的场面；互动的场面等。要善于抓细节、抓情感，力求生动。

四、注意事项

（一）要有规矩意识

拍摄领导的照片会有很多限制，要有规矩意识。特别是拍摄中央领导同志、外国元首等考察时，警卫级别会非常高。警卫人员的职责在于要保证领导的安全，希望大家尽量保持远距离；而摄影人员要想拍摄好的画面，总喜欢尽可能地贴近跟随。这一对矛盾不可避免，要体谅警卫人员，配合他们的指挥；同时也要注意表明身份，争取理解。如果通过沟通，争取下相对宽松的拍摄环境，务必要遵守约定，不要挑战底线，造成被动或不良后果。

（二）要有纪律意识

严格送审程序，要有纪律意识。在拍好、选好照片的同时，还要严格履行送审程序，将照片送给相关部门或领导本人审定，这一环节至关重要。领导同志考察、调研的照片与日常的新闻照片有所不同，相比时效性，更强调“安全”性。有关领导审核照片时，主要关注主要领导的站位与表情，也会顾及陪同人员的站位与表情。同时，要遵守政治纪律，不能在网上乱发、乱晒，也不要随便送给照片中其他相关人员，以免造成领导照片的不当外流。

第十一章

批评报道与舆论监督新闻

第一节　舆论监督新闻总述

一、新闻舆论监督

所谓舆论，即多数人的共同意见。所谓监督，《辞海》中的解释是“监察督促”，也就是说，监督包含两层意思：一是监察；二是督促。监察的目的是发现问题，督促的目的是解决问题。所以“新闻舆论监督”就是通过新闻媒介来揭示现实生活中存在的问题，传播社会各界的意见和看法从而形成舆论，并促使问题得到解决的一种舆论监督。通过新闻舆论监督，对国家、政党、社会团体、公职人员的公务行为以及社会上一切有悖于法律和道德的行为实行制约。

新闻舆论是社会舆论的代表。重视新闻舆论监督是现代社会的重要特征。重视新闻舆论监督是民主政治的体现，反映了历史的进步。

新闻舆论监督的目的是督促解决问题、预防发现问题、帮助领导机关掌握问题。主要体现为对党和政府工作的监督，对国家公务人员和公众人物的监督，对重大事件的监督，对社会的监督。

二、新闻舆论监督的性质

新闻舆论监督是新闻媒体的重要职能，也是党和人民赋予新闻媒体的使命。

舆论监督是社会监督体系中的一种特殊监督形式，是民众通过新闻媒体对社会权力、公共政策和社会事态进行评说、披露及批评的一种倾向性传播活动，也是现代社会赋予新闻媒体的特殊功能。

把舆论监督写进党的代表大会报告，是从党的十三大开始的。党的十四大报告指出“重视传播媒介的舆论监督”“把党内监督、法律监督、群众监督结合起来，发挥舆论监督的作用”。党的十六大以来，党中央高度重视舆论监督工作，要求新闻媒体充分发挥舆论监督在统一思想、凝聚力量和促进发展、维护社会稳定中的积极作用。

党的十八大以来，习近平总书记高度重视新闻舆论工作，曾在多个场合发表重要讲话，深刻阐述了做好新闻舆论工作的重大意义、职责使命、方针原则、创新发展等一系列问题。习总书记《在党的新闻舆论工作座谈会上的讲话》深刻指出：“党的新闻舆论工作事关党和国家前途命运。”“在新的时代条件下，党的新闻舆论工作的职责和使命是，高举旗帜、引领导向，围绕中心、服务大局，团结人民、鼓舞士气，成风化人、凝心聚力，澄清谬误、明辨是非，连接中外、沟通世界。要承担起这个职责和使命，坚持正确政治方向是第一位的。”“舆论监督和正面宣传是统一的。新闻媒体要直面工作中存在的问题，直面社会丑恶现象，激浊扬清、针砭时弊，同时发表批评性报道要事实准确、分析客观。”

这表明党和政府对舆论监督的高度重视，也反映了广大人民群众的愿望。加强舆论监督，不断提高舆论监督的水平，推进和谐社会建设，是当前新闻媒体特别是主流新闻媒体应该承担的历史使命。

舆论监督是社会的“减震器”和“解压阀”，是提高执政能力和促进社会和谐的“助推器”。新闻媒体是党和政府的喉舌、耳目，既要宣传好党的路线、方针、政策，反映群众意愿，及时传递各种信息。同时又要对那些负面的、阻碍社会进步和发展的现象予以监督，以更好地推动经济社会健康、快速、协调发展。新闻媒体进行舆论监督，表面上是对社会上存在的某些带有普遍性的问题、群众关心的热点问题、社会改革和发展中所呈现出的焦点问题等进行曝光，实则为了引起社会和政府的高度重视，及时发现工作中存在的问题，弄清问题的症结，找到对症下药的良方，为群众释疑解惑、化解矛盾，从而使整个社会运转得更加和谐顺畅，使经济社会发展事业始终保持正轨。

三、新闻舆论监督的形式

新闻舆论监督的主要形式是批评性报道。

新闻舆论监督包括批评性报道、群众来信、讨论、发内参等形式。其中，针对时弊、错误和问题的批评性报道，长期以来一直是新闻舆论监督的一种主要形式。

与内部监督相比较，批评性报道具有公开性、揭露性、扩散性的特点。它是通过媒体平台面向全社会的监督，通过摆事实、找问题、引讨论的方式方法，来实现促反思、求解决的目的。因此，批评性报道最容易引起社会公众关注，一经传播，迅速扩散，引发舆论。

批评性报道的特点使其具有特殊的威慑力。这种威慑力虽然没有表现在直接处理某一件事或某一个人上，但是却可以推动权力机关、司法机关、行政机关和党组织进行调查、监督。这种监督形式的转化，可以使被批评揭露的对象受到相应的处理。

批评性报道的特点决定了从事批评性报道的记者肩负了极大的责任。报道的特殊性，要求记者严守新闻真实性，深入实地采访，认真调查研究，严谨考证，客观公正。

批评性报道的特点带来了采访报道工作的难点。批评难，成为一个老问题。尽管中央一再强调新闻舆论监督的重要性，但是具体到某一件事或者某一些人，情况就会变得复杂起来，难度随之加大。

新闻舆论监督的另一种形式是工作监督类报道。这类新闻作品主要报道国家、政党、社会团体等责任主体对自身或其责任区域开展监督、监管等工作的进程、结果、影响等。这类报道，是直接对党和政府监督监管工作的报道，向社会公开党和政府监督监管工作的成效，是党和政府的监督监管工作公开接受媒体监督的重要形式，同时具有第一时间正面发声、以正视听的作用。

随着政府监管职能的强化，行政监督、行业监管越来越成为中央和国家机关推动工作的有力抓手。

第二节　水利监管与舆论监督新闻采访与写作

一、把握报道原则

（一）坚守新闻真实

真实是新闻的生命，坚持新闻真实就是要实事求是、讲真话。在监督报道中，新闻真实性要求新闻工作者揭开事件的“面纱”，不仅能让公众看到他们能看到的，还要通过媒体让公众看到他们不容易看到的“冰山在水面以下的部分”。主要表现为还原新闻事件、坚守客观立场、全面传递声音等。

还原新闻事件，就是要让新闻报道竭尽全力去呈现新闻事件最原始的状态，根据事实来表述事实，如实反映新闻事件本身的面目。坚守客观立场，就是在新闻报道中，不仅要准确还原客观事件，还应该站在客观立场，将个人主观思想和情绪从中剥离，拒绝先入为主，拒绝“有色眼镜”，摒弃个人情感，同时挖掘事件的不同角度、多方事实，不带利益色彩，准确、公正、多方面地进行新闻报道。全面传递声音，就是要让事件中不同立场的当事人发声，在观点交锋碰撞中，让报道更加接近事件最本质的真实。

新闻真实建立在深入调查采访的基础上，只有真正深入、全面、充分地调查采访，才能使新闻报道尽可能地接近事实原貌。

（二）坚持正确导向

公众通过新闻媒体提供的报道会形成自己的“主观现实”。公众形成一种怎样的主观现实与新闻媒体持续传递的信息及思想有着极大的关系。引导受众向着事件背后的某些思想去逐渐地系统地认识事件，就是新闻报道的导向。

我们党长期形成的新闻思想要求新闻工作者要把握正确导向，提高新闻舆论公信力，巩固壮大主流思想舆论；要坚持党性原则不动摇，坚持政治家办报不动摇，坚持马克思主义新闻观不动摇，坚持正面宣传不动摇。新闻工作者要以高度的使命感和责任感，客观地进行舆论监督，真正发现问题、报道问题，促使问题的解决；要把握正确的导向，从新闻事实中提炼出一些主观深入性思考，引导受众朝着新闻事件背后的某些方面进行深入探讨、反思。

正确把握新闻导向要牢固树立一个思想，这就是新闻监督报道不是以揭露为最终目的，而是通过查找问题、研究问题，推动问题的解决。这种“治病救人”的主观意识直接决定着新闻报道导向的正确性。

二、开展采写工作

（一）收集第一手材料

舆论监督报道必须通过实地采访获得第一手资料。常见的有跟踪采访、实地采访、实地观察、隐性采访等。

跟踪采访主要是跟随、跟踪相关部门或者当事人进行的进程式采访，此类采访要充分得到党政领导或者当事人的允许、支持、配合。新闻舆论报道的目的是揭露矛盾、解决矛盾，这与党政领导机关搞好工作的目的是一致的，与当事人的最终诉求也是一致的，暴露出的问题最终也要依靠党的组织和政府机关去解决，因此从一开始获得党政领导的支持一般都能取得较好的效果。

实地采访主要是通过面对面的直接询问、观察、倾听，来获得第一手资料的方法。成功的实地采访首先需要尽可能地接近采访对象并被认可，在穿着、举止、言谈中主动寻求一致性，寻求彼此距离上的接近性；其次要友好地接近，关心关怀被采访者，了解对方的困难、问题、诉求。在尽可能地亲近被采访者时要注意把握分寸，不能欺骗或者随意承诺。

实地观察是有目的、有组织、有指向、有计划地观察采访对象的活动，调查对象在不知不觉中被观察。这就要求被观察者处于自然状态，排除人为干扰；采访者客观、深入、多次地进行观察，并对多次观察进行比照，以尽量减少观察误差。

隐性采访是记者把自己的身份和意图隐藏起来的一种采访方式，又被称为“暗访”。在显性采访受阻的情况下，隐性采访在一定程度上可以让采访对象同记者讲真话，从而达到了解真实情况的目的。根据不同的采访要求，主要表现为侦察型、体验型、验证型等类型。隐性采访要注意明察与暗访相结合，发挥各自所长有助于全面了解事实，同时要牢固遵守法律和道德约束，注意不能侵犯公民名誉权、隐私权。

（二）倾听各方声音

舆论监督报道强大的影响力和传播力，决定了报道要把握正确的舆论导向，而正确的舆论导向则建立在充分调查的基础上，这其中，倾听各方声音就是全面、充分采访调查的重要手段。越是监督报道、批评报道，越需要采集多方意见。这些声音可以来自被监督者、被批评者、事件相关者、旁观者、相关领域从业人员及研究人员等，也可以来自一个事件的多个利益代表，甚至来自利益对立方。通过来自不同角度、代表不同利益的意见声音的碰撞与对接，可以帮助公众对事件形成更加全面的认识、更加深入的思考，从而推动问题和矛盾沿着更加科学合理的路径得到解决。

（三）把握语言分寸

在情感表达上，要把握好分寸。在采访报道过程中，记者要以一种与人为善的态度，心平气和地进行调查了解，而不是揪住毛病，用居高临下的口气去质问。人民日报社原总编辑、新闻界老前辈范敬宜在做客新华网时说：“做好批评报道，一方面要有勇气，另一方面也要讲究方法，讲究策略。一件事有 100 种处理的办法，一句话有 100 种说法。”在提出一些意见和建议的时候，这些声音似乎与活动的喜庆气氛有些不搭调，但记者在文中丝毫没有使用“必须”“强调”等生硬的词语，而是贯穿以委婉、平和的语气，给人平等、亲切的感觉。这样的批评更容易让人接受，实际收到的效果也特别好。

三、常见报道形式

（一）工作监管

此类报道是记者跟着党政部门所开展的监管工作进行的跟随式、跟踪式报道。通过这类报道，可以向公众传播党政部门监管职能发挥的情况，公布党政部门监管工作的进展以及结果，从这个角度看，也是媒体对党政部门本身的监督。

水利部累计暗访3207个小型水库

本报讯（记者　席晶）　记者从水利部监督司获悉，截至8月30日，水利部累计派出252个工作组，对全国3207个小型水库开展了暗访督查，水利部部长鄂竟平2次带队暗访。

记者查阅今年7月出台的《小型水库安全运行专项督查工作实施细则（试行）》了解到，督查严格采取“四不两直”的方式，范围覆盖全国31个省（自治区、直辖市）和新疆生产建设兵团的小型水库，重点检查“三个责任人”和“三个重点环节”的落实情况。督查组通过“查、看、问、访、核”等方式现场了解水库真实情况，并根据现场督查情况，结合水库挡水建筑物、泄水建筑物、放水建筑物运行状况，对水库安全运行状况给出总体评价。

据监督司相关负责人介绍，根据督查所发现问题的轻重程度，分为责令整改、通报、约谈、向上级通报等方式进行责任追究。8月初以来，水利部分管副部长约谈了北京市水务局、青海省水利厅主要负责人，水利部相关司局约谈了河北、辽宁、山东、广东、黑龙江五省水利厅分管负责人，责令立即整改，彻底消除安全隐患。福建、浙江、湖北等省水利部门快速行动，通过检查、督办、约谈、通报等方式，落实整改要求，严肃问题责任追究，加强小型水库安全管理工作。

据了解，下一步，水利部将把存在突出问题的省（自治区、直辖市）作为督查重点，适时组织“回头看”。

（摘自《中国水利报》2018年8月31日1版）

这是一篇工作监管类的消息报道，第一时间报道了水行政主管部门关于汛期水库安全监管工作的进展、力度和下一步的部署，让水库安全监管工作公之于众，有利于全社会共同关注、监督这项工作的开展。

以点带面　长效监督　重拳出击
——广州市大力整治污水直排

本报特约记者　赵雪峰

根据全市102条黑臭河涌2018年年底须达到“初见成效”的整治目标，广东省广州市重点整治深涌、前进石溪涌、康乐涌、瑞宝涌、敦和涌、会江支涌、大山西涌等河涌污水直排问题。

广州市强化典型排水户整治工作，强化水污染源头控制，遏止违法排水行为，逐步提升排水户精细化管理水平，先后下发了《广州市全面剿灭黑臭水体作战方案》《广州市水污染防治强化方案》《广州市水环境治理责任追究工作意见》《关于进一步深入推进整治违法排水相关工作的补充通知》，成立了广州市河长办“典型排水户整治”专项行动工作领导小组，领导小组负责指挥、督促、协调全市典型排水户专项整治工作。办公室设在广州市排水监测站，负责专项行动的统筹工作。设立6个工作小组，6个中心城区每区一组。各区河长办负责协调镇（街）、村（居）落实典型排水户整治工作。

从11月13日开始，广州市河长办牵头组织市水务局排水处、执法监察支队、城市排水监测站、市排水公司等相关单位联合组成典型排水户整治专项检查组，分赴深涌流域的天河区珠吉街、黄埔区鱼珠街、天河区前进街，对11个村级工业园区的典型排水户开展现场专项检查。本次检查发现天河区涉嫌违法的排水户线索29宗，黄埔区涉嫌违法排水户线索5宗，主要集中在天河区吉山一社工业园、天河区东丰工业区、天河区朱村十社工业区等。广州市河长办相关负责人表示，接下来将督促相关职能部门对这些涉嫌违法的典型排水户下达限期整改通知书，并要限期补办排污许可证和排水许可证，排污超标的要给予经济处罚或停业整顿，对于整改后仍不达标的企业，要坚决“零容忍、动真格、严打击”，排污严重的要坚决予以关门取缔。

近年来，相当数量企业的排水管没有经过水务部门的接驳核准，就直接接入公共市政管网，大量存在着错接乱接的现象，导致大量污水偷排乱排，直接或间接排入河涌，严重污染了城市水环境。据了解，此次典型排水户专项检查，市排水监测站和市水务信息技术保障中心联手采取技术合作，根据“广州排水户巡检App”中的典型排水户资料，形成全市范围内的典型排水户底册。然后以点带面，选取部分村（居）进行典型排水户现场核查，并将检查发现的问题交办至各区，最后由市水务局执法监察支队指导各区进行整改，遏止违法排水行为。同时，对已交办整改的问题进行“回头看”检查，核实各区对违法排水行为整改情况。督办各区河长办对整改不达标的违法排水户进行执法。形成排水户监督管理长效机制，使违法排水行为“不敢为、不能为”。对经督办后典型排水户整治工作仍落实不力的单位和个人，移交相关部门进行严厉追究问责。

本次专项检查，主要挑选违法排水户问题较为严重的村（居）开展典型排水户现场抽查工作，以点带面，推动全市违法排水户整治工作。

按照提前制定的典型排水户名单，选取部分村（居）开展逐条道路、逐段河涌、横向到边、纵向到底的“拉网式”核查。原则上，各督查小组每周应开展一个村（居）的典型排水户整治工作“拉网式”、全覆盖抽查工作。

排水许可证后监管工作随排水许可审批权下放，按“属地管理”原则，由各排水户所在区排水行政主管部门负责，严格履行违法必究、执法必严的职责，形成排水户管理的闭合机制。各督查小组对已办理排水许可证及被责令整改或执法的排水户进行抽查，抽取水样进行实验室化验分析。

各督查小组定期收集核查成果，交各区河长办办理，同时编制工作报告，每周交至各区河长办，以组织整改工作。各区收到交办通知后，按“关停取缔一批、整合搬迁一批、升级改造一批”的要求对不同类别的典型排水户进行整改；将各镇（街）典型排水户整治情况清单通过官网向社会公开，接受社会监督；各区于交办通知发出的一个月内完成本批违法排水户的整改。

市河长办定期复查各区整改工作情况，并随机对部分村（居）典型排水户进行突击盲检。对限期内未完成整治或整治不达标的，由水行政执法机构开展执法。

各级河长办要按“发现一个、交办一个”、“整改一个、销号一个”的原则，建立、落实“完善台账—日常巡检—查漏补缺—落实整改—上报核实—确认销号—跟踪监管”的典型排水户整治长效机制。

按照《广州市水环境治理责任追究工作意见》及《中央扫黑除恶专项斗争的通知》，对典型排水户整治工作不力的单位和个人，移交相关部门进行追究问责。

广州市河长办负责人表示，下一步将乘胜追击，连续作战，重拳出击，引导重点排水户采用正确、科学、专业的措施实现守法排水，对随意排污、违法排污、超标排污行为零容忍，同时与公检法及环保等部门联合整治环境监测机构，对丧失职业底线的用水单位予以铁腕重拳打击。

（摘自《中国水利报》2018 年 12 月 13 日 4 版）

这是关于广州市整治污水直排行动的一篇报道，有行动的进展报道，也有问题的揭露。这类报道一方面充分使用了党政部门提供的资料，另一方面也由媒体展开调查采访，进行补充和验证，二者互为补充，使得报道更加客观、深入。

这类报道较常采用进程式的报道方式，即根据工作的进展情况或者后续情况，进行连续性报道或者追踪报道。连续性报道是在一段时间内，对正在发生并持续发展的某一重要事件进行连续、及时的报道，关注的是事件的进展和始末。追踪报道是对见报后的新闻进行后续报道，主要报道事件发生后的处理结果或者衍生、延伸的新闻。

2018 年 8 月 16 日，新华社曝光了海南省海口市、万宁市、定安县等市县在采砂管理方面存在超时开采、超重运砂、影响水质等问题。报道引起自然资源部、水利部高度重视，两部分别派出工作组赴海南省现场核查，海南省水务厅迅速开展部署和督办整改，有关市县立行立改，积极开展联合执法。以下是这篇后续报道：

从源头到市场流通售卖环节严加监管

海南高压严打非法采砂

本报讯（记者　邹小和）　连日来，围绕媒体报道的海南省海口市、万宁市、定安县等个别市县非法采砂乱象，海南省政府组织召开全省打击非法采砂专题会，部署开展全省非法采砂专项整治行动，并计划用 2 年时间从采砂源头到市场流通售卖环节严加监管，从重、从严、从快严厉打击河道非法采砂行为，加强对合法采砂砂场的现场监管，建立完善长效机制。

此前，媒体曝光了海南省部分市县作坊式非法采砂屡禁不止，中央环保督察责令关停的采砂洗砂窝点“死灰复燃”，合法砂场超时违规作业，对生态环境造成破坏并影响群众生产生活的情况，引发高度关注。

针对报道反映的问题，海南迅速开展部署和督办整改，对存在的问题进行逐一排查，并建立整改台账，明确责任人、时间表、路线图，确保整改到位。有关市县立行立改，对非法采砂点进行突击执法，全面立案调查，摸排源头，对涉及刑事案件的移交公安部门立案侦查，按照相关法律法规立即处置涉嫌非法采砂的船只。积极开展联合执法，加大查处力度，8 月 19 日上午，海南省水务厅联合公安厅，组织有关人员赴海口市、万宁市、定安县督办查处河道非法采砂行为，对构成犯罪的，依法立案查办，追究刑事责任。

在迅速开展中央媒体曝光问题整改的同时，海南省水务厅着手研究持续强化河道非法采砂整治措施，建立长效机制。一是编制打击非法采砂专项整治行动方案。对合法砂场加强现场监管，建立监管制度，实行驻点管理；对采砂船只进行编号，实行动态监控；对砂场业主规定开采范围、开采量和开采时间，督促建立健全采售台账；对运砂车辆加强管理，禁止超载、无覆盖、无密闭的车辆运砂上路。二是多措并举保障砂源市场供应。协调各部门，指导市县加快合法砂场开设，依法依规布设河道采砂点，督导市县建立河砂开采权出让审批绿色通道，加快河道采砂点的出让和许可，鼓励通过河道疏浚等方式增加河砂的供给，采取措施加大海砂、机制砂的供给量，保障用砂需求。三是层层压实责任，建立健全联防联控机制。充分利用河长制湖长制工作平台，把河道的巡查巡检工作压实到各级河长；跨行政区河湖协同开展跨界水域专项整治；借助媒体力量，对违法案例进行公开曝光，对违法责任人形成舆论压力。

（摘自《中国水利报》2018 年 8 月 30 日 1 版）

（二）问题揭示

这类报道以记者的实地采访为脉，揭示问题和矛盾，剖析原因，寻求解决的途径。同时，可以穿插相关的社会发展、历史人文、文化伦理等背景，通过更加深入的挖掘，引发更加深入持久的思考。

请看这篇 1998 年中华环保世纪行的报道。

世界矾都的艰难选择

本报记者　李平

地处浙江省最南端的温州市苍南县，山峦起伏。照兰溪穿山而过，路经福建省福鼎县前岐镇，注入东海。这片山地，蕴藏着占世界储量 60%、占全国储量 70%的矾矿，号称“世界矾都”。

延续了 600 年的炼矾工业，给闽浙两省带来的是触目惊心的环境灾难。

三废下溪，毁我家园。一场赔不起的官司。

当记者们站在苍南大小矾矿附近的山头上，看到的是由远及近越来越浅的绿色，而靠近大矾矿的山上棵树无生。据介绍，矾矿排出的碱性矾渣露天堆放，仅从 1990 年至今就已堆放了近 50 万吨。雨天，矾渣、矾浆顺水下泻，加上人为明排暗放，每年近百万吨矾浆矾渣随照兰溪倾入前岐镇。

在前岐，4 位七旬老人举着“三废下溪，填我前岐，毁我家园”的横幅迎接记者团。在满是矾渣的河滩地上，村民争相诉说着污染带给几代人的不幸。

照兰溪 20 世纪 50 年代就已无鱼，村民只得从山上引泉水喝。岸边农田颗粒无收，下游 3000 多亩滩涂被污染，以水产养殖为生的农户纷纷外出谋生。

沿溪的道路、堤坝、良田、港口、码头都已成为矾渣矾浆的淤积地，沉积垫高了河床，原 21 孔的大兰桥只剩下 3 孔过水，原 6 米高的防洪堤现与河滩齐平，因洪水漫堤，岸边村民几年内已两次搬迁，由来已久的污染纠纷，其解决不在一朝一夕。尽管经国家环保总局调解，1974年至1994年，浙江方面已向福建省共支付赔偿金228.36万元，同时承诺对主要矿点实行限期治理，但至今污染危害并未得到根本解决。

福鼎县向浙江方面提出进一步赔偿的要求，他们更希望看到照兰溪重现碧水蓝天。

苍南借记者团"东风"清理了小矾窑。人们关心成果能否保持。

10月22日，就在中华环保世纪行记者团到达苍南县的前一天，该县炸掉了3个小矾窑，并让一些窑主拆掉炼矾厂房和烟囱。温州市环保局金美凤局长称："这完全是借舆论监督的强劲东风。"

小矾窑生产条件落后，治污设施简陋甚至没有。苍南县环保部门称自1986年起就抓紧治理和关停小矾窑，1991年以来更是加大了治理力度，如今等到舆论监督压境才有此行动，可见其治理之艰难。

根据该县提供的材料，1990年前该县有27家小矾窑，次年强行关闭了9家无证生产单位，截止到今年7月，除一家限期治理期限未满外，其余小矾窑均自动停业转产或强行拆除。但这期间不时有小矾窑死灰复燃，记者问及矾渣如何处置时，一位不明意图的小矾窑主脱口而出："环保来了往山上拉，走了就往溪里倒。"

记者看到了一份日期标为今年10月21日的协议书。在协议书上，苍南县政府提出，如果小矾窑于10月21日前自行拆迁清场完毕，可获政府12万元的补偿，否则将被强行拆除。于是，多数窑主与政府签订了相关协议。

在福建省前岐镇，福建方面有关部门拿出今年9月23日在照兰溪拍到的录像。录像显示，当时从苍南流过来的溪水明显呈乳白色，说明污染并未停止。他们希望，苍南县这几天的突击行动能够巩固下来，继续下去。务必严格按照国家环保有关法规和要求，彻底治理污染，对逾期不达标企业坚决关闭、取缔。

市场萎缩，污染却加剧。如此靠山吃山，前景堪忧。

采矿是浙江省苍南县的主业。然而，从1993年开始明矾市场疲软，明矾价格暴跌，并且市场上出现明矾的替代产品。"矾都"唯一的国营矿场——年产明矾3.5万吨的温州矾矿，也是步履维艰。目前该企业固定资产净值仅3124万元，几年来积压已有6000吨，1994年亏损至今已达2000万元。

资金不足是该矿环保不力的原因之一。矿长朱良金算了一笔账：矿场在职加上离退休职工总共6000多人，工资一年开支需1200万元，而年销售收入仅3871万多元。虽然1990年以来投入环保1980余万元，但由于工艺老化，仍是治标不治本。

环保技术跟不上是原因之二。600年来炼矾一直沿用老工艺。新中国成立后，有关技术部门进行了多次探讨，但收效不大。废气治理涉及工艺改革，至今尚无对策。矾渣矾浆用于水泥生产目前还在科研试验阶段，何时投入生产还不好说。

朱矿长表示，如果管理得力，矾渣矾浆完全可以达到不排放，但矾矿的最终治理还需要一个很长的时间。

河流两岸受害的人们已不容污染的继续，老矾矿在环保和包袱中间的艰难生存相信不会持久。

（摘自《中国水利报》1998年11月5日1版）

这类报道触及问题和矛盾，对事实的甄别尤为重要，采访写作对真实、客观、全面的把握体现在采访对象的设置、采访主题的确立、事实的选取、语言的把控、思辨的科学上。

再看 1999 年 1 月 5 日《中国水利报》3 版深度调查报道《黑水之争》的五个小标题：

《话题一：黑水官司打了十年，受害者把专家组当作救星》

《话题二：被告也喊冤，流域污染治理难，但门前雪还得自己扫》

《话题三：黑水早年也金贵，是弃？是争？只盼脏水变清水》

《话题四：黑水东流何处？“专家意见”难平一碗脏水》

《话题五：流域机构有苦难言，只盼早拿尚方宝剑》

从这五个小标题上可以看出，这篇报道从受害者、专家组、被告者、主管部门等多个相关人群进行充分采访，从不同角度和不同层面，对“黑水也宝贵”这个难堪话题背后的多种问题进行了揭示，并且从不同角度提出了诉求。这样的问题揭露式报道，脱离了简单的就事论事，把问题朝着从本质上解决推进了一大步。

（三）暗访揭露

这类报道主要分为跟着有关组织机构进行暗访和新闻单位独立暗访两大类。

突查堤防　直击问题

——四川水利工程设施水毁修复项目暗访实录

本报记者　石珊珊

“老姜，你在现场做好堤防工程的检查，包括堤顶、堤坡是否有凹陷、裂缝、残缺等，小姜做好现场拍照记录。”一天的舟车劳顿，3 月 31 日晚，水利部水毁修复督查四川工作组从湖北武汉抵达四川广元，简单安顿后，魏显栋就召集组员安排起了明天的工作。

工作组一行三人都来自长江水利委员会，魏显栋是小组长，统筹全局；老姜姜军建管经验丰富，是小组中的技术专家；小姜姜宏辉是联络员，负责联络和后勤保障。

安排完工作，大家再次熟悉了一遍水利督查 App 的操作规范，才放心回房间休息。接下来的三天，他们将按照水利部的统一部署，以“四不两直”方式对四川省水利工程水毁修复的情况进行督查暗访。

“四不两直”减少了诸多繁文缛节和场外功夫，有力保证了暗访督查的真实性和有效性，但也意味着要做更多的前期准备工作，处置意料之外的突发难题。司机江师傅从武汉驱车一千多公里提前到达广元，熟悉地形。此次暗访督查的水毁项目大多分布在山区，项目之间距离遥远，加上此时的川北地区阴雨连绵，对工作组而言，奔波在“难于上青天”的蜀道，对体力也是个不小的考验。

“咱们从头到尾走一遍，才能发现问题。”路途虽然艰辛，但好在工作组提前规划好了路线，准时准点到达项目现场。一下车，大家一扫倦容，立即投入工作状态，精神百倍。

昭化古城不到三公里的水毁堤防，工作组走了一个半小时，大到堤坡有无裂缝塌坑、排水沟是否完好顺畅，小到堤坡有无杂物垃圾，甚至是堤坡覆绿植被的种植浇水情况，他们都一步一检查，时不时停下来仔细查看、详细记录，一会儿下到坡底，一会儿俯身观察，不放过任何一个细节。青溪镇水毁堤防还未完工，不足一米宽的堤顶只能允许一人通过，有些地方护栏还未安装，堤顶上又堆满了石料，大家只能扒着齐人高的石料缓缓从边上绕过，小心翼翼防止踩空。

事无巨细，事必躬亲。一趟堤防走下来，大家的衣服、鞋子上都沾满了泥土。但谁都顾不上整理衣物，三人马上分工，各自负责几盒厚厚的工作台账，聚在一起认真核对每个数据、细节。

“资金到位情况怎么样？”“工程进度完成了多少？”“实际的混凝土浇筑量是多少？”“沙料配比是多少？”……工作组一边翻看台账，一边将一连串问题抛向建设方、施工方和监理方，责任人对项目是否熟悉掌握，一问便知一二。

问题就在这样近乎“吹毛求疵”“不近人情”的摸排询问中逐渐显现出来。此次督查暗访的水毁项目，目前或已完工或完成总工程量的80%至90%，可确保今年入汛前完工，但或多或少仍然存在一些问题：有的项目因预算不足，资金缺乏，所在河道其他水毁堤防未能做到修复全覆盖；有的项目缺乏前期费用，没有专业的监理公司；有的项目部分堤防护脚掏空，可能存在堤防再次水毁的风险；有的项目设计图纸与实际施工情况不符，施工存在一定随意性，且未补齐完善变更后的资料……

“能在现场当场纠正的就当场纠正，重大问题咱们要进行深度讨论。”对于工作组当场指出的建筑砂石余料堆积、护脚掏空等问题，现场施工负责人表示将立行立改，及时清理余料，对隐患护脚进行加固。对于一些无法在现场解决的和重大的问题，工作组当天晚上进行梳理总结，形成问题清单，并将责任制落实、进度管理、质量保障体系等实际情况一一统计，撰写工作报告。

忙碌辛苦换来的是高质量、高效率的工作成果。短时间内，工作组直奔基层、直插现场，掌握第一手情况，听取第一线声音，察实情，求真知。“发现真问题，并把问题带回去是我们的职责。”魏组长说。

暗访结束后，工作组马不停蹄赶往成都，与四川省水利厅相关负责人召开座谈会反馈情况。“谢谢工作组一行帮助我们发现问题！”听完工作组对每个项目给出的具体整改建议，省水利厅二级调研员岳雷表示，“对于暗访组查出的问题，我们照单全收，接下来要把问题摆在明面上，制定整改方案，并举一反三，在全省范围内进行通报。”“不管资金再困难，我们都要克服，确保安全度汛，不留一点儿安全隐患。”省水利厅二级巡视员卜冀滨态度坚决。

座谈结束了，魏组长他们的工作还未结束，工作组将对督查暗访发现的问题形成“一省一单”，并反馈给四川省水利厅，限期整改。

这样忙碌的身影不止魏组长一行，3月初以来，按照水利部党组要求，监督司会同水旱灾害防御司在各地组织开展水利工程设施水毁修复项目暗访工作，目前各流域机构和部督查办已派出多个工作组，开展暗访督查工作，查找各地在水毁修复中存在的问题，督促各地在汛前全面完成修复工作或制定安全度汛措施，确保安全度汛。

“我们一定要尽最大的努力实现江河安澜、人民安宁。”2019年全国两会部长通道上鄂竟平部长的庄严承诺历历在耳，水利人正以更加兢兢业业、如履薄冰的态度，主动作为，超前备汛，用实际行动履行庄严承诺，全力维护人民群众生命财产安全。

（摘自《中国水利报》2019年4月12日1版）

这篇报道就是典型的跟着有关部门去暗访的例子。文章以跟踪进程式的结构展开，突出工作细节，突出现场描写，突出人物对话，再现暗访现场，在报道水毁工程修复工作进展的同时，将职能部门的暗访工作展示给公众，使其接受公众监督。

陈龙厅长暗访记

本报记者 席晶 郑盈盈 通讯员 柳贤武

5 月 9 日，上午。经过一场全省范围的降雨洗礼过后，虽然阳光灿烂，但防汛工作已经真正拉开了序幕。

10 时，参加完省政协“送科技下乡”活动后，浙江省防指常务副指挥、水利厅厅长陈龙发现离他下一个既定安排还有大约两个小时的时间。他习惯性地用手机打开浙江防汛掌上通，发现不远处有一座中型水库。相关信息表明，这座水库一年弃水七八次——“这是一个防汛任务很重的水库!”

“跟着导航走，去看看附近的肖岭水库!”陈龙指挥司机临时改道，看看这座水库标准化管理是否落地，防汛准备是否到位。

车子七绕八拐，进入一条偏僻的小路，终于，一座大坝跃入眼帘。

汽车颠簸着奔向大坝。有一处建筑引起陈龙的注意：“这是电站吧?”

这里正是肖岭一级水电站。10 时 11 分，陈龙大步走进电站机房，有两位值班人员迎上来招呼。陈龙亮明身份，详细查阅了管理台账及日常操作手册，询问了值班人员电站防汛工作及日常标准化管理操作等问题。

值班人员的回答还不能完全让陈龙满意，他要求电站值班人员加强培训学习，立足自身实际编制标准化运行管理操作手册，切实抓好电站日常巡查、运行各项工作，确保生产和度汛安全。

10 时 32 分，陈龙拾阶来到水库大坝，正遇水库管理员蔡文荣进行巡查作业。蔡文荣告诉陈龙他完全按照规范进行了巡查，并在电脑上打开了他巡查时的轨迹和相关记录。

听到蔡文荣的介绍，看到水库标准化管理的标示牌、巡查线路、相关设备等规范有序，陈龙报以肯定的微笑。他勉励蔡文荣要尽心尽职，确保巡查到位不留死角，充分发挥运行平台的数字化、即时性功能，发现问题、隐患要第一时间报告。

10 时 55 分，陈龙来到水库下游的工程管理处，听取了管理处负责人关于人员编制、经费落实、防汛备汛及水库标准化管理等情况的汇报，并观看了水库标准化运行管理平台操作演示。

针对水库集雨面积大、来水多、库容小的情况，陈龙说，要时刻绷紧防汛安全这根弦，全面排查安全隐患，加大对电站、大坝及灌区渠道等重点部位的巡查力度，筑牢下游灌区群众的安全屏障。

离开肖岭水库的陈龙厅长恰遇正在采访千岛湖配水工程的记者。他告诉记者，从去年起在全省范围内开展的水利工程标准化管理，就是要让所有管理人员的每一项管理行为都留下痕迹。这种痕迹，工程管理负责人和水利部门监管人员通过工程运行平台和监管平台在办公室就可以查看。全省已经有 600 多个工程的管理动态情况纳入监管平台。平时在办公室就可以通过这个平台查看防汛准备等情况，在此基础上有针对性地现场检查，会更加有效。这次就是插空检查了肖岭水库的标准化管理，特别是防汛准备情况。

陈龙表示，今后省水利厅还将通过明察暗访的方式，深入排查隐患，针对检查中发现的问题，逐一限期整改，确保各项整改措施落实到位，要对照水利工程标准化管理的要求，结合各地各工程实际，狠抓标准化管理落地。

（摘自《中国水利报》2017 年 5 月 11 日 1 版）

这篇报道更加接近特写，篇幅短小，人物语言生动，具有较强的现场感。以上两篇都是跟着有关部门进行的暗访。

以新闻媒体为主体进行的暗访报道比较常见。从报道中可以体现出采访报道的组织性、计划性。来看看《长江日报》2017 年 5 月的这组报道。

少数水利工程进度严重滞后

本应 6 月主体完工工程至今仍未开工

长江日报融媒体 5 月 30 日讯（记者　张晟　韩玮）　5 月 30 日，以江南泵站为代表的一批水利工程准时具备应急抽排或通水能力，正式开始发挥作用。但长江日报记者连日来暗访部分水利工程时却发现，少数原本应在今年 6 月主体完工的项目至今或仍未开工，或建设进度严重滞后，影响到了我市今年防汛排渍安全。

在蔡甸区洪北堤除险加固工程现场，记者未发现任何施工人员和施工机械。从去年 10 月该项目被列入我市“灾后重建”水利工程计划至今，已过去了近 8 个月，蔡甸区仍未完成初步设计。在黄陂区西湖堤除险加固工程现场，虽有施工人员和机械持续建设，但土方施工量仅完成整个工程的 5％。

武昌区筷子湖泵站是一座在建雨水泵站，因相关部门缺乏高效有力的推进手段，工程一再被搁置，不得不延后 2 年，至 2018 年汛前才能发挥作用。巡司河综合整治二期工程受拆迁迟缓影响，施工机械无法施展作业，渠道排水存在卡口，过流不畅，将影响巡司河至南湖、汤逊湖区域的排水。

市水务局相关负责人表示，我市制定水利工程的建设时间经过了科学论证。在全市灾后水利水毁应急修复工程中，新洲区 4 项工程、武汉经济技术开发区（汉南区）3 项工程均按进度顺利推进，而蔡甸区和黄陂区相关工程建设进度却严重滞后。城市排水项目中，江南泵站仅用时 9 个月就具备了应急抽排能力，其也经历了拆迁、深基坑施工、长江大堤开挖和 17 台水泵安装调试等环节，工程复杂性和艰巨性远超筷子湖泵站和巡司河综合整治二期工程。

防汛对武汉来说历来都是天大的事情，防汛排渍工程的建设从来都是与洪水、渍水抢时间，这类涉及民生的应急工程，相关部门和领导干部必须具有担当精神，在建设上必须克服一切困难，采取超常规措施，而不能一味等、靠、要。

5 月 27 日，本报记者兵分两路，分别对部分防汛和排渍工程进行暗访。暗访发现，少数堤防和排渍工程存在建设进度严重滞后等问题，一些工程甚至至今还未开工。

（摘自《长江日报》2017 年 5 月 30 日）

接下来，文章进行了4个暗访点的详细情况报道。分别为：

（1）暗访地点：蔡甸区洪北堤。

从去年10月计划下达至今。

耗时8个月还没做完初步设计。

（2）暗访地点：黄陂区西湖堤。

仅完成5%土方施工量。

今年6月无法完成除险加固工程。

（3）暗访地点：武昌区筷子湖泵站。

计划去年底完工的泵站将延后2年发挥作用。

相关部门缺乏高效有力的推进手段。

（4）暗访地点：巡司河综合整治二期工程。

拆完时间推迟近1年。

“拖慢”巡司河综合整治二期步伐。

这篇组合式报道采取记者蹲点暗访的形式，围绕一个主题，有组织地进行暗访调查采样，事实翔实，非常具有说服力。

参 考 文 献

[1] 刘明华，徐泓，张征．新闻写作教程［M］．北京：中国人民大学出版社，2008.
[2] 蓝鸿文．新闻采访学［M］．北京：中国人民大学出版社，2000.
[3] 童兵．新闻传播学大辞典［M］．北京：中国大百科全书出版社，2014.
[4] 戴元光．传播学研究理论与方法［M］．上海：复旦大学出版社，2003.
[5] 艾丰．新闻写作方法论［M］．北京：人民日报出版社，2010.
[6] 艾丰．新闻采访方法论［M］．北京：人民日报出版社，2010 .
[7] 陈启文．命脉——中国水利调查［M］．湖南：湘潭大学出版社，2012.
[8] 刘保全．新闻精品是这样采写成的［M］．北京：新华出版社，2009.
[9] 盛希贵，周邓燕．新闻摄影实务［M］．北京：北京大学出版社，2010.
[10] 刘鲁萌．浅谈突发事件新闻的拍摄［J］．记者摇篮，2016（01）：33-34.
[11] 周致．成就性报道的优势［J］．军事记者，2007（11）：14.
[12] 刘坤，蒋康华，赵云勇．浅谈成就报道如何创新［J］．新闻与写作，2002（12）：19.
[13] 闫杰．关于增强成就性报道吸引力的理论探析［J］．理论观察，2012（02）：101-102.